LA RÉVÉRENDE MÈRE

FANNY DE L'EUCHARISTIE

(MADAME FANNY KESTRE)

FONDATRICE

DE L'INSTITUT DES DAMES DE SAINTE-JULIENNE

DITES

Apostolines du Très Saint-Sacrement

BRUXELLES

SOCIÉTÉ BELGE DE LIBRAIRIE

(Société Anonyme)

OSCAR SCHEPENS, Directeur

16, Rue Treurenberg, 16

—

1897

don de M. René Laruelle

(portrait détaché par le donateur pour le

Département des Estampes)

(Mémorial des Femmes)

(Belges I)

La Révérende Mère

FANNY DE L'EUCHARISTIE

(Madame FANNY KESTRE)

La Révérende Mère

FANNY DE L'EUCHARISTIE

(Madame FANNY KESTRE)

FONDATRICE

DE L'INSTITUT DES DAMES DE SAINTE-JULIENNE

DITES

Apostolines du Très Saint-Sacrement

BRUXELLES

SOCIÉTÉ BELGE DE LIBRAIRIE

(Société Anonyme)

Oscar SCHEPENS, Directeur

16, Rue Treurenberg, 16

—

1897

Nous avons fait examiner le manuscrit ayant pour titre : « LA RÉVÉRENDE MÈRE FANNY DE L'EUCHARISTIE (Madame FANNY KESTRE), *fondatrice de l'Institut des Dames de Sainte-Julienne, dites Apostolines du Très Saint-Sacrement.* »

Sur le rapport favorable qui nous a été fait, nous en permettons l'impression, et nous avons l'espoir que les Dames de Sainte-Julienne, leurs pieuses Associées et beaucoup d'autres même puiseront dans la lecture de ce livre de nouvelles forces, pour s'appliquer aux vertus que Mme Kestre a pratiquées et enseignées si courageusement.

Malines, le 13 *Février* 1896.

† P. L. Card. GOOSSENS,
Arch. de Malines.

Le XIXe siècle est sans contredit celui qui a vu naître
le plus grand nombre d'œuvres destinées à faire vivre
dans les âmes la dévotion envers le Très Saint-Sacrement. Ordres religieux, congrégations, pèlerinages,
congrès eucharistiques, tout a convergé vers le Dieu-
Hostie. Cette splendide floraison d'institutions aussi
variées que fécondes a été pour la sainte Église une douce
et puissante consolation, après les attaques multiples de
l'impiété et de l'incrédulité, qui l'avaient affligée au siècle
précédent. En effet, cet élan merveilleux et universel
n'atteste-t-il pas une fois de plus la mission divine de
l'Église catholique au sein de la société humaine, mission
toujours bienfaisante et toujours appropriée aux besoins
des temps?

Des voix autorisées ont dit pour quelles raisons la
divine Providence a voulu amener à notre époque un

si magnifique développement de toutes les œuvres eucharistiques ; elles ont montré comment Celui qui daigne
établir sa demeure dans nos pauvres tabernacles et
trouver ses délices à résider au milieu des enfants des
hommes, se plaît, de siècle en siècle, à marquer du sceau
de sa grâce, des âmes qu'Il prédestine à accomplir dans
le monde les desseins de son amour et de sa miséricorde.
Le plus souvent, Il a préféré la faiblesse à la force, la
petitesse à la grandeur ; et c'est ainsi qu'Il a confié à
l'humble femme dont nous essayons d'esquisser la vie,
la grande et redoutable mission de fonder une nouvelle
congrégation religieuse en l'honneur de l'Eucharistie.

Nous avons à retracer les travaux et les épreuves
d'une existence toute dévouée au Très Saint-Sacrement
et au salut des âmes ; notre tâche sera relativement
facile : nous n'aurons qu'à suivre pas à pas l'élue du Ciel,
pour la voir toujours confiante en Dieu, toujours vaillante devant l'épreuve qui tant de fois viendra défier son
courage, toujours fidèle à marcher sur les traces du divin
Maître, dans la voie souvent douloureuse qu'Il ouvre
devant elle.

Daigne la divine Bonté, en bénissant cet humble travail,
assurer à nos lecteurs bienveillants, l'édification qu'ils
doivent attendre des grands exemples donnés par les
âmes appelées à une mission particulière et fidèles aux
grâces de choix dont elles ont été favorisées.

La Révérende Mère

FANNY DE L'EUCHARISTIE

(Madame FANNY KESTRE)

CHAPITRE Ier

1824-1843

ENFANCE ET JEUNESSE DE FANNY KESTRE

Fanny Kestre naquit à Chimay, jolie petite ville de la province de Hainaut, le 28 mars 1824, de parents très honorables. Son père, excellent chrétien, avait établi une maison de commerce ; sa mère, Angélique Leclère, était Française et avait fait son éducation à Charleville, au couvent de la Providence, lequel se réunit plus tard à la Société du Sacré-Cœur. Dieu bénit ces vertueux époux, qui donnèrent constamment l'exemple d'une foi vive et agissante ; il leur accorda quatre filles et maintint dans leur paisible intérieur une étroite union de cœur qui ne se démentit jamais.

Fanny, la troisième enfant de cette heureuse famille, se distingua dès sa tendre jeunesse par une piété fervente et une grande simplicité, double cachet qui allait

1

F. K.

s'imprimer profondément à toute sa vie. Entourée de sollicitude, elle se développa de la manière la plus avantageuse. Son intelligence prompte et vive, son cœur aimant et sensible, son humeur égale et douce, son caractère droit et ferme, la faisaient chérir de tous ceux qui la connaissaient. Ce fut dans les sentiments d'une ardente dévotion qu'elle eut le bonheur de faire sa première Communion. Plus tard, elle se rappelait avec émotion cette date bénie de la première visite du Dieu de l'Eucharistie, qu'elle devait tant aimer et pour lequel elle devait tant souffrir. L'appel divin se fait entendre de bonne heure aux âmes prédestinées : Fanny ne tarda pas à le reconnaître et à en goûter la suavité. Prévenue par les touches secrètes de la grâce et entraînée par un irrésistible attrait, elle promit dès l'âge de treize ans à l'Époux des vierges de ne jamais appartenir qu'à lui seul.

Sa sœur Sidonie avait été mise en pension dans la même maison du Sacré-Cœur où s'étaient écoulées les jeunes années de leur vertueuse mère. Bientôt Fanny l'y suivit pour recevoir à son tour les soins dévoués de ces religieuses si expérimentées dans l'art de diriger la jeunesse et de la former à une piété solide et éclairée. La jeune pensionnaire demeura sous leur conduite jusqu'à l'âge de seize ans, et conserva depuis une vive reconnaissance pour ses bonnes maîtresses, dont elle fut l'élève la plus docile.

Nous avons dit combien la famille Kestre vivait heureuse, entourée de l'estime générale la mieux méritée.

Cependant, la divine Providence, qui travaille sans cesse au bien de ses élus, lui ménagea une rude épreuve. Atteint par de sérieux revers de fortune, M. Kestre crut devoir quitter Chimay, et se fixa à Bruxelles, où il obtint en 1843 une position au Ministère des Travaux Publics. Mme Kestre ouvrit un magasin de lingerie rue d'Assaut, près de l'église collégiale des Saints Michel et Gudule ; ses filles l'aidèrent de tout leur pouvoir, et peu à peu la situation redevint prospère.

Une lettre écrite à cette époque par M. Kestre à sa fille Fanny fera juger des sentiments de cet excellent père :

« 31 décembre 1843.

» Chère et bonne Fanny,

» J'espère recevoir demain une de tes lettres ; je la devance pour te donner ma bénédiction. J'espère que Dieu m'exaucera et te rendra aussi heureuse que tu mérites de l'être pour tes bons sentiments.

» Je t'embrasse de tout mon cœur et te remercie des soins et des attentions que tu as pour ta mère, dont tu partages les peines et les embarras de commerce. Courage, ma chère enfant, le Ciel te bénira et saura récompenser ta piété filiale. Si j'en crois mes pressentiments, l'avenir nous dédommagera des épreuves passées. Je t'embrasse encore.

» Ton père,

» L. KESTRE. »

Ce grand chrétien venait de faire à Dieu le sacrifice d'une enfant bien-aimée : Mˡˡᵉ Sidonie était entrée au noviciat du Sacré-Cœur, à Jette, le 27 octobre 1843. Ceux qui connaissaient l'éminente piété de cette jeune fille la virent sans étonnement répondre à la grâce inestimable de la vocation religieuse. Sa mère, témoin constant des vertus de son angélique enfant, disait en parlant d'elle : « Ma fille Sidonie n'a jamais pu comprendre comment il est possible qu'on offense le bon Dieu. »

Son noviciat terminé, la jeune religieuse fut envoyée à Conflans, et de là à Nancy, où elle donna l'exemple d'une ferveur peu commune et d'un dévouement sans bornes à son saint Institut. La dévotion au Sacré-Cœur de Jésus était sa vie ; elle aimait Marie avec une filiale tendresse et excitait sans cesse les âmes, surtout celles qui lui étaient le plus chères, à redoubler de confiance et d'amour envers Notre Seigneur et sa très sainte Mère. On comprend aisément quels liens intimes et puissants unissaient le cœur de Sidonie à celui de Fanny. Une correspondance suivie s'établit entre les deux sœurs ; nous y lisons le zèle ardent de Sidonie déjà consacrée à Dieu, et l'abandon affectueux de Fanny qui cherchait encore sa voie. Cette voie, une lumière divine devait la lui faire connaître.

CHAPITRE II

1844-1854

Après sa sortie du pensionnat, Fanny avait fait une
retraite et y avait pris la résolution définitive de se consacrer entièrement à Dieu dans la vie religieuse. « Quand
et comment, je n'aurais pu le dire, écrit-elle plus tard
dans son journal intime, je l'ignorais encore ; mais ce
que je savais bien, c'est que j'y étais déterminée irrévocablement. » Déjà, avant l'âge de seize ans, elle avait
senti le même désir et s'en était ouverte à la Supérieure
du Sacré-Cœur, laquelle lui avait répondu que, vu sa
grande jeunesse, elle devait ajourner une décision aussi
grave. Le temps ne fit que fortifier sa bonne volonté,
soutenue par la grâce divine. A mesure que la jeune fille
progressait dans la piété et la vertu, elle éprouvait un
besoin croissant, non seulement d'être tout à Dieu, mais
de lui témoigner son amour par l'établissement d'une
œuvre de dévouement spéciale et durable ; le salut des
âmes devenait l'unique but de ses aspirations, et le bonheur d'y travailler efficacement, la seule ambition de son
cœur. Pénétrée de l'idée bien fondée que le clergé est

trop peu secondé dans sa mission, elle aurait voulu, dès lors, faire des catéchismes et établir des retraites dans la paroisse Sainte-Gudule ; visiter les hôpitaux, les prisons, etc. Son confesseur s'y opposa...

Dans le recueillement et la prière, il lui vint alors, peu à peu, la pensée de former une communauté dans laquelle on pourrait vivre étroitement unie à Notre Seigneur, tout en conservant avec le monde des rapports qui seraient l'occasion d'un fructueux apostolat. La nécessité d'un tel Institut s'imposait à son esprit ; elle en conçut même le plan complet et détaillé, et acquit la conviction intime qu'il serait un jour établi dans l'Église. Une voix intérieure lui disait : Rien n'est impossible à Dieu ! Elle en parla à son confesseur dès l'année 1846 (1).

Peu après, s'entretenant avec le guide de sa conscience, elle lui avoua qu'elle éprouvait, par rapport à son avenir, une grande indifférence de volonté, mais

---

(1) N'est-il pas digne de remarque qu'en cette même année 1846 prit naissance en Belgique le principe d'enseignement laïque et neutre, qui, plus tard, rendit si nécessaire cette œuvre des catéchismes inspirée par Dieu, en même temps, à l'humble jeune fille dont nous écrivons l'histoire ?

" Au moment où Mgr Pecci arriva en Belgique, les deux partis venaient de conclure une sorte de transaction en matière d'enseignement. Le parti libéral, moins antireligieux alors qu'aujourd'hui, avait dû consentir à faire régner légalement dans l'école primaire une atmosphère religieuse. Le parti catholique, ennemi né de l'influence de l'État en matière d'enseignement, avait à son tour admis une ingérence plus grande du Gouvernement dans tout ce qui concernait l'organisation de l'instruction. Cette sorte d'accord produisit d'heureux résultats pendant de longues années, et assura tout au moins une période de paix sur le terrain où la paix est le plus nécessaire : l'éducation de la jeunesse. L'accord, on le sait, ne fut détruit que par le fait du parti libéral, qui, *dès 1846*, avait inscrit l'enseignement laïque et neutre parmi ses revendications les plus importantes. "
(*Léon XIII*, par Mgr DE T' SERCLAES.)

non d'attrait, vu qu'elle sentait croître en elle le désir de se consacrer à Dieu dans une communauté entièrement vouée aux œuvres de zèle. Il lui fut répondu que l'heure n'en était pas encore venue.

Au mois de juin 1849, Mlle Kestre, toujours plus vivement pressée par la grâce, voulut faire les vœux de pauvreté et d'obéissance. Quant au vœu de chasteté, dès l'âge de dix-sept ans, elle l'avait renouvelé en pleine connaissance de cause. Elle s'adressa donc à son confesseur pour lui demander la permission de contracter ces engagements, et elle reçut en réponse la lettre suivante, datée du 26 juin 1849 :

« Chère enfant en Jésus-Christ,

» Votre lettre m'a consolé, parce que je vois que le bon Sauveur vous porte à la simplicité filiale ; vous y ouvrez toute votre âme. L'attrait qui vous porte à vous détacher de tout vient de Dieu ; c'est une grande grâce, que vous devez cultiver soigneusement. Cependant, ne veuillez pas devancer le Seigneur, mais suivez-le tout doucement ; ne veuillez pas faire tout à la fois, laissez-vous conduire comme par la main. Je ne sais pas encore moi-même ce que le Seigneur demande de vous. Je sais que, pour le moment, il veut que vous n'arrêtiez rien, que vous travailliez à votre perfection, et que vous vous fassiez connaître de plus en plus à celui dont Dieu veut se servir pour vous guider et pour vous manifester sa volonté. Plus tard, quand il en sera temps, vous saurez ce que vous aurez à faire.

» Hélas ! il y a bien peu de personnes qui comprennent en quoi consiste la vraie vertu, parce qu'il y en a peu qui s'adonnent au vrai renoncement. Appliquez-vous de plus en plus, chère enfant en Jésus-Christ, à vous humilier devant Jésus, à devenir bien petite à vos propres yeux, et vous trouverez le repos et la paix de votre âme. Malgré vos nombreuses misères, ne vous éloignez pas de la sainte Communion ; elle est si nécessaire pour nourrir nos âmes, qui perdent tous les jours de leurs forces. Que votre vie intérieure soit comme une communion continuelle, un désir incessant de recevoir le bon Jésus.

» Je désire que vous ne fassiez aucun vœu jusqu'à ce que je vous aie parlé et vous aie expliqué ce que je pense de ces vœux. J'approuve fort votre acte d'abandon, et je prie le bon Sauveur de le réaliser en vous.

» Je ne cesse de vous recommander à son cœur adorable, en qui je vous suis bien dévoué. Je vous en conjure, priez beaucoup pour moi, afin que le divin Sauveur daigne se servir de moi pour vous conduire à son parfait amour. »

Un certain temps s'écoula ; puis, les vues intérieures de Mlle Kestre étant devenues encore plus claires et plus définies, elle songea à former une association de dames observant le même règlement, s'acquittant des mêmes exercices de piété, et se livrant ensemble aux mêmes œuvres de zèle. Inspirée par son esprit de foi, elle demande à Dieu trois grâces comme preuves de sa mission, et le Seigneur daigne les lui accorder. Elle expose alors en détail à son guide spirituel, l'appel divin plus pressant, ainsi que les faveurs sollicitées et obtenues, et croit le moment venu de se mettre à l'œuvre.

Au mois de décembre de cette même année 1849, le P. Alphonse Ratisbonne vient à Bruxelles et prêche dans l'église de Sainte-Gudule. L'illustre converti de Marie attire un immense auditoire, car il arrive parmi nous, précédé du grand prestige qui s'attache déjà à sa personne. Il parle un langage empreint à la fois de simplicité et de profonde conviction. Avec tout l'élan d'une âme encore frémissante sous l'action divine qui venait de l'arracher au judaïsme, il raconte ses luttes, ses résistances à la lumière d'en-Haut, et le triomphe éclatant de la grâce qui, par l'entremise de Marie Immaculée, l'avait terrassé soudain et avait fait de lui un vaincu, heureux et fier de sa défaite. Lui aussi avait demandé à Dieu des signes sensibles ; et les ayant obtenus, il se montrait fidèle à ses promesses et se dévouait avec un saint enthousiasme à l'accomplissement de sa grande mission.

Mlle Kestre assiste à ce sermon et en est vivement impressionnée. Son confesseur y assiste également et lui dit peu de jours après : « Qu'en pensez-vous, mon enfant ? — Je pense qu'il faut que nous fassions comme lui et que nous demandions à Dieu un nouveau signe sensible. — Je le ferai. » fut la réponse. Au mois de

mars de l'année suivante, 1850, le confesseur informe
sa fille spirituelle qu'il a obtenu le signe demandé à
Notre Seigneur, mais qu'il la trouve trop jeune pour
en venir à l'exécution de son dessein. Elle se soumet
humblement. Mais, depuis lors, quelles ne furent pas les
angoisses de son âme, sans cesse ballottée entre la crainte
et l'espérance, quelquefois encouragée, puis rebutée ;
toujours pressée par la grâce et empêchée d'en suivre
l'impulsion !

Quelques mois après, Fanny consigne ses pensées
dans un écrit qu'elle remet en novembre à son directeur.
Elle y développe sa conception entière et le plan complet
d'une Congrégation religieuse dont le culte du Très
Saint-Sacrement serait l'âme et la vie. C'était à ce foyer
divin que devait s'embraser le zèle des futures Apostolines ; c'était à cette source bénie que les Dames associées aux œuvres de la communauté devaient puiser et
alimenter l'esprit intérieur, sans lequel il n'est point de
dévouement véritable au service de Dieu. Le but de l'Institut nouveau serait donc de ranimer la foi vive au Très
Saint-Sacrement, en relevant la splendeur du culte eucharistique ; et de combattre l'ignorance et l'indifférence
religieuses par l'enseignement du catéchisme donné aux
enfants de toutes les classes de la société, et par l'établissement de retraites spirituelles pour les dames et les
jeunes filles. En terminant cet exposé si précis,
Mlle Kestre ajoutait ces mots : « Je sens que tout cela
ne vient pas de moi. » Cet aveu échappé à l'âme simple

et droite de la future fondatrice n'est-il pas, à lui seul, la révélation du cachet surnaturel de son œuvre et l'explication de ses mystérieuses et fécondes douleurs ?

Toutefois, devant la grandeur de la tâche que Dieu lui imposait, son humilité s'alarmait et lui montrait constamment son néant et son impuissance. Elle confiait ses craintes à son confesseur, qui lui dit un jour cette parole significative : « N'ayez pas peur ; quand même Dieu vous mettrait sur les toits, je vous y soutiendrais. » Pareille promesse eût dû, semble-t-il, rendre la paix au cœur troublé de la fille spirituelle ; Dieu ne le permit pas. Elle devait connaître ces peines intérieures qui ont été le partage de tant d'âmes saintes. L'esprit d'obéissance la retenait captive, sous une volonté dans laquelle sa foi lui faisait voir la volonté même de Dieu. Avide de l'abnégation, des sacrifices et des dévouements de la vie religieuse, elle sut néanmoins attendre et s'humilier de plus en plus, dans une entière résignation d'elle-même et de son œuvre entre les mains de Dieu. La gloire de son divin Sauveur était son unique ambition ; tout en elle s'effaçait devant ce but, seul digne des aspirations de son grand cœur ; et cependant, elle sut contenir son zèle ardent, et s'incliner devant l'ordre providentiel qui lui interdisait pour le moment toute activité extérieure. Quand on parcourt les notes relatives à cette période de sa vie, on reste confondu devant l'inaltérable patience de cette âme que nul rebut ne pouvait lasser, qui savait supporter sans murmure les délais les plus crucifiants pour sa nature essentiellement active, et accepter les humiliations, sans jamais se départir des sentiments de la plus parfaite soumission.

Y a-t-il lieu de s'étonner de ce que Dieu livre ainsi cette âme d'élite, innocente et pure, fervente et fidèle, à ces tourments intérieurs? Non. Dès lors que Notre Seigneur a voulu racheter les enfants d'Adam par un sanglant martyre, tous nous devons approcher nos lèvres du calice amer de la douleur, avant de prendre part aux joies ineffables de l'éternité. Mais si tous doivent pleurer et gémir en ce monde, les souffrances intimes sont surtout le partage des cœurs nobles et dévoués auxquels Dieu réserve une mission de choix. Fanny le comprit, et toute sa force lui vint de son amour pour Jésus-Christ et pour les âmes. Aussi a-t-elle passé sans faiblir sous le pressoir mystique où les élus sont broyés, pour devenir la liqueur exquise qui réjouit le divin Roi.

Cependant, le bon Maître ne laissait pas souffrir sans consolation sa courageuse servante. Parfois un éclair lumineux, sillonnant la sombre nuit où elle était plongée, venait ranimer sa confiance, enflammer son zèle, et la rendre plus soumise que jamais à l'action du Seigneur. Un jour, accablée de douleur et cherchant un peu de soulagement, elle entre dans l'église de Notre-Dame du Sablon ; et là, se prosternant devant l'image de Marie exposée dans la nef centrale, elle supplie la divine Mère avec un filial abandon, d'avoir pitié de sa peine. Puis, elle ajoute : « Mon Dieu, si c'est votre volonté que je

renonce à mes projets, s'il y va de votre gloire, ôtez
m'en la pensée, et j'entrerai dans une maison religieuse,
afin d'y prier pour celles qui, plus dignes que moi,
seront appelées à établir votre œuvre. » A peine a-t-elle
formulé cette héroïque prière, qu'elle est envahie par un
calme profond... Elle voit l'Enfant Jésus se détacher du
bras de sa Mère et venir la caresser de sa petite main.
« Je ne saurais exprimer ce qui se passa alors en moi,
écrit-elle ; mais, dès lors, j'acquis la conviction intime
que j'avais reçu là, un gage de la fidélité des promesses
que Notre Seigneur m'avait faites, et j'y trouvai un
encouragement à persévérer dans mon dessein, dont la
réalisation me paraissait assurée. Je ne savais pas comment la chose se ferait ; mais j'en étais aussi absolument
certaine que si je l'avais vu sous mes yeux... Je n'attendis
plus rien des hommes, mais tout de Dieu. »

Ne croyons pas toutefois que, durant ces années
d'épreuve, Mlle Kestre restât complètement inactive.
L'esprit apostolique s'était de bonne heure éveillé dans
son âme. « Tout enfant, j'aimais à faire le catéchisme,
écrit-elle dans ses notes intimes ; mes maîtresses de
classe me disaient alors que je finirais par là, et je
répondais : Oui. » Aussi, dès 1849, voulut-elle instruire
quelques enfants pauvres et les prendre chez elle ; son
confesseur lui conseilla d'aller plutôt à une réunion de
catéchisme, qui avait lieu le dimanche, rue des Alexiens.
Elle s'y rendit aussitôt, et continua à en faire partie
jusqu'au moment où sa santé la força à renoncer à cette

bonne œuvre. Plus tard, elle s'unit à quelques dames pieuses et dévouées, qui donnaient l'instruction religieuse à la chapelle Salazar, plus proche de sa demeure. Mais elle n'y trouva pas l'apaisement de son âme. Dieu avait sur elle d'autres vues et la pressait de plus en plus de se consacrer à l'œuvre spéciale qu'il lui avait révélée. Elle en offrit en quelque sorte les prémices à Notre Seigneur, en s'occupant de l'ornementation des rues sur le passage des processions.

C'était en 1853 ; la procession du Saint-Sacrement de Miracle devait avoir lieu le 17 juillet. A peu de distance de la famille Kestre, habitait alors une fervente chrétienne, Mme Coddron, qui estimait beaucoup Fanny à cause de ses vertus et de son dévouement aux catéchismes. Ce fut à cette véritable amie que Mlle Kestre fit part d'une pensée qui la préoccupait fortement : « Quand un roi passe dans une rue, lui dit-elle, et qu'on veut le fêter, on pavoise les maisons, on les garnit d'arbustes et de feuillage, on illumine, on prépare mille manifestations ; et quand le Roi des rois parcourt la ville aux jours des processions, on ne songe pas à l'honorer ; j'en suis toute pénétrée et je voudrais tant faire rendre plus d'hommages à la sainte Eucharistie. » Mme Coddron entra sans peine dans ce sentiment de la servante de Dieu, et lui promit de la seconder activement pour décorer la rue où elles demeuraient toutes deux. Aussitôt, Fanny va quêter dans tout le voisinage ; elle a la joie d'obtenir de généreuses offrandes de presque tous les habitants. Quelques dames se réunissent pour le travail nécessaire; Mme Coddron met à leur disposition une vaste salle de sa demeure; un négociant offre des étoffes à prix très réduit; un autre fait don des passementeries dont on a besoin; plusieurs dames composent des sujets de bannières et les exécutent. Enfin, chacun y mettant beaucoup de bonne volonté et d'entrain, tout est prêt au jour marqué. Grande est la surprise des passants, en trouvant la rue richement pavoisée et ornée : on n'avait jamais rien vu d'aussi beau en ce genre, et l'on arriva de loin pour admirer cette décoration inusitée. Ce fut ainsi que débuta à Bruxelles l'œuvre, aujourd'hui si prospère, de l'ornementation des rues sur le passage du Saint-Sacrement. Elle fut une consolation et un rayon d'espoir pour la pieuse fondatrice, au milieu de ses peines. La bonne Providence allait lui ménager d'autres soutiens encore.

Nous avons vu combien était intime l'union de pensées entre Fanny et sa sœur Sidonie, religieuse du Sacré-Cœur. Sidonie n'ignorait pas les perplexités qui agitaient celle qui lui était si chère, et ses prières ferventes montaient sans cesse vers le Ciel, demandant lumière et conseil pour l'âme éprouvée. Elle parla de cette pénible situation à Mme Barat, fondatrice de la Société du Sacré-Cœur, que la vénération de ses filles entourait déjà d'une glorieuse auréole. Mme Barat s'intéressa vivement aux généreux projets de Mlle Kestre, et, comprenant combien elle avait besoin de calme et de solitude pour les mûrir sous l'action de la grâce, elle lui fit offrir de passer quelques jours au Sacré-Cœur de Paris, où elle lui promettait le plus cordial accueil. Sa sœur Sidonie lui transmit cette gracieuse invitation par la lettre suivante :

« Ma chère Fanny,

» J'ai reçu ta lettre avec peine en voyant que ton âme est toujours dans la souffrance ; j'ai redoublé mes prières auprès du Cœur de Jésus et de Notre-Dame de Bon-Secours, afin qu'ils te protègent, te consolent, te fortifient et te mettent dans la paix. J'ai aussi parlé de toi à Notre Très Révérende Mère Générale, qui est venue à Nancy pendant deux jours réjouir nos cœurs de sa présence. Elle s'intéresse beaucoup à toi et veut te faire du bien, tirer ton âme de l'agitation qui la mine, en un mot, mettre la paix dans ton cœur ; le bon Dieu lui a donné pour cela des grâces spéciales et de vives lumières. Donc, en qualité d'enfant du Sacré-Cœur, tu te mettras en route pour aller la trouver à Paris. Tu peux descendre rue de Varennes où se trouve la maison du Sacré-Cœur ; Mme Barat désire que tu fasses ainsi. Quand tu seras auprès d'elle, ma chère Fanny, ouvre-lui bien ton cœur tout entier, et je te promets en retour la paix et le bonheur. Une âme en peine intéresse toujours notre bonne Mère, et toi d'autant plus que tu es ma sœur chérie. Ma Mère de Tinseau t'aime toujours comme son enfant ; son désir et le mien ne font qu'un.

» Cela ne te fera pas de mal de voir un peu Paris. La maison de la rue de Varennes possède de beaux jardins, où tu prendras l'air tant que tu voudras, ainsi qu'à Conflans. Tu y verras Julie Simonnet, Elisa de Gerlache et Mme de Beffroy; tu y seras en pays de connaissance.

» Ta sœur qui t'aime de tout son cœur,
» SIDONIE KESTRE,
„ Religieuse du Sacré-Cœur.

» 16 septembre 1853.

» Ecris-moi de suite si tu fais ce que je désire le plus ardemment. »

Les circonstances ne permirent point alors l'exécution du projet si cher aux deux sœurs; cependant, Mlle Kestre eut plus tard occasion de se rencontrer plusieurs fois avec l'illustre fondatrice du Sacré-Cœur, qui l'encouragea beaucoup et lui donna d'excellents conseils. Elle porta même la bonté jusqu'à lui offrir de venir passer quelque temps au noviciat, pour y étudier, dans le recueillement, les desseins de Dieu sur elle, tout en s'initiant à la vie religieuse. Mmes de Tinseau, de Lannoy, Toussenelle, Gouvion et d'autres religieuses du Sacré-Cœur lui témoignèrent également une grande sympathie. Au cours de plusieurs séjours qu'elle fit à Nancy, elles la mirent en rapport avec des religieux éclairés, afin de lui ménager des avis salutaires et complètement désintéressés. Ce fut

ainsi que Mlle Kestre connut M. l'abbé Godefroy, aumônier du Sacré-Cœur et, bientôt après, membre de la
Compagnie de Jésus ; la sage direction de ce vertueux
prêtre l'affermit dans ses généreuses résolutions. Elle
trouva aussi auprès de quelques ecclésiastiques de son
pays de puissants encouragements ; et finalement, après
avoir longuement prié, réfléchi et consulté, elle céda à
l'attrait intérieur, devenu irrésistible, et se décida à
commencer humblement et modestement la réalisation
des desseins de Dieu. Le dimanche 9 août 1854, au sortir de la distribution des prix aux enfants du catéchisme,
chapelle Salazar, elle offrit sa démission de catéchiste,
« et cela, dit-elle, malgré la peine que je ressentais de
quitter mes enfants, ainsi que les maîtresses auxquelles
j'étais pieusement unie (1) ». Désormais, sa vie entre dans
une phase nouvelle, celle d'un travail laborieux et fécond,
mais toujours marqué du sceau infaillible de la Croix.

-----

(1) Trois ans après, en 1857, ces dames se réunirent en communauté et
formèrent l'Institut de l'Adoration Perpétuelle. (Voir la brochure intitulée :
*L'Institut et l'Archiassociation de l'Adoration Perpétuelle du Très Saint-
Sacrement*, page 7.)

CHAPITRE III

1855-1857

FONDATION DES CATÉCHISMES, DES RÉUNIONS POUR LES DAMES ET LES JEUNES OUVRIÈRES, DES RETRAITES ANNUELLES ET MENSUELLES. — M. VERHOUSTRAETEN, DOYEN DE SAINTE-GUDULE, PROTÈGE CES OEUVRES. — LE CARDINAL STERCKX, ARCHEVÊQUE DE MALINES, LES ENCOURAGE, MAIS S'OPPOSE A L'ÉTABLISSEMENT DE LA COMMUNAUTÉ RELIGIEUSE. — MAISON DE LA RUE DU MARQUIS. — PREMIÈRE ENTREVUE DE Mlle KESTRE AVEC LE P. DECHAMPS.

Au mois de janvier 1851, la famille Kestre avait eu la douleur de voir mourir son respectable chef. M. Kestre, après une courte maladie, était allé recevoir au Ciel la récompense d'une vie pleine de mérites, et toute consacrée aux devoirs d'un fervent chrétien et d'un bon père de famille. Peu d'instants avant de quitter les siens, se trouvant seul avec Fanny, il lui dit : « Mon enfant, il faut toujours vouloir ce que veut le bon Dieu ; mais sois courageuse et soutiens ta mère. » Ces paroles l'impressionnèrent vivement ; elle ne les oublia jamais. Elle regretta toujours ce père bien-aimé, dont la bonté était proverbiale et qui léguait à sa famille les meilleures traditions de vertu et d'honneur ; elle en parlait souvent avec l'accent d'une affectueuse vénération.

Pour consoler leur digne mère si affligée, les filles de

Mᵐᵉ Kestre redoublèrent d'attentions à son égard, s'efforçant de lui rendre moins sensible le vide laissé dans son
existence par la perte du meilleur des époux. Marie, la
plus jeune de la famille, revint à cette époque du Sacré-
Cœur de Charleville. Unissant à une solide piété les
charmes d'un caractère enjoué, elle anima de sa rayon-
nante jeunesse le foyer assombri, et contribua à y faire
renaître le bonheur. Félicie, l'aînée des quatre sœurs,
avait reçu en partage un cœur très dévoué ; elle s'oubliait
elle-même en toute rencontre, pour ne songer qu'à rendre
heureux ceux qui l'entouraient. Connaissant depuis longtemps les saintes aspirations de Fanny, et pleinement
convaincue de la mission confiée par le Ciel à sa sœur
chérie, elle l'encouragea à en poursuivre l'exécution ;
pour l'aider dans ce dessein, elle prit peu à peu sur
elle seule les occupations d'intérieur et de commerce,
que les deux sœurs s'étaient partagées jusque-là pour en
épargner la fatigue à leur mère. Vers 1855, Fanny se
vit donc libre de se consacrer tout entière à l'œuvre
de Dieu.

Avant d'entrer dans cette voie nouvelle, elle voulut
faire une retraite et se rendit à Saventhem, au couvent
des religieuses Ursulines, où la digne Supérieure, la
Révérende Mère Anastasie, l'accueillit avec une grande
bonté. Fanny y répondit par une confiance entière et
garda le plus reconnaissant souvenir de son séjour dans
cette pieuse maison. Elle en sortit, prête à soutenir
toutes les épreuves qui l'attendaient.

Il s'agissait donc d'établir des catéchismes pour les enfants privés d'instruction religieuse. Le premier espoir de la fondatrice se tourna vers M. Verhoustraeten, prêtre distingué, placé à la tête de l'importante paroisse Sainte-Gudule, où il jouissait d'une très grande estime. M. le Doyen avait déjà été à même d'apprécier la jeune et ardente chrétienne qui, maintenant, venait à lui avec tant de confiance; entrevoyant un dessein particulier de Dieu dans les intentions qu'elle lui communiqua, il lui promit son appui et la confirma dans la résolution de commencer sans délai. Il voulut bien dire que, l'œuvre des catéchismes étant essentiellement paroissiale, il était heureux de la voir s'établir sous sa protection, et prédit à Mlle Kestre d'abondants fruits de salut. Fortifiée et encouragée par ces paroles, le cœur débordant de gratitude, Fanny mit aussitôt la main à l'œuvre et loua, au prix de trois cents francs par an, un petit local situé rue du Bois-Sauvage, dans une maison aujourd'hui démolie. M. Verhoustraeten approuva cette mesure, et pour armer sa pieuse paroissienne contre les questions indiscrètes, il l'autorisa à dire qu'elle agissait d'après ses conseils. Il ajouta : « Soyez tranquille, je vous enverrai des aides. » Le règlement, rédigé dès 1849, fut alors soumis à M. le Doyen, qui le trouva excellent et promit d'être le directeur de l'œuvre naissante. Il témoigna ses intentions bienveillantes, en assurant le payement du second trimestre de loyer pour le modeste local, dont on prit possession le 22 septembre.

F. K.   2**

Mme Coddron (1) avait déjà, de son côté, posé la première petite pierre de l'édifice qui allait s'élever à la gloire de Dieu ; quand la fondatrice avait fait part de ses projets à sa pieuse amie, celle-ci lui avait remis une pièce de cinq francs en disant : « Prenez courage, ma chère Fanny ; ceci est peu de chose, mais Dieu vous bénira. » Les cinq francs servirent à acheter deux bancs pour les petites élèves ; ces meubles plus que modestes sont conservés en mémoire des humbles débuts de l'Institut des Dames de Sainte-Julienne. Dans sa sollicitude maternelle vraiment chrétienne, Mme Kestre voulut aussi participer aux premiers frais d'installation.

Le 30 septembre 1855 est pour la famille de Sainte-Julienne le jour mémorable où, sous la protection de saint Michel, fut planté dans la terre bénie de l'Église, ce petit grain de sénevé que tant de larmes devaient arroser avant qu'il reçût son développement. Mlle Kestre avait parcouru les rues voisines pour y chercher des enfants en âge de recevoir l'instruction religieuse. Douze petites filles furent ainsi recrutées ; elles amenèrent leurs amies, et quarante-cinq enfants se rendirent à la première réunion. M. le Doyen voulut bien sanctionner par sa présence l'œuvre placée sous son patronage, et prêter ainsi appui et protection aux premières catéchistes, qui furent : Mlle Fanny Kestre et sa sœur Marie ; Mme Maus

---

(1) Aujourd'hui encore, Mme Coddron, malgré son âge avancé, continue à faire des catéchismes au local de l'œuvre à Saint-Gilles ; rien ne peut l'arrêter quand il s'agit de rendre service aux filles de l'humble fondatrice, dont elle garde un fidèle souvenir et exalte avec bonheur les vertus.

Poncelet, amie d'enfance de Mme Kestre, et Mme Morren. Les deux dernières devaient longtemps soutenir la pieuse entreprise par leur influence et leur généreux concours. Ainsi venaient d'être inaugurés, les catéchismes de Sainte-Gudule.

Fidèle à ses promesses, M. Verhoustraeten venait souvent encourager les bonnes maîtresses et les enfants ; toutefois, les occupations multiples de son ministère ne lui laissant que fort peu de loisirs, il chargea bientôt un des vicaires de la paroisse, M. Winnen (1), de le remplacer dans cette mission de zèle. Celui-ci se montra très empressé à seconder de tout son pouvoir les intentions de la fondatrice ; il faisait fréquemment des instructions aux jeunes élèves et savait stimuler le dévouement des dames catéchistes.

La première petite fête religieuse fut fixée au 8 décembre suivant, jour où l'Église célèbre la grande solennité de l'Immaculée Conception de la Très Sainte Vierge. Dix maîtresses se trouvèrent réunies dans le local, qui, déjà, pouvait à peine contenir les élèves. M. le Doyen fit une allocution, bénit des médailles et les distribua aux enfants, qui chantèrent de pieux cantiques. Cette modeste cérémonie laissa un souvenir ineffaçable dans la mémoire de l'heureuse Directrice.

M. Verhoustraeten avait, en effet, nommé Mlle Fanny Directrice de l'œuvre, et les premières Conseillères furent Mmes Maus Poncelet et Morren. S'unissant aux

(1) Plus tard Doyen d'Uccle.

dames catéchistes, elles formèrent, quelques mois plus tard, les réunions d'ouvrage, dont la première eut lieu le 28 janvier 1856, et dans lesquelles on travaillait spécialement à confectionner des objets destinés à servir de récompenses pour les enfants. Ces réunions furent placées sous la protection de saint Ignace de Loyola.

Le 2 février, fête de la Purification de la Sainte Vierge, deux maîtresses de catéchisme, désirant se lier plus intimement à leur fervente Directrice, prononcèrent comme elle le vœu de virginité. Sans se réunir encore dans un même domicile, elles suivirent le même règlement, adoptèrent le même costume, et posèrent ainsi les premières bases d'une *Association* proprement dite, consacrée aux œuvres de zèle ; elles prirent dès ce moment le nom de : *Dames associées.*

Le lendemain, premier jour des prières des Quarante-Heures qui précèdent le Carême, et que la piété des fidèles a coutume de consacrer à la réparation des péchés, hélas ! si nombreux qui se commettent en ce temps de plaisirs et de libertinage, Mlle Kestre, pressée par la grâce divine qui la poussait toujours plus avant dans la voie de l'immolation, quitta le foyer maternel et vint habiter seule le local des catéchismes, rue du Bois-Sauvage. Ni les larmes et les instances de sa famille, ni les privations et l'isolement auxquels elle s'exposait, rien ne put ébranler l'héroïque fondatrice dans la volonté de se donner à Dieu irrévocablement, et de s'appliquer désormais, sans partage, aux exercices de la vie religieuse, telle qu'elle en avait conçu la pensée. Le local possédait pour tout mobilier, des bancs, quelques chaises, et une table, sur laquelle la future Apostoline passa la première nuit. Peu après, elle reçut de la charité délicate des personnes qui l'aimaient, le complément d'un mobilier qui n'était que trop en rapport avec son amour pour la pauvreté évangélique. M**lle** Nys s'empressa de lui ménager une agréable surprise, en faisant précéder un envoi d'objets utiles, d'une jolie statue de la Sainte Vierge. M**lle** Kestre en eut une grande joie ; le premier objet qui franchissait le seuil de sa porte était donc l'image de sa Mère bien-aimée, qui semblait ainsi la bénir et lui promettre aide et protection. Aujourd'hui encore, la communauté de Sainte-Julienne entoure cette statue d'une pieuse vénération ; elle la désigne sous le nom de *Vierge de la Fondation*, et l'introduit la première dans chaque nouvelle maison au moment de son installation. Ce cher souvenir est gardé là, jusqu'au jour où il plaît à la divine bonté de désigner un nouveau centre d'action au zèle des Apostolines du Très Saint-Sacrement.

La détermination qu'elle venait de prendre fut un pas décisif dans la vie de la fondatrice. Désormais affranchie de toute autre préoccupation, elle put donner à son œuvre une impulsion plus forte, dont les résultats furent rapides au cours de cette première année.

Le jeudi 14 février, M. le Doyen réunit chez lui les dames catéchistes, au nombre de vingt. Il leur parla avec chaleur du zèle des âmes, les encouragea à continuer le bien commencé, et, reconnaissant combien le local actuel était insuffisant, il leur proposa de louer une maison située rue du Marquis, près de l'église Sainte-Gudule, et les engagea à examiner mûrement ce projet. « Ce ne sera qu'un provisoire, ajouta-t-il, car des nécessités plus grandes se révèleront plus tard. » Il termina la séance en assurant qu'il garderait la haute direction de l'œuvre, bien qu'il ne lui fût pas possible de s'occuper des détails.

Le 12 mars furent inaugurées, sous l'invocation de saint Joseph, les réunions du lundi soir pour les jeunes filles de la classe ouvrière. Tout en les occupant à quelque ouvrage manuel, on cherchait à compléter leur instruction religieuse et à les initier aux vertus de leur état, par les enseignements du catéchisme, la prière, le chant des cantiques, des lectures et des conversations pieuses. Cette œuvre se perpétua comme les autres, et peut être nommée, à juste titre, l'apprentissage du travail chrétien.

Les Dames catéchistes avaient l'habitude de se réunir chaque mois en conférence spirituelle, pour s'entretenir de la situation de l'œuvre et des moyens de la faire progresser. Avec l'autorisation de M. le Doyen, le P. Busine, Rédemptoriste, fut demandé pour présider ces réunions. Il débuta le 3 avril 1856 dans ce fructueux apostolat qu'il devait continuer durant bien des années. Ce fut encore sur lui que Mlle Kestre jeta les yeux pour commencer l'œuvre des retraites annuelles et mensuelles, qui prit naissance un mois après. La première retraite annuelle s'ouvrit le dimanche 4 mai ; trente dames y assistèrent, et la Communion de clôture se fit à Sainte-Gudule avec beaucoup d'édification. Les retraites mensuelles réunirent un auditoire nombreux et recueilli. L'année suivante, fut prêchée la première retraite spéciale pour les jeunes ouvrières.

Ainsi, tout ce que Mlle Kestre avait, dès 1846, entrevu devant Dieu dans le silence de l'oraison, prenait corps et se réalisait peu à peu. Restait à établir la communauté religieuse, qui devait être le centre d'unité et la garantie de durée de ces œuvres ; mais ici, le recours à l'autorité diocésaine devenait indispensable. Dès le 28 octobre suivant, Mlle Kestre écrivit à S. Ém. le Cardinal Sterckx, Archevêque de Malines, pour lui exposer humblement les premiers essais tentés avec succès et les espérances qu'elle en concevait pour l'avenir. Elle lui parla avec simplicité et droiture de ses dispositions, des attraits de la grâce, si précoces en son âme, des épreuves par lesquelles elle avait passé ; elle dit comment lui était venue la pensée d'établir une communauté entièrement consacrée au culte spécial du Très Saint-Sacrement et aux œuvres de zèle. Elle ajouta qu'une autre personne, ayant à peu près les mêmes aspirations, venait de lui être adressée par un grand vicaire du diocèse de Liége, afin de s'unir à elle ; mais que, avant de lui rien communiquer, elle avait tenu à s'assurer de l'assentiment de son premier Pasteur. Elle informait Son Éminence que, sous la sage direction de M. Verhoustraeten, Doyen de Sainte-Gudule, elle avait commencé les catéchismes le 30 septembre de l'année précédente ; que déjà cent quarante enfants se groupaient autour de leurs dévouées maîtresses ; que l'œuvre des retraites et celle des réunions d'ouvrage s'annonçaient pleines d'espérance ; qu'en un mot, elle ne pouvait douter des bénédictions de Dieu, mais qu'elle débutait sans aucune assurance de moyens matériels. Elle terminait sa lettre en sollicitant la faveur d'une audience. Le Cardinal lui répondit le lendemain qu'il ne pouvait prudemment lui permettre d'établir une communauté en ce moment ; il lui conseillait donc d'abandonner ce projet ; néanmoins, il lui accordait l'audience demandée.

Mlle Kestre se rendit à Malines le 3 novembre et y reçut un bienveillant accueil. Le Cardinal prit note de toutes les dates relatives aux œuvres établies ; et, lui exprimant son regret de ce qu'elle ne se fût pas adressée à lui depuis longtemps, il lui demanda si elle avait arrêté son plan de manière à n'y admettre aucune modification. Elle répondit que si Son Éminence, après mûr examen, jugeait convenable de le changer, elle se soumettrait avec docilité à ses décisions. Le Cardinal parut très satisfait de ces dispositions ; il lui permit de continuer les catéchismes, les retraites, les réunions de dames et de jeunes filles, sous la direction de M. le Doyen de Sainte-Gudule, ajoutant qu'il prierait et ferait prier, afin d'obtenir les lumières d'en-Haut qui lui étaient nécessaires pour connaître la volonté divine par rapport à tout ce qu'elle venait de lui exposer; enfin, il lui témoigna le désir de voir sa mère.

Mme Kestre s'empressa de répondre à cet appel. L'Archevêque, dans le long entretien qu'il eut avec elle, voulut s'édifier sur l'enfance et l'adolescence de cette jeune fille qui lui demandait, avec une sainte assurance, l'autorisation d'établir dans l'Église une nouvelle congrégation religieuse. La franchise et la droiture étaient les traits distinctifs du caractère de Mme Kestre. Elle dit au Cardinal combien, depuis l'enfance, la vie de sa fille avait été angélique et pieuse; elle ne dissimula pas le chagrin qu'elle ressentait des peines et des traverses auxquelles s'exposait cette enfant bien-aimée; mais, chrétienne avant tout, elle affirma qu'elle ne mettrait pas obstacle à l'accomplissement de la volonté de Dieu.

L'humble fondatrice continua donc à tracer son sillon selon les indications qu'elle avait reçues de l'Autorité diocésaine. Plusieurs jeunes filles vinrent successivement se joindre à elle, à titre d'associées, avec le désir de vivre en communauté, dès que la chose serait possible. Les catéchismes prirent une rapide extension, et il devint de plus en plus évident que le local était beaucoup trop petit. Bien des perplexités agitaient en ce moment l'âme de la Directrice. Dépourvue de ressources comme elle l'était, pouvait-elle songer à louer la maison plus vaste indiquée par M. le Doyen? N'était-ce pas s'exposer témérairement à un regrettable échec? Et puis, renoncer à établir une communauté religieuse lui était

si pénible !... En proie à de telles angoisses, elle sent
le besoin de quelques jours de recueillement et de saint
repos, et prend la résolution de faire une retraite. Elle
exécute ce pieux projet pendant le mois de mars, au
couvent de la Visitation, à Bruxelles. Fortifiée par la
méditation et la prière, dans le calme et la paisible solitude du cloître, elle écrit de nouveau au Cardinal pour
lui parler de ses dispositions, lui avouer ses incertitudes
et solliciter des conseils paternels. Elle joint à cette
lettre tous ses règlements, priant Son Éminence de vouloir bien les examiner et les approuver, et termine ainsi
l'exposé filial de ses peines : « Daignez prier pour moi,
Monseigneur, car tous les moyens humains me manquent;
je suis sans fortune, j'ai commencé sur la seule confiance
en Dieu. Cela ne me décourage pas, car l'œuvre sera
vraiment celle de Dieu, et on ne pourra jamais en
attribuer la réussite qu'à lui seul. Pour moi, je me trouve
si peu de chose, je sens tellement mon néant à la vue de
cette grande œuvre, que parfois je suis tentée de reculer.
Puis la pensée du salut des âmes me porte à aller en
avant, comme malgré moi et tout en sentant ma faiblesse.
Je prie le Seigneur de faire de moi tout ce qu'il veut, et
d'inspirer à Votre Éminence quelles sont ses volontés à
mon égard. »

Après quelques difficultés, la maison indiquée par
M. le Doyen, et située rue du Marquis, est enfin louée ;
on en signe le bail le 29 mai 1857, et l'on s'y installe au
mois de juillet. Chacune des Dames associées contribue

selon son pouvoir à l'ameublement de la petite chapelle ;
l'humble sanctuaire reçoit une ornementation, très simple, sans doute, mais convenable. Le 1er juillet, M. Verhoustraeten vient bénir la nouvelle demeure et encourage hautement les Dames associées qu'il trouve réunies.

Vers cette époque, M. Winnen demanda à Mlle Kestre si elle n'avait pas pensé à donner un nom à son œuvre ; elle lui répondit que son désir était de la voir désigner sous le nom d'*Association des Dames apôtres du Saint-Sacrement*, mais qu'elle craignait qu'on ne le trouvât prétentieux. « N'ayez pas peur, » reprit-il. Toutefois, elle pria encore longtemps et fit prier ses compagnes à cette intention, avant d'oser l'adopter.

En présence des marques sensibles de la bénédiction de Dieu sur l'œuvre naissante, la zélée Directrice éprouva le légitime désir de la voir enrichie de faveurs spirituelles. Elle écrivit donc de nouveau au Cardinal Sterckx pour le prier d'ouvrir les trésors de l'Église en faveur : 1° des personnes prenant part aux retraites annuelles et mensuelles ; 2° des enfants suivant le catéchisme de persévérance et faisant la sainte Communion le premier dimanche du mois ; 3° des personnes donnant les catéchismes ou s'occupant des œuvres qui en dépendent ; 4° des jeunes ouvrières fréquentant les réunions du lundi soir ; 5° des dames venant travailler aux réunions du mardi ; 6° de toutes les Associées observant le règlement de conseil et assistant chaque semaine à une conférence de piété terminée par la récitation des litanies du Saint-Sacrement. La réponse de l'Archevêque fut en substance la même que la première fois. Après avoir mûrement réfléchi au contenu des lettres et écrits que Mlle Fanny lui avait adressés, il croyait devoir l'exhorter de nouveau à renoncer au projet d'établir une congrégation religieuse, et à se borner à l'instruction chrétienne donnée aux enfants, sous la direction du curé de la paroisse. Moyennant sa déférence aux avis de son premier Pasteur et à ceux de M. le Doyen, les faveurs sollicitées lui seraient accordées.

Devant une décision aussi positive de l'Autorité, que pouvait faire la Directrice, toujours éprouvée? Elle adora le bon plaisir divin, et se soumit humblement à l'obéissance qui, par la permission d'en-Haut, l'entravait une fois de plus dans l'exécution de ses vœux les plus chers; elle lui immola en silence ses attraits les plus intimes : sacrifice d'autant plus douloureux, que plusieurs vocations se présentaient alors à elle pour la communauté projetée; mais sa volonté énergique et sa confiance en Dieu ne faiblirent pas un instant.

D'autre part, elle apprit bientôt, par l'entremise d'une personne qui s'était trouvée en rapport avec le Cardinal, qu'il était très satisfait de son œuvre, qu'il trouvait belle et comptait soutenir lui-même. Cette approbation, émanant de l'Autorité qu'elle respectait si profondément, l'encouragea beaucoup à poursuivre sa sainte entreprise. Elle organisa la retraite préparatoire à la première Communion pour les enfants de la paroisse Sainte-Gudule, et cette retraite, dont le succès dépassa toutes les espérances, lui apporta une sensible consolation.

Depuis plusieurs années déjà, Mlle Kestre agissait d'après les conseils du P. Lelouchier de la Congrégation du Très Saint Rédempteur; elle lui avait confié tous ses projets, ses règlements et le plan développé de l'Institut. Mais la divine Providence allait bientôt la priver de cet appui. Appelé à Rome en qualité de Vicaire général de sa Congrégation, le P. Lelouchier dut quitter immédiatement Bruxelles, sans avoir même le temps d'en prévenir sa fille spirituelle; il pria le P. Dechamps de l'en avertir et de s'intéresser tout particulièrement à elle. Lors donc que Mlle Kestre se présenta pour voir le P. Lelouchier, ce fut le P. Dechamps qui la reçut; il lui apprit la nouvelle résidence du directeur dont les lumières et le dévouement lui avaient été si précieux; il lui parla avec une grande bonté et s'offrit à lui rendre tous les services en son pouvoir. L'éminent religieux, destiné à devenir plus tard pour la fondatrice l'interprète le plus autorisé des volontés divines et le soutien le plus ferme de son œuvre, la confirma dans la pensée de s'appuyer surtout sur la protection du Cardinal-Archevêque, et il approuva pleinement la conduite qu'elle avait tenue jusqu'alors. Cet entretien releva le courage de Mlle Kestre et lui inspira la plus grande confiance en celui qui l'avait si bien comprise. Combien son cœur eût-il été consolé davantage encore, si, soulevant le voile qui nous dérobe l'avenir,

le divin Maître lui avait fait voir quelle place le
P. Dechamps devait tenir dans sa vie !

Conformément aux avis de son nouveau directeur,
Mlle Kestre écrivit alors un long mémoire, dans lequel
elle révéla toutes les phases de son existence, déjà si fortement traversée. En l'adressant à Mgr Sterckx, elle
s'abandonna en esprit de foi à la volonté de Dieu pour
tout ce qui pouvait en résulter. Elle ne dissimula rien,
parla avec candeur et simplicité des faveurs reçues du
Ciel, avoua ingénument ses incertitudes, ses luttes, ses
longues souffrances, et protesta en terminant de son
humble et parfaite soumission. Quelques mois après, elle
déposa une copie du même écrit entre les mains de
S. Exc. Mgr Gonella, Nonce apostolique de S. S. Pie IX,
à Bruxelles.

Malgré de nombreuses difficultés de toute nature, le
bien se développait graduellement, apportant avec lui
son intime récompense à celles qui s'y dévouaient. Notre
Seigneur bénissait les labeurs entrepris pour sa gloire,
et dans sa divine bonté, il préparait une douce consolation à sa fidèle servante, en dirigeant vers elle une âme
d'élite destinée à devenir sa plus intime amie et sa plus
précieuse auxiliaire. Le chapitre suivant va nous la faire
connaître.

CHAPITRE IV

1858

Mme LOUISA AUCHARD. — ENTRAVES SUSCITÉES A L'OEUVRE. — ÉTABLIS-
SEMENT DES CATÉCHISMES A SAINT-JOSSE-TEN-NOODE DANS LA MAISON
DE Mlle HELSEN. — PREMIÈRE MESSE AU LOCAL, RUE DU MARQUIS. —
PREMIÈRE APPROBATION ÉPISCOPALE DE L'OEUVRE SOUS LE NOM
D' « ASSOCIATION DE NOTRE SEIGNEUR ».

Mlle Louisa Carless naquit à Londres le 28 mars 1804,
vingt ans plus tôt, jour pour jour, que Mlle Fanny
Kestre. Sa famille, très respectable, appartenait à la
religion protestante. Son père la confia, encore enfant,
à un de ses oncles, gouverneur aux Indes anglaises, dans
l'espoir que le doux climat de ces contrées fortifierait sa
santé délicate. La résidence de M. Carless, aux environs
de Delhy, était située dans une partie de l'Hindoustan
admirablement belle et bien faite pour produire une
profonde impression sur l'esprit et l'imagination **de**
Louisa. Quand, au soir de sa vie, elle parlait des souvenirs de sa jeunesse, c'était avec enthousiasme qu'elle
décrivait la splendeur des Himalayas, ces altières mon-
tagnes dont les cimes, couronnées de neiges éternelles,
semblent toucher le ciel, tandis qu'à leurs pieds s'étalent
les richesses d'une végétation tout orientale; et elle
faisait apparaître devant ses auditeurs charmés ces

paysages indiens aux lignes grandioses, cette nature féerique inoubliable pour elle.

Son oncle, quoique protestant, se montrait affable pour les catholiques, avec lesquels sa position le mettait souvent en rapport ; il eut plus d'une fois occasion de rendre service aux missionnaires qu'un zèle ardent avait conduits en ces lointains pays. Louisa, dont l'âme religieuse était portée aux grandes choses, se sentait entraînée, malgré elle, vers ces hommes de Dieu, dont elle admirait le courage et le dévouement. L'un d'eux ayant résidé pendant quelques jours dans la demeure de son oncle, elle se fit un plaisir d'orner sa chambre de bouquets de fleurs, en témoignage de respectueuse sympathie. Quand il quitta ce toit hospitalier, le missionnaire offrit à la jeune fille, comme gage de sa reconnaissance, un chapelet, qu'elle conserva toujours. « Je n'en connaissais pas alors l'usage, disait-elle plus tard ; mais cet objet me plaisait tant, que je le portais comme un collier, et il me semblait qu'il me protégeait. » L'Institut de Sainte-Julienne garde ce chapelet comme un précieux souvenir.

Quand elle eut atteint sa seizième année, Mlle Carless fut demandée en mariage par le baron Auchard de Saint-Laurent, jeune Français qui voyageait aux Indes, accompagné d'un précepteur. Il était catholique ; mais, indifférent en matière de religion, il se contenta de contracter son union devant un ministre anglican. Les premières années qui suivirent son mariage furent heureuses pour la jeune femme. Elle fut très bien accueillie dans le monde de Paris, où, plus tard, sous le règne de Napoléon III, la position élevée de son mari lui ouvrit les salons officiels. C'est ainsi qu'elle assista aux fêtes et aux réceptions brillantes des premiers temps du second Empire. Le baron et la baronne Auchard habitaient en été une propriété dans les Ardennes, nommée *Les Buissons*. A la saison des chasses, ils y recevaient de hauts personnages touchant de près à la Couronne.

Le Ciel refusa à la baronne Auchard les douceurs de la maternité. Ce fut une peine pour son cœur ; mais une douleur plus amère devait l'atteindre. Le compagnon de sa vie se détacha d'elle et se créa d'autres affections ; elle se vit délaissée, puis abandonnée de celui qui aurait dû être son appui le plus fidèle. Dieu, qui ne blesse que pour guérir, l'attendait là, avec les trésors infinis de son amour et de sa miséricorde.

Depuis longtemps, Mme Auchard se sentait portée vers la religion catholique. Le jour de la Pentecôte 1857, se trouvant dans une église à Paris, elle voit un prêtre entrer à la sacristie et, pressée par la grâce, elle le suit et le prie de l'entendre au confessionnal. Soit qu'il ne l'eût pas comprise, soit pour tout autre motif, cet ecclésiastique ne répondit pas à son attente. Sans se laisser décourager par ce premier échec et bien résolue à poursuivre son dessein, elle part immédiatement pour les Ardennes, s'arrête au village d'Ours, dont faisait partie la propriété des *Buissons*, et se rend chez le curé de la paroisse. En la voyant entrer, le respectable pasteur, M. Lallemand, ne put s'empêcher de s'écrier : « Madame, je vous attendais, je savais bien que vous arriveriez à la religion catholique. » Mme Auchard était avantageusement connue des habitants d'Ours, qu'elle avait long-temps édifiés : secourant les pauvres, visitant et soignant les malades et donnant en toute occasion de grands exemples de vertu. Sa douceur et l'aménité de ses manières lui avaient acquis les sympathies générales. Le bon curé s'intéressa vivement à elle et sut compatir avec une charitable délicatesse aux peines de son âme éprouvée. Il la consola et s'efforça de lui inspirer une grande confiance en Dieu, en lui parlant beaucoup de l'inépuisable tendresse du Sauveur. Elle écoutait avec une docilité d'enfant ce langage persuasif dans sa simplicité... Peu à peu, ses plaies se fermèrent et la paix lui fut rendue.

Bien avant sa conversion, la pensée de la sainte Eucharistie l'impressionnait profondément ; elle regardait avec un sentiment mêlé de curiosité et de respect le tabernacle dans lequel est renfermée la divine Hostie. Une pieuse hardiesse l'avait portée souvent à dire : « Mon Dieu, si vous étiez vraiment là, comme l'affirment les catholiques !... mais qui m'en donnera l'assurance ? » Sa prière est enfin exaucée et elle ne ressent plus qu'un seul désir : être catholique afin de pouvoir s'unir à Celui qui se révèle à sa foi naissante. Son instruction religieuse se termine

rapidement; son intelligence s'ouvre sans effort aux
vérités éternelles que son cœur lui fait pressentir; dans
cette terre admirablement préparée par la main du Père
céleste, la semence évangélique porte aussitôt des fruits
abondants. Non loin du village d'Ours, résidait l'honorable famille Pierlot, dont Mme Auchard possédait l'estime
justement méritée. Mme Pierlot et tous les siens éprou-
vaient pour ses rares vertus une affectueuse vénération et
ne cessaient de lui en prodiguer les témoignages. Les
exemples de ces excellents chrétiens avaient contribué
beaucoup à faire apprécier la religion catholique à leur
amie; grande fut donc leur joie quand ils apprirent qu'elle
allait abjurer l'erreur. Mme Pierlot fut marraine de la
nouvelle convertie, qui, le 21 juin 1857, à l'âge de cin-
quante-trois ans, reçut avec une foi ardente le sacrement
de la régénération. L'heure tant désirée de la première
Communion était arrivée; Mme Auchard s'approcha du
Banquet sacré avec une profonde humilité unie à la plus
tendre ferveur; de pieuses larmes inondèrent son visage;
elles dirent à son Dieu sa reconnaissance et son amour...
Dès lors, sa vie appartint uniquement à Celui qui l'avait
sauvée et recueillie dans son sein; brebis fidèle, elle ne
s'éloigna jamais du bercail de son bon Pasteur.

A sa dévotion croissante envers le Saint-Sacrement
vint s'ajouter le zèle des âmes qui en découle tout natu-
rellement; aussi son plus grand bonheur était-il de réunir
les enfants du village pour leur enseigner le catéchisme;
c'était le prélude de la mission que lui réservait la divine

Providence. A cette époque, le souvenir des Indes la préoccupait beaucoup. Dans la vivacité de son zèle pour les habitants de ce pays, encore plongés dans les obscurités du paganisme, elle conçut le généreux projet d'y retourner et de s'y consacrer aux travaux de l'apostolat. Dans cette pensée, elle vint habiter Bruxelles et se mit en rapport avec plusieurs ecclésiastiques, afin de compléter sa formation spirituelle avant d'entreprendre l'exécution de ses desseins. Son confesseur approuva ses intentions et l'engagea à se rendre chez Mlle Kestre, afin d'étudier auprès d'elle l'organisation des catéchismes et la manière de les donner avec fruit. Elle s'y rendit, guidée par son esprit d'obéissance, car Mlle Kestre lui était absolument étrangère. Quand elle l'aperçut, une grande émotion s'empara de tout son être ; cependant elle se contint, et ce ne fut que plus tard, lorsque leurs rapports devinrent plus intimes, qu'elle lui avoua le motif de son trouble. Quarante ans auparavant, visitant une église catholique, elle avait vu une femme inconnue entrer dans le sanctuaire, faire une profonde adoration, à genoux au pied de l'autel, et disparaître ensuite, sans que la jeune protestante eût pu s'expliquer ce qui s'était passé... Quand elle se trouva en présence de Mlle Kestre, elle reconnut en elle cette femme, qui, dans un costume identiquement semblable, lui était apparue aux Indes d'une manière si mystérieuse.

On comprend aisément que deux âmes si bien faites l'une pour l'autre, ne tardèrent pas à se lier d'une étroite amitié, qui devint plus sainte à mesure que le temps la cimenta davantage, et dans laquelle toutes deux puisèrent pour le reste de leurs jours, soutien, force et consolation. Mme Auchard renonça au projet d'aller au loin gagner des âmes à Jésus-Christ ; elle s'adonna aux œuvres de zèle que son amie lui avait fait connaître et qui répondaient parfaitement à son attrait intérieur.

Mais Dieu, semble-t-il, n'avait ménagé à Mlle Kestre la consolation d'une telle amitié qu'en prévision d'épreuves plus grandes encore. Une nouvelle peine lui vint d'où elle ne l'attendait guère, et lui fut d'autant plus sensible. M. le Doyen, en l'aidant à payer le prix de location de la maison de l'œuvre, comptait se servir de ce local à certains jours pour un patronage de jeunes filles de la paroisse Sainte-Gudule. La Directrice lui fit observer que des inconvénients sérieux et insurmontables rendaient ces réunions impossibles chez elle ; M. le Doyen crut alors devoir retirer l'allocation sur laquelle s'appuyait le maintien de l'établissement. Cette fâcheuse circonstance amena un certain refroidissement entre le vénérable pasteur et sa protégée, laquelle en souffrit beaucoup. D'autres anxiétés encore vinrent s'ajouter à celle-là ; un instant, les retraites mensuelles furent sur le point d'être suspendues, le P. Busine ayant été appelé à d'autres ministères. Remplie d'une confiance filiale envers le Cardinal Sterckx, la Directrice eut recours à lui ; elle lui fit connaître les entraves suscitées à son œuvre et lui demanda plus que jamais aide et protection. Elle implora surtout le secours du Ciel par de ferventes prières, et, comme toujours, elle chercha son refuge dans un abandon absolu à la volonté divine. Notre Seigneur se laissa fléchir, et l'orage près d'éclater fut conjuré.

Tandis que sa fidèle servante était en proie à tant de pénibles angoisses, le bon Maître lui préparait des compensations délicates. Un catéchisme ayant été reconnu nécessaire dans la paroisse Saint-Josse afin de combattre la dangereuse influence d'une école protestante, Mlle Kestre fut priée d'y établir son œuvre. Cette proposition réunissait les suffrages de M. le Doyen de Sainte-Gudule et de M. le Curé de Saint-Josse. La Directrice consulta à ce sujet un respectable ecclésiastique qui s'intéressait depuis longtemps à sa pieuse entreprise et en suivait de loin toutes les péripéties : c'était M. Burgeon, Doyen de Saint-Brice, à Tournai, et qui précédemment avait rempli les mêmes fonctions à Chimay, où il avait pu apprécier la respectable famille de Mlle Kestre. Voici quelle fut sa réponse : « L'élément religieux vous est ôté ; peut-être pourrez-vous obtenir provisoirement le concours d'un prêtre séculier charitable et zélé. C'est ce que paraît vous offrir la bonne Providence dans la proposition qui vous est venue du Quartier-Léopold et qu'il faut accepter sans hésitation. Qui sait si Notre Seigneur ne vous ordonne pas de quitter (comme il fit lui-même) Samarie pour Jérusalem, c'est-à-dire de retirer votre œuvre d'une paroisse où elle est méconnue et étouffée, pour en doter une autre où l'on vous appelle?...

En attendant, je vous souhaite beaucoup de calme, tout le calme que donnent un parfait détachement de nous-mêmes et une confiance illimitée dans le Seigneur... »

Au nombre des personnes influentes qui, à cette époque, se montrèrent favorables à l'œuvre, il faut citer au premier rang M. le comte de Villermont, dont le nom si honorable se retrouvera souvent dans ces pages. Ce grand chrétien est trop connu pour qu'il soit nécessaire de mettre en lumière ses hautes vertus et son dévouement à toutes les nobles causes. Sa vie entière offre un modèle parfait de l'accomplissement du devoir dans la pleine acception du mot. Au foyer de la famille comme dans la vie publique, partout il sut donner un exemple digne des plus grands éloges. L'appui de cet homme de bien fut ménagé à Mlle Fanny par des circonstances toutes providentielles. Mme Kestre avait eu pour compagne au Sacré-Cœur de Charleville, une jeune fille qui fut bientôt mariée à M. Licot de Nisme. Elles entretinrent d'amicales relations aussi longtemps que toutes deux habitèrent Chimay. Mlle Licot de Nisme épousa le comte de Villermont, qui apprit ainsi à connaître et à apprécier Mlle Kestre et son œuvre. Informé des nombreuses difficultés qu'elle rencontrait et de l'abandon où elle se trouvait réduite, il en prit occasion pour lui donner les preuves du plus constant et du plus entier dévouement. Vivement affecté de l'établissement d'une école protestante, rue de la Charité, il offrit cinq cents francs pour l'organisation du nouveau catéchisme au Quartier-Léopold, et sut y intéresser plusieurs personnes animées comme lui de l'amour du bien.

On avait d'abord jeté les yeux sur un local rue du Commerce ; mais il fallut y renoncer, à cause des nombreuses difficultés qui surgirent au cours des négociations. La Providence en fournit un autre, rue de la Charité ; il appartenait à Mlle Helsen, laquelle, après une retraite mensuelle faite chez Mlle Kestre, le lui avait offert spontanément. Cette habitation présentait alors l'aspect le plus lugubre ; elle était restée inoccupée pendant bien des années, la propriétaire n'ayant jamais permis qu'on y pénétrât depuis que son père y était mort, en 1840. Mlle Helsen avait une grande originalité d'esprit et des idées très arrêtées ; il lui semblait qu'on commettrait une véritable profanation, en habitant une maison où son père avait rendu le dernier soupir. En témoignage de sa vive affection pour lui, elle avait exigé que tout fût respecté et laissé intact, surtout dans la chambre mortuaire qui resta rigoureusement fermée, alors même que le rez-de-chaussée eut été mis à la disposition de Mlle Kestre pour y réunir les élèves du catéchisme. On s'imagine aisément quels dégâts le temps avait occasionnés dans cette triste demeure : les caves étaient remplies d'eau ; les planchers, défoncés ; les pierres du vestibule, disjointes ; les fenêtres, dépourvues de vitres pour la plupart, avaient permis aux intempéries de l'air d'exercer librement leurs ravages. Il fallut même vaincre les préjugés des enfants du quartier, pour les décider à entrer dans la maison : ils la

croyaient hantée par des sorciers et des êtres malfaisants.
On y fit quelques réparations urgentes, et peu à peu, les
bonnes maîtresses y amenèrent leurs petites élèves devenues plus raisonnables.

Les classes furent inaugurées au mois d'avril 1858.
Le dimanche des Rameaux, Mlle Kestre s'y rendit avec
Mlle Sidonie Schovaerts, une des plus anciennes associées ;
elle lui mit à la main un petit rameau bénit, en lui disant :
« Entrons dans cette maison avec un symbole de paix. »
Le dévouement des maîtresses fut admirable ; elles donnèrent avec bonheur des catéchismes, dans ce local insuffisant et si peu attrayant ; rien ne put arrêter leur zèle,
soutenu par l'exemple entraînant d'une Directrice que
toutes aimaient et estimaient.

Pleine de tact et de délicatesse dans ses procédés,
Mlle Kestre gagnait vite la confiance et l'affection de ses
collaboratrices ; elle les consolait dans leurs peines et les
animait constamment à la pratique des vertus propres à
leur état. Elle réunissait souvent les dames catéchistes
et leur recommandait de former leurs élèves à une piété
solide et éclairée ; elle voulait qu'on inspirât aux enfants
les grandes dévotions de la sainte Église, à la divine
Eucharistie, à la Passion de Notre Seigneur, à la Sainte
Vierge, à saint Joseph et à l'Ange gardien. La digne
fondatrice possédait une qualité bien précieuse : elle
savait communiquer aux personnes affiliées à son œuvre,
les sentiments qui animaient son propre cœur. Les réunions qu'elle présidait étaient très attachantes, parce

qu'elle y apportait beaucoup d'abandon. de droiture et de franchise. « Nous n'avions vraiment qu'un cœur et qu'une âme, » nous dit encore aujourd'hui une Associée de cette époque.

On touchait enfin au moment où l'autorité diocésaine allait accorder à la pieuse Association. l'approbation canonique et les faveurs spirituelles depuis si longtemps désirées. Mlle Kestre apprit dans les premiers mois de 1858 que le Cardinal Sterckx examinait sérieusement les écrits et les règlements qu'elle lui avait soumis; elle eut occasion de s'entretenir avec lui dans le courant de mai, et s'aperçut avec une grande consolation qu'il lui était favorable. En vue de son érection régulière, l'œuvre prit alors le nom d'*Association de Notre Seigneur*.

L'époque de la retraite annuelle approchant, Mlle Kestre sollicita de Son Éminence l'autorisation de garder le Saint-Sacrement dans son modeste oratoire, rue du Marquis, d'y faire célébrer la sainte messe et le salut, et administrer le sacrement de pénitence. Qu'on juge de son bonheur et de celui de ses Associées, quand elles reçurent les permissions demandées! Qu'on juge de leur empressement à préparer la demeure de l'Hôte divin qui désormais allait habiter sous leur toit! Mme Maus et Mme Coddron offrirent l'autel sur lequel daignerait s'immoler l'auguste Victime; et d'autres amies dévouées s'unirent pour l'ornementation du nouveau sanctuaire. La Directrice voulut qu'on veillât sans interruption auprès du Saint-Sacrement, la première nuit qu'on le posséda; elle-même, malgré sa santé si délicate, ne consentit pas à se séparer de ses compagnes pendant ces heures d'adoration. Qui pourrait exprimer, ô Jésus, les élans de son âme, pendant ces instants délicieux? En vous voyant anéanti dans ce pauvre tabernacle, elle oublia tout, peines, douleurs, angoisses, pour se confondre devant votre Majesté infinie et s'abîmer dans l'humilité et l'amour.

Au mois d'août suivant, Mlle Fanny organisa la première retraite spéciale pour les institutrices, à laquelle succéda, en septembre, la seconde retraite annuelle pour les jeunes filles de la classe ouvrière. Comme l'année précédente, une soixantaine de jeunes filles la suivirent; elles y auraient été reçues en plus grand nombre si le local l'avait permis. Les institutrices entendirent avec avidité la parole de Dieu, et presque toutes demandèrent qu'on voulût bien dorénavant les inviter aux retraites mensuelles. Quant aux jeunes ouvrières, elles se montrèrent si édifiantes, qu'au salut de clôture, M. le Doyen put les féliciter de leur assiduité, de leur recueillement et de leur silence.

Nous lisons ce qui suit dans une lettre que Mlle Kestre adressa au Cardinal Sterckx pour lui rendre compte des succès obtenus par ces retraites : « Je ne puis terminer ces lignes sans vous parler d'une jeune personne que le Seigneur s'est attachée tout spécialement dans la première visite qu'il a daigné nous accorder. Cette demoiselle est la baronne V. J..., fille d'un général prussien, laquelle a abjuré le protestantisme au mois de février

dernier, et se voit, à cause de cela, entièrement abandonnée par ses parents. Elle était venue à Bruxelles pour
se créer une position; mais au moyen des exercices de la
retraite, le Seigneur lui toucha tellement le cœur qu'elle
voulut quitter le monde. Le directeur de la retraite crut
devoir passer par-dessus les règles ordinaires de la prudence, et il me pria de la conduire sans délai chez les
religieuses Rédemptoristines de Bruges, pour examiner sa
vocation; ce que j'exécutai mardi dernier. Notre Seigneur
a si bien disposé Mgr Malou et les religieuses en faveur
de Mlle V., qu'elle a déjà fait son entrée dans le couvent,
quoiqu'elle n'eût pas la moindre dot. »

Malgré ces résultats si consolants, Mlle Kestre ne
pouvait s'empêcher de gémir en secret sur les nombreuses
difficultés matérielles qui l'accablaient. Dans une lettre
intime écrite à cette époque, elle s'en exprime en ces
termes : « Je me vois à la tête de deux maisons; j'ai
sous ma direction trente-cinq dames affiliées; près de
cinq cents enfants fréquentent nos catéchismes; et je suis
obligée, non seulement d'être l'âme des réunions
d'ouvrage et des retraites, mais de consacrer une grande
partie de mon temps à faire des quêtes..., pas la moindre
ressource ne m'est assurée... Cette situation est au-dessus
des forces d'une jeune fille. » Le concours pécuniaire sur
lequel elle avait compté de la part de M. le Doyen
continuait à lui manquer; déjà elle entrevoyait le moment
où, impuissante à faire face aux frais exigés par les
œuvres, elle serait forcée de restreindre ces dernières.

M. le comte de Villermont voulut bien se constituer son
médiateur auprès de M. le Doyen, afin de l'engager à
soutenir une entreprise qu'il avait patronnée dès le
début. Tous les efforts furent vains ; M. Verhoustraeten
objecta que ses ressources étaient limitées, qu'il en avait
disposé en faveur de son patronage de jeunes filles, et
qu'il ne pouvait abandonner cette œuvre si utile. D'autre
part, l'approbation épiscopale tant désirée se faisait
attendre ; car l'Église procède toujours, en ces matières,
avec une sage lenteur.

Mlle Kestre ne savait que s'humilier et prier ; mais ses
forces physiques s'épuisaient. On lui conseilla de prendre
un peu de repos dont elle avait le plus grand besoin.
Cédant, non sans peine, aux instances réitérées d'une de
ses cousines, elle consentit à se rendre auprès d'elle à
Chimay, et y fut comblée d'affectueuses attentions.
Mme Louisa Auchard, la compagne inséparable de sa vie
et de ses travaux, la remplaça avec zèle à Bruxelles, et
mit en évidence, à cette occasion, les rares aptitudes
dont elle était douée. Peu de jours après, elle lui écrivait
déjà :

« Bien chère Directrice,

» Votre bonne mère et votre sœur m'ont apporté de
vos nouvelles, et je m'empresse de vous écrire, dans la
crainte que vous ne soyez tentée de revenir. Ceci ne me
paraît pas du tout nécessaire ; car vous faites autant et
mieux en vous reposant pendant quelque temps auprès de

votre chère parente. Ne vous inquiétez de rien, je fais de mon mieux ; l'ouvrage ne me manque pas, et je vais chaque soir demander conseil à notre bonne Mère du Ciel et à saint Joseph. Avec leur aide et le puissant secours que l'on trouve toujours dans le Saint-Sacrement, tout ira bien ici. »

Ce fut pendant ce séjour à Chimay que Dieu couronna enfin l'humilité et la patience de sa servante. Le 17 novembre 1858, elle reçut de Malines l'approbation canonique des statuts de l'Association formée au prix de tant de peines et de labeurs. Elle était désignée par Monseigneur pour en conserver la direction ; on lui donnait pour assistantes, Mme Morren et Mme Louisa Auchard. Mme Maus, ne pouvant plus prendre activement part aux œuvres pour des raisons de santé, avait témoigné le désir de se retirer. Ce fut une grande perte, car Mme Maus-Poncelet était une femme supérieure, remarquable non seulement par une piété fort bien comprise, mais aussi par une grande intelligence et un très noble caractère.

Mlle Kestre remercia le jour même le Cardinal Sterckx, avec toute l'effusion de la plus vive reconnaissance. Puis elle se hâta de rentrer à Bruxelles, où, très peu de temps après, les indulgences sollicitées lui furent également accordées.

CHAPITRE V

1859

DÉVELOPPEMENT DES OEUVRES. — LE CARDINAL STERCKX APPROUVE L'ACQUISITION D'UN NOUVEAU LOCAL. — PÈLERINAGE A NOTRE-DAME DE HAL. — INAUGURATION DE LA CHAPELLE, RUE DES SABLES. — NOUVELLES DIFFICULTÉS. — MORT DE Mme SIDONIE KESTRE.

Après avoir reçu la sanction de l'autorité diocésaine, la Directrice et ses associées se livrèrent avec plus d'ardeur que jamais à leurs œuvres de zèle. Selon la prévision de M. le Doyen, la maison de la rue du Marquis devenait à son tour insuffisante ; on ne pouvait songer à y réunir les enfants des catéchismes pour la distribution des prix. Où donc se réfugier ? Une associée proposa la chapelle Sainte-Anne, située à peu de distance, rue de la Montagne. L'idée était très bonne ; elle fut adoptée, et la permission de donner là les prix s'obtint facilement. M. Verhoustraeten vint présider la cérémonie ; elle réunit cinq cents enfants, qui reçurent des récompenses proportionnées à leur mérite. Un public nombreux et sympathique y assistait. Cette distribution de prix fut le point de départ d'une nouvelle extension de l'œuvre des catéchismes.

Cependant les difficultés matérielles n'étaient pas résolues. L'impossibilité de résider dans un local aussi restreint que celui de la rue du Marquis était évidente. Tout le rez-de-chaussée de l'habitation avait été converti en chapelle ; il ne restait pour les classes que le premier étage, où, élèves et maîtresses se trouvaient fort à l'étroit; de plus, on avait à essuyer de sérieux désagréments de la part d'un voisinage peu accommodant et même hostile. Le Conseil de l'œuvre résolut donc, à l'unanimité, de renoncer à ce local, et s'adressa au Cardinal Sterckx pour lui demander l'approbation de cette mesure et lui soumettre en même temps les projets qu'on avait en vue. Un grand bâtiment, rue des Sables, avait été indiqué à ces dames ; il renfermait des salles spacieuses entourant une cour à l'abri de tout regard ; on espérait le faire acheter par une bienfaitrice, laquelle se contenterait d'un intérêt peu élevé ; ce qui, loin d'augmenter les charges annuelles de l'œuvre, les diminuerait sensiblement. L'Archevêque de Malines répondit en ces termes :

« Mesdames,

» J'apprends avec peine que vous êtes obligées de quitter, le 1ᵉʳ juillet prochain, le local où vous vous êtes appliquées avec tant de constance aux bonnes œuvres de votre Association. J'espère qu'avant cette date vous trouverez une habitation convenable, et que vous n'éprouverez ainsi aucune interruption dans l'exercice de votre zèle.

„ Pour que votre œuvre acquière plus de stabilité, il serait très bon d'acheter le local que vous avez en vue; et cela, soit au nom d'une bienfaitrice, soit au nom de plusieurs associées, selon qu'un savant jurisconsulte vous le conseillera. Afin de trouver les fonds nécessaires pour payer le prix d'achat de ce local, les intérêts ou le loyer, il faudra solliciter des dons et des souscriptions annuelles.

„ Je fais des vœux sincères pour que Dieu touche le cœur des personnes qu'il a favorisées des biens de la fortune et auxquelles vous vous adresserez ; certes, elles ne peuvent faire un emploi plus utile et plus méritoire de leur superflu qu'en le consacrant à affermir votre Association.

„ Veuillez agréer, Mesdames, la nouvelle assurance de la parfaite estime avec laquelle j'ai l'honneur d'être

„ Votre très humble serviteur,

„ † ENGELBERT,

„ Cardinal-Archevêque de Malines.

„ Le 31 mai 1859. „

Fortes de la haute approbation de Monseigneur, les Dames associées, guidées par leur Directrice, s'employèrent avec ardeur à chercher les ressources indispensables pour la conclusion de cette affaire. Elles organisèrent une loterie qui eut le meilleur succès, le Seigneur se plaisant ainsi à leur montrer une fois de plus qu'il n'abandonne pas ceux qui se confient en sa bonté.

Comme toutes les âmes vraiment pieuses, Mlle Kestre était animée envers la Sainte Vierge, des sentiments de la plus filiale confiance ; Marie était pour elle une mère tendrement aimée et sans cesse invoquée. Elle résolut de faire un pèlerinage pour obtenir de la Vierge puissante, les secours sans lesquels l'acquisition de la maison, rue des Sables, eût été impossible. Le projet est communiqué aux Dames associées qui l'accueillent avec empressement et veulent presque toutes y prendre part.

A trois lieues de Bruxelles, dans la petite ville de Hal, s'élève une belle église où une statue miraculeuse de la Sainte Vierge est l'objet d'un culte six fois séculaire. Une antique légende rapporte que, lors d'un siège que la ville eut à soutenir, la Madone vénérée recueillit dans son manteau les boulets lancés par l'ennemi, et sauva ainsi les habitants d'une ruine certaine. Les pèlerins ne manquent jamais de s'arrêter devant ces boulets réunis dans le bas de l'église, et dont, selon la tradition, on n'a jamais pu fixer exactement le nombre. Le pèlerinage de Notre-Dame de Hal est un des plus célèbres et des plus fréquentés de la Belgique. C'est vers ce sanctuaire béni que se dirigent les ferventes Associées, au nombre desquelles nous aimons à nommer Mlle Schovaerts ainsi que Mlle Desamblancx, aujourd'hui religieuse de l'Institut de Sainte-Julienne, et qui remplissait alors les fonctions de secrétaire de l'Association. Elles assistent à la sainte messe, reçoivent la sainte Communion, et déposent de longues et ferventes prières aux pieds de la divine Mère. Quittant à regret ces lieux sanctifiés par tant de grâces, elles emportent dans leurs cœurs, avec les plus douces émotions, une inébranlable confiance dans le succès de leur entreprise.

Cette confiance ne devait pas être trompée; Marie ne tarda pas à bénir cet acte de piété, comme nous l'apprend la lettre suivante adressée par Mlle Kestre à Mgr Sterckx, le 4 juillet 1859 :

« Éminence,

» La sollicitude que vous avez daigné nous témoigner et les souhaits que vous formez pour le succès des œuvres de notre Association, nous engagent à annoncer à Votre Éminence, que nous avons eu le bonheur d'acquérir la maison, rue des Sables, n° 13, dans la paroisse Sainte-Gudule. Cet achat a pu s'effectuer d'une manière providentielle par un secours arrivé à la dernière heure. La maison a été vendue publiquement le 28 juin; et le 1er juillet, jour de la fête du Sacré-Cœur de Jésus, nous en avons pris possession. Le lendemain, fête de la Visitation, nous en avons déposé la clef aux pieds de la Très Sainte Vierge, afin qu'elle daignât en être la maîtresse; trois années auparavant, à pareil jour, nous l'avions priée d'accepter la clef du local rue du Marquis.

» Nous supplions Votre Éminence, qu'Elle veuille bien

demander pour nous à Notre Seigneur, les grâces qui
nous sont nécessaires pour travailler avec zèle et effica-
cité aux intérêts de sa plus grande gloire. »

Le saint sacrifice de la messe fut offert pour la première fois, dans le nouveau sanctuaire, le 23 juillet à
6 heures, à l'intention d'obtenir de Dieu, que sa sainte
volonté s'accomplît parfaitement dans cette maison qui
lui était consacrée ; toutes les Associées y communièrent
en esprit de réparation des outrages commis envers le
Saint-Sacrement. Pendant la grand'messe qui fut célébrée
à 9 heures, tous les cœurs s'unirent pour implorer les
bénédictions du Ciel sur l'Église entière, et spécialement
sur Son Éminence, sur les prêtres et autres bienfaiteurs
dévoués à l'œuvre, et enfin, sur les membres de l'Association et leurs familles. Les chants furent exécutés par
quelques dames au nombre desquelles nous citerons
Mlles Bernaert, Sauveur, Robbe (1), Michiels et Maubach.
Toutes se firent un plaisir de donner ce témoignage de
sympathie à la vénérée Directrice.

Si les ferventes Associées s'étaient montrées constamment fidèles à faire l'heure sainte dans l'oratoire de
l'ancien local, elles vinrent plus nombreuses que jamais
à ce pieux exercice, dès que la nouvelle chapelle fut
inaugurée. La sainte messe y était célébrée tous les
jours par des prêtres de l'Institut Saint-Louis. Le Direc-

(1) Mlle Robbe, que les devoirs de la piété filiale devaient retenir de longues années dans le monde, est aujourd'hui religieuse de l'Institut des Dames
de Sainte-Julienne.

teur, M. l'abbé Ketelbant, depuis, Vicaire général, se chargea souvent de cet office ; en toute occasion, il témoigna la plus grande bonté à l'humble fondatrice, qui en était pénétrée de reconnaissance.

On le voit, la Sainte Vierge, invoquée avec ferveur dans son sanctuaire de Hal, répondait par des largesses signalées aux prières confiantes de tant d'âmes généreuses ; elle se montrait prodigue de bienfaits ; et déjà celle qui en était l'objet s'abandonnait à une douce sécurité pour l'avenir. Mais tandis que tout semblait calme et paisible, l'ennemi du bien recommençait à susciter à l'œuvre, de graves difficultés et de puissantes oppositions.

Nous avons parlé plusieurs fois de la correspondance échangée entre Mlle Kestre et le Doyen de Saint-Brice ; les avis salutaires de ce digne prêtre étaient marqués au coin d'une sagesse surnaturelle dont elle savait apprécier toute la valeur. Ayant appris l'ouverture de la maison de la rue des Sables, suivie de près par de nouvelles épreuves, il s'empressa de lui écrire le 27 août 1859 :

« L'acquisition d'un local tout à fait approprié à votre œuvre avait été pour vous et votre fidèle Associée, le sujet d'une grande et légitime joie ; et voilà que le bon Dieu y jette un peu d'absinthe pour que cette joie ne vous soit point nuisible. Que son saint nom soit béni ! Voilà ce qu'il faut voir dans la peine actuelle ; rien de moins, rien de plus. Étudiez-vous à mettre ceci à profit pour le bien de vos âmes, et vos œuvres en seront avancées.

„ Je finis en vous rappelant une règle fondamentale qui doit présider à votre conduite et à votre langage : c'est que, si votre œuvre est l'effet d'une volonté divine, et j'en ai la conviction, elle arrivera à son terme nonobstant toutes les entraves, pourvu que vous, son instrument, soyez toujours docile à sa voix et fidèle à votre mission ; que vous vous appuyiez sur son secours et n'attendiez le succès que de lui, quels que soient les sujets qu'il destine à y concourir.

„ Adieu, ma bonne Demoiselle, recevez, ainsi que Mme Louisa, votre émule en générosité, l'hommage de mes sentiments dévoués, et le vœu que je forme pour que rien ne soit capable d'ébranler votre confiance en Dieu et votre charité. „

Mlle Kestre se résigna ; elle accepta comme venant des mains de Dieu la situation dans laquelle elle se trouvait, et s'efforça de faire face à toutes les difficultés. L'espérance vivait toujours dans son cœur ; et grâce à son indomptable courage, le bien commencé se maintenait. Elle trouvait un grand soutien dans l'affection de l'amie incomparable qui partageait ses peines et ne la quittait jamais. Cependant, à cette époque, la santé de Mme Auchard, un peu ébranlée, exigeait des ménagements. Docile aux avis du médecin, elle consentit à se séparer pour quelques jours de sa compagne, et se rendit au château de Bouges, près de Namur, où résidait alors Mme Pierlot. A peine arrivée, elle écrit à Mlle Kestre les lignes suivantes :

« Le 28 décembre 1859.

» Bien chère Consœur,

» Voilà quatre jours que je suis ici, et le temps me semble déjà bien long depuis que je vous ai quittée. Cependant la solitude m'est bien douce ; je lui trouve beaucoup de charme ; car c'est alors que ces belles paroles ont leur plein effet : *Je conduirai l'âme dans la solitude, et là je lui parlerai au cœur.* Je prie tant pour vous... Reprenons sans cesse un nouveau courage, fortifié et rafraîchi chaque jour dans le Saint-Sacrement.

» Je ne sais comment j'ose vous dire ceci, à vous qui êtes si instruite et si avancée dans les voies de Dieu ; mais j'ai le cœur si plein qu'il faut bien qu'il déborde un peu ; et puis, est-ce que je ne connais pas votre indulgente charité pour moi ? J'éprouve déjà une certaine impatience d'être auprès de vous ; c'est un besoin tout spirituel, et dans lequel je ne puis rien trouver qui soit de ce monde ; je me sens fortement attirée vers vous, et je crois que tout cela est la volonté de Dieu, à laquelle je désire m'abandonner entièrement. »

Peu après, aux inquiètes sollicitudes de son amie, Mme Auchard répond en ces termes :

« Bien chère Consœur,

» Comment êtes-vous si craintive que de vous tourmenter pour moi, et cela parce qu'il y a huit jours que je ne vous ai pas écrit ?... Vous savez que je suis ici avec des amies sages et chrétiennes, que Dieu m'a données dans un moment où il lui plaisait de me laisser dans l'isolement le plus complet. Il me les a données pour qu'elles me fassent du bien en son nom ; et elles m'ont aimée pour l'amour de lui. Qu'avez-vous donc à craindre ? Que je puisse tomber malade ?... Mais alors je ne serais pas à plaindre ; ce serait une preuve que Dieu se souvient de moi et me procure une occasion de lui être agréable par mes souffrances. Chère Fanny, aimez-moi un peu moins, et prenez patience, je serai bientôt auprès de vous.

» Courage, confiance et persévérance : prenons ces trois mots pour notre devise. N'en doutons pas, le Seigneur est toujours un bon Père qui, lorsque ses enfants lui demandent du pain, ne leur donne pas un serpent.

» Nous avons ici de la neige comme je n'en ai jamais vu que dans les Ardennes ; mais je ne suis pas malade et je sors tous les jours.

» Louisa. »

Elle revint, en effet, l'amie fidèle ; elle reprit sa place de sœur dévouée et doubla par sa présence, les forces de celle qui s'appuyait sur elle avec un si complet abandon.

Une peine inattendue allait atteindre encore l'âme si sensible de Mlle Kestre, qui savait allier à l'amour de son Dieu, les affections de la famille et de l'amitié. On sait quels liens doux et forts l'attachaient à sa sœur Sidonie ;

séparées l'une de l'autre par leurs vocations différentes,
les deux sœurs se retrouvaient en Dieu, unique objet de
leur amour et seul but de leur vie. Doublement sœurs
par la nature et par la grâce, elles confondaient leurs
aspirations et leurs désirs, et trouvaient dans leur
mutuelle tendresse tous les charmes d'une amitié surnaturelle. Mme Sidonie, entrée au Sacré-Cœur à l'âge de
vingt-deux ans, avait donné des inquiétudes pour sa
santé, dès les premières années de sa vie religieuse ;
mais son énergie, jointe aux soins qui lui furent prodigués, la soutint bien plus longtemps qu'on n'aurait osé
l'espérer. Pensant qu'un air moins vif que celui de Conflans lui serait favorable, ses supérieures l'envoyèrent à
Nancy qu'elle ne devait plus quitter. Pendant l'hiver
1859, à la suite d'un rhume violent, son état parut alarmant ; vers la fin du mois de mars, une fluxion de
poitrine se déclara et dégénéra en une sorte de langueur
qui ébranla de plus en plus un tempérament déjà très
affaibli. Mme Sidonie se rendait compte de la gravité de
son mal et entrevoyait avec joie le moment qui la réuni-
rait au Cœur sacré de Jésus. Elle soupirait sans cesse
vers le Ciel et ne modérait l'ardeur de ses désirs, que
pour se conformer plus parfaitement à la volonté de Dieu.
Le 30 novembre, il fut visible que le terme était proche ;
après une crise qui se prolongea jusqu'à trois heures de
l'après-midi, elle rendit doucement sa belle âme à son
divin Maître qu'elle avait si ardemment aimé. Il est aisé
de comprendre quelle fut la douleur de Mme Kestre et de

ses filles, quand la triste nouvelle leur parvint à Bruxelles. Quel déchirement pour le cœur de la pauvre Fanny!... Les Dames du Sacré-Cœur de Nancy, que Mme Sidonie avait tant édifiées, eurent la délicate attention d'envoyer à sa famille une relation détaillée des principaux faits de la vie si parfaite de leur chère compagne. Cet hommage rendu à ses vertus atténua la peine de sa pieuse mère et de ses bonnes sœurs ; à leurs profonds regrets se mêla la conviction du bonheur de cette âme privilégiée, qui avait échangé des joies éphémères contre les ineffables délices de l'éternité.

Elles ne se reverront donc plus ici-bas, ces deux sœurs qu'un même attrait a attachées au service du divin Rédempteur. Semblables à deux fleurs écloses sur la même tige, toutes deux se sont tournées dès la première heure vers le soleil de justice qui, en les éclairant de sa lumière, les a pénétrées de son amour. Mais combien, dans la suite, leurs voies furent différentes ! Sidonie, abritant sa jeunesse à l'ombre du sanctuaire, y coule des jours paisibles et doux. Elle est aimée, estimée de ses sœurs et de tous ceux qui l'approchent ; son existence ressemble à une belle journée presque sans nuage, où le ciel sourit à la terre et en adoucit les aspérités ; enfin, une mort prématurée, objet de ses désirs, couronne l'épouse fidèle en l'unissant pour jamais à son divin Epoux. Fanny, appelée elle aussi à la vie religieuse dès ses jeunes années, mais réservée à une mission spéciale, cherche longtemps sa voie à travers les luttes les plus pénibles. Des sacrifices continuels et parfois bien rudes sont la nourriture de son âme forte et virile ; le combat, le labeur, tel est son partage ici-bas ; elle en accepte avec héroïsme et humilité toutes les amertumes ; et, le regard élevé vers le ciel, elle poursuit son noble but sans s'arrêter jamais.

Mais l'heure viendra, car le temps est rapide, où les deux sœurs, réunies enfin pour ne plus se quitter, liront dans le livre de vie le secret de leurs destinées, et, dans un éternel *Magnificat*, béniront ensemble les miséricordes du Seigneur.

CHAPITRE VI

1860-1864

Mlle KESTRE OFFRE SA DÉMISSION QUI N'EST PAS ACCEPTÉE. — FORMATION D'UN COMITÉ POUR RÉGLER LE TEMPOREL DE L'OEUVRE. — ÉPREUVES CROISSANTES. — VENTE DE LA MAISON RUE DES SABLES. — Mlle KESTRE TOMBE GRAVEMENT MALADE. — SA GUÉRISON. — DÉVOUEMENT DE SES AMIS.

Nous avons fait entrevoir dans le chapitre précédent les contradictions qui assaillaient de nouveau la vaillante Directrice. Profondément humble, elle n'attribuait ces épreuves qu'à son peu de mérite, et s'accusait d'être elle-même l'obstacle à l'épanouissement de son œuvre. Peu à peu cette pensée la domina au point qu'elle songea sérieusement à se démettre de sa charge. Elle réunit donc toutes les Associées ainsi que les maîtresses de catéchisme, leur fit part de sa détermination, et désigna Mme Louisa comme devant prendre sa place. Toutes ces dames respectaient profondément Mme Louisa, à laquelle les sympathies générales étaient acquises ; mais elles ne pouvaient se résigner à perdre leur première Directrice ; et, protestant énergiquement contre sa démission, elles la supplièrent de continuer à exercer ses fonctions habituelles. Mlle Kestre avait également communiqué au Cardinal Sterckx son intention d'abandonner à d'autres mains la direction de son œuvre ; mais l'Archevêque n'ayant pas agréé son désir, elle s'inclina devant la volonté de Dieu et poursuivit courageusement sa laborieuse tâche.

Le manque de ressources se faisait toujours vivement sentir ; parfois les meilleurs expédients venaient à échouer. Pendant l'hiver 1860, un des vicaires de Sainte-Gudule, M. Van Segvelt, avait prêché avec succès à l'occasion d'une mission dans une des paroisses de la ville ; on parlait de lui avec beaucoup d'éloge. Mlle Kestre, pensant que ce prédicateur attirerait beaucoup de monde, lui demande de vouloir bien parler en faveur de ses œuvres, ce qu'il accepte de bon cœur. S'inspirant du souvenir de saint Vincent de Paul, elle assemble dans sa modeste chapelle un certain nombre d'enfants des catéchismes, dans l'espoir que leur vue attendrira les assistants ; autrefois le même procédé avait bien réussi auprès des grandes dames de Paris. Ne doutant pas du succès et s'attendant à un nombreux auditoire, elle emprunte quantité de chaises. L'orateur parle très bien ; les enfants prient comme on le leur a dit ; mais... le public est absent. Le Seigneur avait préparé à sa fidèle servante mieux qu'un succès... une humiliation.

Elle vivait donc au jour le jour dans une entière dépendance de la Providence divine, n'ayant rien d'assuré pour le lendemain de son œuvre, laquelle pourtant restait debout et tenait bon contre tous les efforts de l'ennemi. Mais le démon qui ne se déconcerte jamais, se préparait à lui livrer un suprême assaut.

F. K.   5

Lors de l'acquisition de la maison, rue des Sables, des engagements avaient été pris, tant pour le payement des intérêts que pour le remboursement des sommes empruntées. Des difficultés étant survenues, un comité se forma pour venir en aide à Mlle Kestre ; M. le comte Ludovic d'Ursel en accepta la présidence, à la requête de M. le comte de Villermont qui en faisait partie ainsi que M. Van de Velde, vicaire de Sainte-Gudule, et M. Raspoet, frère de Mme Morren. Voici en quels termes M. le comte d'Ursel écrivit à la Directrice :

« Mademoiselle,

» M. le comte de Villermont m'a communiqué la lettre qu'il vous a écrite et que j'ai l'honneur de vous envoyer. Je partage entièrement sa manière de voir, et je serai heureux de contribuer avec lui au succès de la belle œuvre que vous avez entreprise et que vous poursuivez avec tant de dévouement. Si vous croyez donc que l'influence de mon nom puisse vous être de quelque utilité, je consens à faire partie du Comité que vous vous êtes proposé de former.

» Veuillez agréer, Mademoiselle, l'expression de mes sentiments les plus respectueux et les plus dévoués.

» Comte L. D'URSEL.

» Le 8 avril 1860. »

On décida d'émettre des obligations ; mais les efforts
réunis des nobles protecteurs n'aboutirent qu'à un résultat insuffisant. Le moment approchait où le créancier de
la somme arrivée si à propos la veille de l'acquisition de
la maison, allait en réclamer le remboursement ; plusieurs
autres personnes devaient être payées, et la caisse se
trouvait à peu près vide. Ce fut alors que M. le comte
de Villermont déploya toute l'ardeur du zèle le plus
charitable, pour épargner à la Directrice les ennuis inhé-
rents à toute liquidation. Au prix de bien des peines, il
parvint à aplanir certaines difficultés ; et, tout en sauve-
gardant les intérêts de chacun, il retarda, autant que
possible, une crise redoutée. Elle arriva cependant,
malgré toute l'énergie dépensée en vue de la conjurer ; et
le 8 octobre 1861, Mlle Kestre dut écrire à Mgr Sterckx,
qu'on avait décidé en Conseil de faire vendre publiquement la maison, pour mettre fin à une situation qui ne
pouvait se soutenir plus longtemps. Elle put ajouter en
toute vérité que le bon vouloir des personnes de bien ne
lui avait pas fait défaut ; que, ni les aumônes, ni les prix
distribués aux enfants des catéchismes, n'avaient été
restreints ; et que, contrairement à ce qu'on pourrait
croire, l'œuvre n'était obérée, ni de dettes, ni d'arriérés
d'aucune sorte ; mais que les fonds manquaient absolument pour satisfaire aux divers engagements concernant
l'acquisition du local ; car, outre quelques dons peu con-
sidérables, elle n'avait reçu, à cet effet, d'autres secours
que ceux des membres du comité. Elle rappelait en même

temps à Monseigneur que, sur l'avis de personnes compétentes, l'immeuble avait été acheté en son nom, parce qu'elle se trouvait être la plus jeune parmi les membres du Conseil ; que par conséquent, toutes les charges retombaient maintenant sur elle seule ; qu'étant sans fortune, uniquement soutenue par sa famille, sans dépendre en quoi que ce soit des ressources de l'œuvre, elle se voyait dans une situation des plus critique. Elle terminait sa lettre en priant le Cardinal de vouloir bien approuver les mesures adoptées par le Conseil, afin qu'elle pût satisfaire au plus tôt les personnes qui l'avaient aidée.

Dans ces pénibles circonstances, elle fit part des angoisses de son âme à M. Burgeon, et en reçut aussitôt ces consolantes paroles :

« Ma bonne Demoiselle,

» Après avoir lu l'exposé navrant que vous me faites, je laisse toute occupation pour vous écrire. *Sursum corda !* levez votre cœur ou plutôt vos cœurs vers le Ciel ; et le courage, la force dont vous avez besoin ne vous feront pas défaut, pas plus qu'aux dames qui auront assez de confiance en Dieu pour rester fidèles à l'œuvre.

» Il me semble que lorsque vous aurez vendu la maison de la rue des Sables, vous pourriez vous retirer dans celle du Quartier-Léopold, ne fût-ce que provisoirement. Peut-être y serez-vous suivie par quelques-unes de vos compagnes dont la retraite serait un vrai désastre.

« Le moment me paraît venu pour le bon Dieu de montrer par une protection, inespérée du côté des hommes, que votre œuvre est sienne et qu'il la soutiendra. En attendant ce secours, il me paraît urgent, pour vous personnellement, d'aviser aux moyens de sortir au plus tôt d'une situation financière dont je partage toute la peine d'autant plus vivement, qu'elle est le prix d'une vie toute de sacrifice, de charité et d'abnégation.

» Courage cependant, Dieu n'abandonne pas les siens, ni les travaux qu'il leur confie ; il se montrera en temps opportun, n'en doutez pas. Prions et agissons, en tâchant de tirer de cette épreuve le profit que le Seigneur y attache pour votre sanctification et votre complet renoncement. »

M. Burgeon suggérait donc à Mlle Kestre la pensée de se retirer au Quartier-Léopold, où les catéchismes se continuaient depuis près de quatre ans. Elle-même y avait songé et le désirait ; mais avant d'en venir à l'exécution, elle jugea bon de prendre l'avis de M. De Mayer, vicaire de Saint-Josse (1), dont le dévouement lui était bien connu. M. De Mayer approuva complètement ce projet et s'empressa d'en faire part à M. le curé. Celui-ci consentit volontiers à ce que le siège de l'Association fût transféré dans sa paroisse ; il avait pu se convaincre déjà, que le but unique de Mlle Kestre était de seconder le clergé par l'œuvre des catéchismes, et qu'elle se bornait exclusivement à s'occuper des besoins

(1) Aujourd'hui curé à Steenockerzeel.

F. K.   5*

spirituels des jeunes filles fréquentant les institutions laïques ou les ateliers.

Pendant ces négociations le temps s'écoulait rapidement, et bientôt le jour de la vente arriva. La maison fut mise aux enchères le 21 novembre 1861 ; on en retira une somme suffisante pour satisfaire tous les intéressés. La jouissance du local fut laissée à Mlle Kestre jusqu'à la fin de décembre, et prorogée ensuite jusqu'au 15 janvier 1862. Elle en profita pour organiser une dernière distribution de prix aux enfants de la paroisse qu'elle allait quitter, ne voulant pas priver ses chères élèves des récompenses qu'elles avaient méritées. M. le Doyen y assista ainsi que M. le comte de Villermont et les dames de l'œuvre. M. Lauwers, vicaire de Sainte-Gudule, qui s'était toujours montré si dévoué et qui depuis plusieurs années faisait des instructions aux jeunes filles flamandes, prit également part à la modeste cérémonie.

On comprend sans peine quelle force d'âme la courageuse Directrice eut à déployer en cette circonstance? Elle ne pouvait se le dissimuler, son œuvre traversait alors une période pleine de dangers ; elles étaient arrivées, ces heures ténébreuses durant lesquelles l'ennemi du bien essaye par tous les moyens d'ébranler les œuvres de Dieu. Celle qui avait créé l'Association au prix des plus rudes labeurs en était réduite à n'avoir plus de toit pour s'abriter ; car si Mlle Helsen avait concédé quelques chambres et caves de sa maison pour y faire le catéchisme, c'était à la condition expresse qu'on n'y logerait pas. Le Comité s'était dissous, sa mission étant terminée après le règlement des affaires concernant la maison rue des Sables. Mme Morren, très souffrante depuis quelque temps et absorbée par les soins à donner à sa mère infirme, se vit dans l'impossibilité de rendre aucun service et présenta sa démission de conseillère. Quant à Mme Louisa, pour des raisons sérieuses, indépendantes de sa volonté comme de celle de Mlle Kestre, elle s'était vue forcée d'interrompre la cohabitation avec son amie, et demeurait momentanément dans un des faubourgs de la ville. L'autorité ecclésiastique se tenait sur la réserve. L'Association, privée de directeur, chancelait faute d'appui ; quelques personnes, plutôt trompées que mal intentionnées, répandaient sur le compte de la Directrice des bruits malveillants, la disant exaltée, illusionnée ; tout en un mot se réunissait pour accabler l'âme de Mlle Kestre des plus amères déceptions.

On s'étonnera peut-être de voir une œuvre soutenue par de hautes protections, échouer en quelque sorte devant une simple question pécuniaire ; la vérité oblige à dire que les obstacles matériels se compliquaient de difficultés morales sur lesquelles la charité conseille de jeter un voile. Dieu, pour ajouter aux mérites de l'héroïque fondatrice, permit qu'il y eût alors un moment d'hésitation générale, en face d'un ébranlement si profond, qu'il laissait très peu d'espoir pour l'existence de l'œuvre.

La respectable mère de Mlle Kestre, dont le cœur

gémissait de tous les maux qui fondaient à la fois sur une fille si chère, la pressait vivement, de concert avec Mlle Félicie, de rentrer au foyer de la famille ; sa sœur Marie, récemment mariée à M. Herman Heeren, s'empressa également de lui faire les offres les plus affectueuses. Rien ne put ébranler la fermeté de Fanny ; s'étant donnée au Seigneur sans retour, elle résista à l'éloquence maternelle si puissante sur son âme sensible et tendre ; elle résista aux accents émus de l'amitié fraternelle, et, forte de son invincible amour pour le divin Crucifié, elle opposa une invincible patience à l'orage déchaîné contre son œuvre et contre elle.

Jusqu'où alla l'épreuve, elle-même nous l'apprend par une lettre écrite le 19 février 1862, à son vénérable ami, le Doyen de Tournay :

« Monsieur le Doyen,

» Depuis que j'ai reçu votre lettre, il n'est pas de genre de souffrances que je n'aie éprouvé ; ce fut tellement au-dessus de mes forces que j'y ai succombé et que la maladie s'y est jointe. Elle a commencé par un point de côté aigu, une faiblesse extrême et la fièvre ; cela m'a rendue incapable de suivre vos bons conseils... De plus, je suis si abreuvée de peines que je ne puis rien dire, ni rien faire... Le mercredi, 15 janvier, je me trouvai avec une amie (1) et un mobilier... dans la rue ; quelqu'un eut la bonté de recevoir le mobilier, et j'étais décidée à louer au mois, une chambre garnie, pour ma fidèle compagne et moi, lorsque Mme de Page et M. le comte de Villermont me firent savoir que je ne pouvais pas habiter un appartement. Ils décidèrent de me louer une petite maison située à côté de la rue de la Charité, près de la propriété de Mlle Helsen. Mme Louisa m'offrit un gîte chez elle, la petite maison ne pouvant être habitable que huit jours plus tard ; elle en signa elle-même le bail. J'acceptai, mais à condition qu'elle viendrait l'habiter avec moi aussitôt que son trimestre commencé serait achevé. Sa chambre est prête actuellement et je l'attends. »

En effet, les forces physiques de Mlle Kestre n'avaient pas résisté à un choc aussi violent ; bientôt elle tomba si gravement malade, que son médecin, M. Morel, jugea qu'il était prudent de la faire administrer. M. De Mayer fut désigné par M. le curé de Saint-Josse pour lui porter les dernières consolations de la religion. Elle les reçut avec une foi vive et le visage rayonnant d'une joie céleste. Avant que le prêtre commençât à lui donner les saintes onctions, « Monsieur le Vicaire, lui dit-elle, je suis heureuse de recevoir l'Extrême-Onction ; mais ce sacrement ne me sera pas nécessaire cette fois, je le sens ; car je n'ai pas encore accompli la tâche que Dieu m'a imposée

____

(1) Mlle Albertine Flasselaerts, qui devint plus tard une des premières Religieuses de l'Institut de Sainte-Julienne.

et qu'il attend de moi. » M. De Mayer ne parlait jamais
sans émotion de cette touchante cérémonie ; il aimait à la
rappeler pour faire partager à d'autres son admiration
sincère pour l'humble femme, qui était aussi résignée à
mourir avant l'achèvement de sa mission qu'à vivre et à
souffrir pour elle. L'avenir se chargea de prouver qu'elle
était dans le vrai en ne se croyant pas encore au terme
de sa vie : les desseins de Dieu n'étaient pas réalisés. Il
veillait sur elle, Celui qui anéantirait plutôt la création
entière que d'abandonner ceux qui l'aiment et le servent.
Le Cœur sacré de Jésus était largement ouvert à son
épouse choisie ; elle s'y reposait avec confiance ; et aux
heures de solitude ou de pénible insomnie, il lui redisait
dans son ineffable langage : « Ne crains rien, je suis là. »

Sa famille l'entourait de mille soins délicats et lui prodiguait tous les soulagements que peut inspirer l'affection
la plus tendre. Les cœurs généreux que le divin Maître
avait groupés autour d'elle, restèrent constants dans
l'épreuve et redoublèrent d'attention et de sollicitude.

Parmi les amies que Dieu avait ménagées de longue
date à Mˡˡᵉ Kestre, nommons aussi Mᵐᵉ et Mˡˡᵉ de Page.
En 1850, Mˡˡᵉ Fanny s'était rendue à Ostende, pour y
prendre quelques jours de repos exigés par l'affaiblissement de sa santé. Elle y fut reçue par M. de Coster,
curé de la paroisse, lequel, voulant la mettre en rapport
avec les dames de Page, les réunit toutes trois à sa
table. La connaissance fut vite faite ; ces dames étaient
de ferventes chrétiennes aimant les bonnes œuvres ;

elles éprouvèrent bientôt une vive sympathie pour
Mlle Kestre, qui n'eut guère désormais d'amies plus
sincèrement attachées à sa personne et plus fidèles à son
œuvre. Elles vinrent à son aide à l'heure de la détresse,
la visitèrent fréquemment durant sa maladie et sa con-
valescence : dévouement d'autant plus providentiel, que
des devoirs de famille allaient éloigner une autre
amie bien chère. Mme Louisa résistait depuis longtemps
au désir de revoir sa famille dont plusieurs membres
étaient malades ; elle avait différé pour ne pas quitter
les saints travaux qui absorbaient tout son temps
et auxquels son zèle des âmes l'attachait toujours
davantage; mais ayant appris que l'état de son frère
s'était aggravé, elle crut devoir céder aux instances qui
lui étaient faites, et tranquillisée sur la santé de sa
chère Fanny dont les forces semblaient renaître, elle se
décida à partir pour Londres au mois de juin 1863. Elle
trouva son frère dans une situation très alarmante; sa
sœur Mary était aussi gravement malade; ce fut pour
Mme Louisa l'occasion d'exercer le dévouement d'une
sœur de charité. Voici en quels termes elle en rend
compte :

« Ma bien chère Fanny,

» Je crains que vous ne soyez inquiète à mon sujet ;
mais rassurez-vous et pardonnez-moi. J'ai blessé votre

cœur sans le vouloir ; mon bon Sauveur sait que lorsque
je fais de la peine à quelqu'un, c'est contre ma volonté.
Si je ne vous ai pas écrit, c'est que je n'ai pas pu le faire.
Ici, je suis très tenue ; mon frère est au lit très malade,
et on pense que cela pourra être long. Ma sœur Mary
est bien souffrante aussi ; elle porte le bras en écharpe et
ne peut faire aucun mouvement. Je crois que nous n'irons
à la campagne que dans un mois ; du reste cela dépen-
dra de nos malades.

» Chère Fanny, mon cœur est où j'espère qu'il sera
toujours, jusqu'à la fin de mon exil : au pied des autels
et auprès de vous ; mais ici je suis à une rude épreuve ;
l'autel de mon Jésus est mon cœur où je l'aime et le cache
comme l'avare cache son or. J'use de beaucoup de prudence et voudrais le faire aimer par les effets de
l'exemple..., vous savez ce que je veux dire.

» Patience et charité, ma chère Fanny, et je vous
prédis que vous sortirez de toutes vos angoisses ; passez
tranquillement à travers la tempête, car après elle vient
toujours le calme. Je vous en prie à genoux, ne vous
arrêtez à aucune apparence pour ce qui me concerne, et
ne jugez rien.

» Je prie pour vous avec une continuité que Notre
Seigneur ne peut refuser d'exaucer. Mettez toute votre
confiance en Celui qui ne vous manquera jamais, et ne
permettra pas que vous souffriez aucune peine sans
consolation. Écrivez-moi, si vous le pouvez ; mon cœur
s'intéresse à tout ce qui vous touche. Croyez-moi toujours,

comme toujours, dans les Sacrés-Cœurs de Jésus et de
Marie,

» Votre très affectionnée,

» LOUISA. »

Cette lettre fut suivie de plusieurs autres, toutes bien
douces au cœur de Fanny. Mme Louisa resta en Angleterre jusque vers la fin de l'année suivante ; alors
seulement, elle put quitter ses chers convalescents, et
revenir auprès de sa compagne qui désirait ardemment
son retour. Pendant cette séparation prolongée des deux
amies, quelques incidents notables se produisirent. A
mesure que Mlle Kestre sentait renaître ses forces, elle
éprouvait plus vivement le besoin de les consacrer uniquement à son œuvre. Voulant animer par sa présence
le zèle des dames qui continuaient à se dévouer sans
relâche aux catéchismes de Saint-Josse-ten-Noode, elle
songea à s'installer elle-même dans le local, rue de la
Charité. Le projet paraissait téméraire ; mais fortifiée
par la conviction intime que la Providence lui prêterait
secours, elle pria sa sœur, Mme Heeren, et Mlle de Page,
de tenter une démarche auprès de Mlle Helsen, pour
qu'elle consentît à lui assurer par bail la jouissance de la
maison entière. Mlle Helsen voulut bien lui en concéder
l'usage pour un an, mais sans bail et gratuitement, aux
seules conditions d'y faire les réparations urgentes et de
respecter la chambre mortuaire. Cette condescendance,
qui étonna tout le monde, parut être une preuve évidente

de l'intervention divine; d'autant plus que, peu de temps auparavant, Mlle Helsen avait refusé énergiquement la même demande à une dame qui désirait établir dans la propriété, un patronage de jeunes filles. Il eût été fort difficile de restaurer complètement la maison, où tout était resté à l'abandon depuis tant d'années; on se borna à y faire les travaux les plus nécessaires pour la rendre habitable. Mlle Félicie Kestre se donna beaucoup de peine pour en hâter l'exécution. Mmes de Page, de Ramaix et Langrand, et M. le comte de Villermont se partagèrent la dépense, et s'empressèrent d'annoncer cette heureuse nouvelle à Mlle Kestre le jour de Noël 1864. Elle la reçut avec une vive reconnaissance, comme une bénédiction du saint Enfant Jésus. M. Aertssens vint lui-même bénir la maison restaurée, et adressa quelques paroles encourageantes à l'assistance composée des dames de l'Œuvre et d'amies fidèles.

Ce fut dans cette demeure, qui allait devenir le berceau de l'Institut de Sainte-Julienne, que Mme Louisa, à son retour d'Angleterre, vint rejoindre son amie et sœur bien-aimée. Depuis plusieurs années déjà, toutes deux s'étaient liées à Dieu par les vœux de religion, et observaient la règle qui plus tard devait recevoir son entier développement. On ne saurait exprimer combien elles furent heureuses de continuer ensemble leur laborieux apostolat; vérifiant une fois de plus la parole de l'Écriture : *" Celui qui s'appuie sur un cœur fraternel est puissant devant le Seigneur comme une ville forte à double rempart. "*

CHAPITRE VII

1864-1865

Quand une œuvre est voulue de Dieu, il se plaît à lui ménager, d'étape en étape, les secours inattendus, les appuis choisis, capables de hâter son développement. On se rappelle la première rencontre si providentielle de Mlle Kestre et du P. Dechamps, en 1857. Ce fut à ce moment que Mlle Fanny soumit au Père ses plans et ses règlements, et que celui-ci déclara « y avoir reconnu *l'esprit de Dieu* ». Ses fonctions de Supérieur de la maison Saint-Joseph à Bruxelles, ses grands travaux, ses absences fréquentes, l'empêchèrent de s'occuper depuis lors d'une manière suivie de la pieuse entreprise de Mlle Fanny. Mais, quand il apprit qu'elle avait dû se réfugier à la petite maison rue du Marteau, qu'elle y était malade à l'extrémité, que son œuvre, objet de tant de contradictions, était comme anéantie, il en fut touché et son noble cœur lui inspira d'aller vers l'âme éprouvée pour la soutenir et la consoler. Quelle ne fut pas la reconnaissance de Fanny quand elle vit venir à elle l'envoyé du Seigneur! Elle donna toute sa confiance au digne religieux qui fut pour elle un père, un sauveur, et l'appui le plus ferme qu'elle eût jamais en ce monde. Comme guide spirituel, il la fit avancer rapidement dans la voie du complet renoncement et de l'immolation d'elle-même; car, en lisant dans les replis les plus secrets de cette âme fortement trempée, il reconnut qu'elle était appelée à gravir les plus hauts sommets de la perfection; et dès lors, il ne douta plus que Dieu ne l'eût destinée à une mission spéciale. « Il y a là, la prière et l'humilité..., son œuvre réussira, » disait-il un jour à une personne qui lui parlait de Mlle Kestre.

Oui, l'œuvre semblait renaître, et ce fut une sensible consolation pour la Directrice, de voir un nombre croissant de jeunes élèves se montrer exactes aux catéchismes; leurs maîtresses ne se laissaient pas non plus rebuter par le triste état du local, et un groupe fidèle de dames dévouées bravaient bien des difficultés pour maintenir l'Association. Le calme ne s'était pas fait encore; les bruits malveillants n'étaient pas éteints, et leurs échos, arrivant jusqu'à la courageuse Fondatrice, la jetaient dans l'angoisse et la perplexité; non pour elle-même, car elle aimait la souffrance, mais pour l'Association souvent menacée. Elle fut par là, ramenée à la pensée de se retirer, ou du moins de substituer à sa personne toujours visée dans les attaques du dehors, une autre Directrice dont l'influence sauverait l'œuvre de la ruine redoutée. Soutenue par la générosité

de son caractère, et habituée à ne jamais reculer devant
ce qu'elle considérait comme un devoir, elle supplia de
nouveau l'Archevêque de vouloir bien accepter sa démission, et de la remplacer par Mme Louisa. Elle appuyait sa
requête sur les motifs qu'elle jugeait les meilleurs, et
espérait surtout déterminer Son Éminence en faisant
valoir les qualités de son amie.

« Mme Louisa, écrivait-elle, unit à un jugement remarquable chez une femme, une bonté et une affabilité qui lui
gagnent vite les cœurs ; une condescendance sans bas-
sesse, une énergie appuyée sur la foi, et une abnégation
qu'elle porte au plus haut point. Sa vertu éprouvée, son
esprit intérieur, son zèle désintéressé, son attachement
inébranlable à la sainte Église, tout la rend propre à
diriger une œuvre établie pour la gloire de Dieu. »

Cet éloge était parfaitement mérité ; Mme Louisa, alors
dans la maturité de l'âge, réunissait tous les dons
signalés à Monseigneur. L'élévation de sa pensée se
lisait dans son regard ; l'éducation parfaite qu'elle avait
reçue, ses manières distinguées, trahissaient une femme
ayant vécu dans les hautes sphères de la société, et donnaient encore plus de prix à sa tout aimable simplicité.
Mlle Kestre ne lui révéla jamais la proposition qu'elle
avait faite sans la consulter, et à laquelle le Cardinal
ne donna pas suite. La vaillante Directrice comprit
alors qu'elle ne pouvait déserter son poste sans enfrein-
dre la volonté de Dieu, et elle bannit de son esprit la
pensée de se retirer.

F. K.   6

Ranimée ainsi dans le zèle de sa charge, elle se voua plus que jamais au soin des âmes réunies sous sa direction. A sa prière, M. Aertssens, curé de Saint-Josse, permit que M. De Mayer fît des instructions aux enfants de l'œuvre. Ce respectable ecclésiastique remplit avec dévouement cette belle mission. Très actif, très zélé, il était populaire dans la paroisse où tout le monde l'aimait et le respectait; il faisait le plus grand bien aux élèves des catéchismes. C'était un bonheur pour elles de le voir toujours arriver avec empressement; il leur disait quelquefois : « Mes amies, le bon Dieu a donné de petites jambes à son petit vicaire; mais ces petites jambes savent si bien courir !... » En effet, elles couraient, elles volaient à toutes les infortunes pour les secourir. Quand il en avait le temps à l'issue des réunions, il aimait à s'entretenir avec la Directrice qui le trouvait toujours disposé à lui rendre service. Laissons ce digne prêtre nous apprendre lui-même comment elle répondit aux questions qu'il lui fit alors, relativement aux origines de l'œuvre :

« Depuis longtemps, j'étais profondément émue à la vue des dangers imminents et nombreux que couraient, dans la ville de Bruxelles et dans ses populeux faubourgs, la foi et la pureté de milliers de jeunes filles de la classe ouvrière, abandonnées à elles-mêmes avant et après la première communion, par suite de l'ignorance et de l'indifférence religieuses de leurs parents. Je les voyais sans guide, sans protection aucune, dans des ateliers où tout leur parle le langage du vice, et où mille pièges sont tendus à leur innocence et à leur foi. Remuée jusqu'au fond de mon âme par ce lamentable état de choses, je sentis une voix intérieure qui m'appelait à me dévouer spécialement au salut de cette classe de la société, et je conçus la pensée de fonder une association ayant pour but de combattre cette ignorance et cette indifférence religieuses par des catéchismes et des retraites. »

« Cette idée, ajoute M. De Mayer, était à la fois généreuse, patriotique et sainte. — Généreuse, parce que son exécution devait procurer aux enfants du peuple, le plus grand, le plus précieux des trésors : une éducation religieuse, base du bonheur temporel et éternel. — Patriotique, parce que, en formant des chrétiennes ferventes, elle léguerait à son pays de bonnes mères de famille, élevant leurs enfants dans le respect de la patrie et de la royauté. — Sainte, parce qu'elle devait relever la classe ouvrière aux yeux de Dieu et des hommes, en lui conservant pur et intact le bienfait de la foi, et en la retirant ainsi de l'état d'abjection auquel la condamnaient l'ignorance religieuse et l'immoralité, trop souvent inséparables. »

Dans un de ces entretiens, Mlle Kestre témoigne à M. De Mayer, combien il lui serait agréable de pouvoir disposer de toute la maison de Mlle Helsen, et surtout, de conclure un bail régulier. Il lui offre spontanément d'affronter les difficultés de cette épineuse négociation, et se présente chez Mademoiselle Helsen plusieurs fois dans la même semaine sans être reçu. Enfin, la porte si rigoureusement fermée s'ouvre pour lui, et il est admis auprès de l'insaisissable propriétaire. Au premier mot qu'il hasarde au sujet du bail, elle lui répond par un *non* bien accentué ; peu à peu cependant, elle semble fléchir dans sa résistance, et finit par promettre à Monsieur le Vicaire qu'elle y pensera. Elle lui exprime en même temps tout le plaisir qu'elle a eu de le recevoir, et l'engage même à revenir. Aux yeux de ceux qui connaissaient le caractère original de Mlle Helsen, c'était là déjà un succès très marqué. L'obligeant ecclésiastique n'eut garde de manquer à l'invitation reçue. Dans la visite suivante, il aborde la question de la chambre mortuaire, et pour mieux décider Mlle Helsen, il lui fait connaître l'intention de ces dames de transformer cette pièce en chapelle. « Là, lui dit-il, les prières des enfants, si agréables à Dieu, monteront vers le ciel pour l'âme de votre père, et augmenteront le bonheur éternel de celui que vous avez tant aimé... » Cette considération la frappe, et tout émue, elle accède à la demande qui lui est faite. Quant à la conclusion du bail, elle essaye de l'ajourner encore, et finit par la concéder également. Mlle Kestre met aussitôt à profit l'autorisation de pénétrer dans l'appartement interdit ; elle en fait disparaître les traces d'un abandon trop prolongé, et y établit un petit oratoire où elle aime à venir retremper souvent son âme dans la prière et le recueillement.

Le 12 mars 1864, la première distribution de prix eut lieu dans le nouveau local, sous la présidence de M. le Curé de Saint-Josse; quarante dames de l'œuvre y assistèrent; on y donna des récompenses à près de trois cents jeunes filles. Ce résultat, inespéré après les vicissitudes si récentes, prouvait que le grain de sénevé n'avait point péri dans la tourmente, mais qu'il se disposait à pousser de nouveaux rejetons.

Est-il besoin de dire la joie avec laquelle la zélée Directrice accueillait toutes les âmes qui venaient à elle, attirées par sa maternelle sollicitude? Elle les aimait, ces âmes, de cette affection élevée, surnaturelle, qu'elle puisait à la source de toute charité, au cœur de Celui qui laissa tomber de ses lèvres ces douces paroles : « *Laissez venir à moi les petits enfants.* » Sa plus grande consolation était de les instruire avec une patiente bonté, et de saisir toutes les occasions favorables pour déposer dans leurs jeunes cœurs des germes de vertus durables. Elle aimait aussi à les visiter dans leurs maladies. Sa vie est tout émaillée de traits charmants où se peint sa tendresse de mère. En voici un entre mille, qui la fera bien juger.

Une des petites élèves du catéchisme se mourait emportée par un mal inexorable, à un âge où, malheureusement, il n'était pas permis de l'admettre à la première communion. Dans une de ses visites, Mlle Kestre lui dit amicalement : « Chère enfant, n'avez-vous aucun désir, ne puis-je vous faire plaisir en rien? »

La petite fille un peu timide, mais encouragée par un bon sourire, répond tout bas : « Oh ! oui, Mademoiselle, je voudrais tant avoir une belle poupée blanche. » A ces mots une pensée partant du cœur traverse l'esprit de Mlle Kestre, et elle la réalise sans délai. Elle fait acheter une grande poupée qu'on habille en première communiante, puis retourne tout heureuse auprès de sa protégée pour la lui donner. Quand la malade aperçoit l'objet de ses désirs, un éclair de bonheur brille dans ses yeux presque éteints, et elle tend ses petits bras amaigris vers la poupée dont la blanche toilette lui parle d'un jour qu'elle ne doit voir qu'au ciel. Quelques larmes furent son seul remercîment ; mais combien elles furent éloquentes ! Désormais elle ne voulut plus se séparer, même un instant, de sa nouvelle compagne ; et quand, peu après, elle quitta cette terre, ses parents qui avaient été les témoins attendris de cette touchante scène, réunirent dans le même cercueil la dépouille mortelle de leur enfant, objet d'inconsolables regrets, et la poupée qui lui avait apporté sa dernière joie en ce monde.

La bonté de Mlle Kestre ne se bornait pas aux enfants directement confiés à ses soins ; elle s'étendait jusqu'aux inconnus, dès qu'elle les savait malheureux. On lui avait recommandé trois enfants, deux filles et un garçon, dont les parents étaient morts du choléra presque en même temps ; aussitôt elle prend à cœur d'améliorer le triste sort des pauvres orphelins. Elle réussit à placer

l'aînée des filles chez une dame qui en prend grand soin,
et elle obtient que le petit garçon soit employé chez les
Dames du Sacré-Cœur, à Jette. La seconde fille, adoptée
à sa demande par le Comte de Villermont, reçoit le
bienfait d'une éducation chrétienne au couvent des Filles
de Marie, à Pesches, près de Chimay. Après quelques
mois, l'aînée que l'on croyait robuste meurt inopiné-
ment. Sa sœur en est si vivement impressionnée que la
santé de la pauvre petite et même son moral n'y résistent
pas. Mlle Kestre avertie, part aussitôt pour Pesches, et
en informe en ces termes le noble bienfaiteur : « Sachant
que votre protégée Louise Deblock a été très affectée
par la mort de sa sœur, nous nous sommes décidées à
aller la voir. Cette marque d'intérêt de notre part a produit en elle une réaction morale bien nécessaire après
son grand chagrin. Nous avons passé deux jours auprès
d'elle; et Mme Gigot étant venue nous prendre, l'a
ramenée à Chimay où elle va rester encore trois jours
avec nous. Pour l'encourager nous lui avons promis que,
si elle continue comme par le passé à donner toute satisfaction, elle viendra chez nous pendant une partie de ses
vacances, ce qui lui permettra de voir son frère Eugène (1). »

Peu de temps après, on put apprendre à Mlle Kestre
que la pauvre orpheline avait recouvré, avec ses forces
physiques, le complet usage de ses facultés mentales, un
moment ébranlées par la douleur; l'enfant était sauvée,
grâce à sa généreuse protectrice.

(1) Ce jeune homme devint plus tard zouave pontifical.

Les malades eurent toujours aussi une large part aux bontés de Mlle Fanny ; elle avait le secret de les consoler et de les encourager par de bonnes paroles auxquelles, dans sa délicate charité, elle aimait à joindre ces petits riens si agréables à ceux qui souffrent. Elle se privait pour donner davantage, et lorsqu'on lui envoyait quelques douceurs dans ses propres maladies, elle prélevait avec bonheur la part de ses protégés. Quand sa santé ne lui permettait pas de se rendre elle-même à leur chevet, elle avait soin de se faire remplacer par une Dame associée, de peur qu'un oubli apparent ne vînt contrister ses chers infirmes.

Dans le courant de l'année 1864, le P. Dechamps quitta la résidence de Bruxelles pour celle de Tournai. Mlle Kestre suppléa à l'absence de son directeur par une correspondance suivie, à laquelle elle confia avec un touchant abandon ses plus secrets désirs, comme ses peines les plus intimes. L'éminent religieux, de son côté, continua à se montrer l'appui ferme et sûr de l'âme d'élite dont Dieu l'avait constitué le guide. A l'exposé que Mlle Fanny lui fait de ses traverses et de ses difficultés, il répond, en date du 6 août 1864 : « Ma fille, il faut penser : 1° que les esprits, je veux dire les pensées des hommes tournent comme le vent, mais que rien n'arrive que Dieu ne le permette pour d'excellentes fins ; 2° que Dieu ne demande de vous que le possible, en attendant que vous puissiez faire davantage, ou que vous soyez réduite à l'impossibilité de rien faire, sinon d'être en croix, ce qui est plus efficace que tout le reste. Sans l'abandon de Jésus-Christ sur la croix, il n'y aurait jamais eu d'apostolat ni d'Église universelle.

» Pour appliquer maintenant ces vérités à votre position actuelle, je vous dirai, comme vous le disent aussi M. le Curé et MM. les Vicaires de Saint-Josse, de continuer l'œuvre avec ce qu'ils vous proposent de faire à l'église, en attendant que le souffle du Saint-Esprit ramène les esprits à ce que vous aviez auparavant.

» Profitez de l'épreuve pour vous-même; vous n'êtes pas encore exclue de votre œuvre, comme saint Alphonse le fut un moment de la sienne, et comme le fut aussi saint Joseph de Calasanz, fondateur des Piaristes. Tous les désirs sont acceptés pour œuvres quand nous sommes empêchés d'agir. Du reste, vous ne savez pas si Dieu veut de vous ou a voulu de vous tout ce que vous avez désiré faire. Dieu n'a besoin de personne. Il inspire souvent à l'un de bons désirs qu'il fait réaliser par d'autres, afin que nul ne se glorifie de ce que nul ne peut faire sans lui. Il ne faut pas non plus juger ceux qui vous contrarient, comme s'ils voyaient ce que vous voyez. Dieu permet qu'ils voient autrement, pour vous mettre sur la croix et ainsi vous unir plus intimement à lui. *Amen. Ave Maria.*

» Le 11 août, c'est le jour de la sainte Philomène; faites donc d'ici là, et ce jour-là surtout, prier vos enfants et d'autres âmes pieuses pour la Belgique et particulièrement pour celui qui a porté la prière de sainte

Philomène au curé d'Ars (1). Celui-ci l'a fait encadrer et
placer dans son église, près de l'autel de Sainte-Philo-
mène. Le saint curé d'Ars l'appelait sa petite sainte et la
faisait surtout invoquer pour les grâces *temporelles* qui
sont dans l'ordre de la Providence.

» Il est certain que la religion en Belgique est menacée de se voir enlever ses plus précieuses libertés, si le
parti maçonnique revient au pouvoir. Prier pour la
liberté de l'Église, c'est prier pour le salut des âmes;
dites donc au saint curé d'Ars de prier sainte Philomène
pour nous, afin que Jésus, Marie, Joseph nous protègent.
Je vous envoie sept prières en l'honneur des sept Douleurs et des sept Joies de Marie et de Joseph. »

Depuis la vente de la maison en 1861, l'œuvre
était privée du bonheur de posséder le Très Saint-
Sacrement. Cette privation était une cause de réelle
souffrance pour la pieuse Directrice. Si son âme était
consolée en voyant refleurir l'Association, en dépit
des obstacles qui en avaient fait craindre l'anéantissement complet, son esprit de foi et sa dévotion
ardente envers le Très Saint-Sacrement lui faisaient
vivement sentir l'absence du Dieu de l'Eucharistie. Aussi,
dès que les récentes concessions de Mlle Helsen lui permirent d'espérer le retour de Notre Seigneur sous son toit,
elle résolut, de concert avec ses Associées, de solliciter
cette faveur auprès de l'autorité diocésaine. Elle écrivit
d'abord au comte de Villermont pour le prier d'user de

____

(1) C'était le P. Dechamps lui-même.

son influence auprès de M. le Curé de Saint-Josse, afin
d'engager ce dernier à prendre l'initiative d'une requête
dans ce sens à Mgr l'Archevêque de Malines. M. de
Villermont se rendit à ce désir, et ses démarches furent
couronnées d'un plein succès. De l'avis de M. le Curé,
on convint qu'une supplique, émanant des Dames associées et appuyée par quelques personnes influentes
dévouées à l'œuvre, serait présentée à Monseigneur
sous la recommandation expresse du clergé de la
paroisse.

La requête fut rédigée et envoyée à l'Archevêque le
17 mars 1865 ; elle était signée des noms suivants :

Mlle Fanny Kestre.	Mme J.-B. Portaels.
Mme Auchard.	Mme Julien Van Overloop.
Ctesse de Ribeaucourt.	Mme Heeren.
Mme de Page.	Mme Walckiers.
Ctesse de Theux.	Mme Laroque.
Ctesse de Cruquembourg.	Mlle Evain.
Mme Aubry.	Mlle de Page.
Mme de Ramaix.	Mlle Portaels.
Ctesse Langrand-Dumonceau.	Mlle Robbe.

M. le Curé y avait ajouté ces quelques lignes :

« Les motifs allégués par ces Dames, étant en tout
conformes à la vérité, je me joins bien volontiers à elles,
pour prier Son Éminence de leur accorder les faveurs
demandées.

» Aertssens, curé de Saint-Josse-ten-Noode.
» A. De Mayer, vicaire.
» C. Van Overstraeten, vicaire.
» H. Leyten, vicaire. »

Trois Dames furent chargées d'aller remettre le pli entre les mains du Cardinal : Mme Laroque, très attachée à l'œuvre, Mlle de Page dont le fidèle dévouement s'était constamment montré au-dessus de tout éloge, et Mme Heeren, sœur de la fondatrice. Monseigneur les reçut avec une bienveillance marquée, leur parla avec beaucoup d'intérêt de leur œuvre si souvent combattue et toujours vivace, et leur promit d'accorder à bref délai les faveurs demandées. Son Eminence daigna y joindre de nouvelles indulgences en faveur des Dames associées, de leurs chères élèves et de tous les bienfaiteurs de l'œuvre. Mlle Fanny en bénit Dieu ; mais ce qui la consola bien plus encore, ce fut de posséder le Très Saint-Sacrement dans son petit oratoire, rue de la Charité, avec l'autorisation d'y faire célébrer chaque jour le saint sacrifice de la messe. Le retour de l'Hôte divin la fit tressaillir d'allégresse ; depuis plus de trois ans elle en avait subi la cruelle privation. Aussi, quand on lui rendit Celui qui seul était sa force et sa vie, de son âme reconnaissante, s'éleva vers le ciel un long cantique d'amour.

CHAPITRE VIII

1865-1866

Dieu qui, parfois, révèle l'avenir aux âmes pures, avait fait pressentir à Mlle Kestre que le P. Dechamps serait élevé à la dignité épiscopale. Dans une visite qu'il lui fit à cette époque, elle le lui dit bien simplement. Il était question alors de conférer la dignité de Recteur magnifique de l'Université de Louvain à l'éminent religieux ; il refusa cet honneur. Comme il en parlait à sa fille spirituelle, elle lui répondit : « Non, mon Père, pas la croix rectorale, mais bientôt la croix épiscopale. » Ne pouvant pas y croire, il s'engagea à célébrer trois messes à ses intentions si la prédiction se réalisait, ce qui ne tarda pas à arriver.

Mgr Dehesselle, évêque de Namur, mourut subitement le 15 août 1865, et bientôt on apprit en Belgique que S. S. Pie IX, de douce et illustre mémoire, avait appelé le P. Dechamps à occuper le siège vacant. Ce choix, dicté par la sagesse bien connue du Souverain Pontife, fut accueilli avec une vive satisfaction. Le

P. Dechamps jouissait à juste titre de la plus haute
considération ; religieux exemplaire, il réunissait en sa
personne les qualités les plus excellentes ; il était doué
d'une belle et vaste intelligence et d'un grand savoir ;
son talent remarquable d'orateur et d'écrivain mettait
son éloge sur toutes les lèvres. Aussi n'y eut-il qu'une
voix pour applaudir à son élévation.

Quelques jours après avoir appris la décision du
Saint Père, il alla voir Mlle Kestre et lui dit en l'abor-
dant : « Vous avez vu juste, ma fille ; me voilà évêque,
mais toujours votre père. » Elle était malade alors.
Il l'encouragea ainsi qu'il avait le secret de le faire, et un
peu plus tard, elle recevait de lui les lignes suivantes :

« Le 31 septembre 1865.

» Ma fille en Jésus-Christ,

» Priez Jésus par Marie et Joseph de vous conserver
les sentiments qu'il vous donne, et de les perfectionner
encore. Si l'imagination travaille d'une part, et le ten-
tateur de l'autre, dites : Ma volonté est à Dieu, il la
gardera. Jésus, Marie, Joseph. A en juger par votre
écriture, vous n'êtes pas encore si près de mourir. Il est
vrai que *nul ne sait ni le jour ni l'heure*, et que nous
devons être toujours prêts à partir pour la patrie. Il est
certain aussi que vous devez confier vos papiers concer-

nant l'œuvre à une personne sûre. Vous obtiendrez auprès
de Dieu, s'il vous appelle à lui, ce que vous n'avez pu
obtenir ici-bas. Priez, et vous verrez à qui tout doit être
confié. Il faut que ce soit une personne qui connaisse les
détails de l'œuvre, et qui puisse suivre votre pensée de
près.

» Saint Alphonse écrivait un jour à une âme privée de
son directeur : « Jésus est obligé de faire directement
» par lui-même ce qu'il faisait par son ministre, quand il
» nous prive de celui-ci. » Je prie pour vous, faites-le
s'il vous plaît pour moi.

» † VICTOR-AUGUSTE DECHAMPS,
„ Évêque de Namur. „

Un monde de sentiments divers se partageaient le
cœur de la malade. En qualité de chrétienne et de Belge,
elle se réjouissait en songeant que l'Église de son pays
allait posséder un évêque dont les vertus et les capacités
en relèveraient encore le prestige; d'autre part, elle ne
pouvait s'empêcher de déplorer l'éloignement du guide
de son âme, dont la direction la soutenait avec force et
douceur dans les voies de la perfection; mais ce qui
dominait tout en elle, c'était l'espoir que Dieu allait se
servir du nouvel élu pour dilater l'œuvre commencée, ou
plutôt, pour donner à cette œuvre sa base et son centre
durable par l'établissement de la communauté religieuse.

Selon l'usage généralement observé, Mgr Dechamps,
à peine promu à l'épiscopat, s'empressa de se rendre à

Rome, afin de présenter à Pie IX l'hommage de sa reconnaissance et de son dévouement. Il eut le bonheur de voir plusieurs fois le Souverain Pontife, et n'oublia pas celle de ses filles spirituelles qui se confiait si pleinement à lui. Il lui écrivit de Rome le 15 octobre :

« Ma fille en Jésus-Christ,

» C'est seulement pour vous dire que vendredi à la fin de l'audience que j'ai reçue du Saint-Père, je lui ai demandé sa bénédiction et ses prières pour une âme qui aime les enfants, et les enfants pauvres en particulier; et dont l'intention est d'assurer la stabilité de l'œuvre à laquelle sa vie est vouée, par l'institution d'une communauté de personnes consacrées à Dieu; institution qui serait d'abord approuvée par l'évêque et, Dieu aidant, plus tard par le Saint-Père. Le Souverain Pontife m'a promis de prier à vos intentions, et vous a bénie tout spécialement selon votre désir.

» Priez donc pour le pauvre évêque de Namur. *Ave Maria.*

» J'ai expliqué vos besoins et vos souffrances. »

A peine rentré dans son diocèse, Mgr Dechamps lui écrit encore :

« Le 19 octobre 1865.

» Ma fille en Jésus-Christ,

» Continuez toujours à offrir toute votre volonté à Dieu ; souvenez-vous que rien n'attire plus son amour que d'offrir la peine que l'on éprouve pour ceux-là mêmes qui y ont contribué ; c'est la parfaite imitation de Jésus-Christ. Je me souviens que le jour de saint Bruno, nous avons fait une sorte de pari, de gageure, mais j'en ai oublié les détails ; il faut me les rappeler afin que j'y satisfasse. Aujourd'hui *votre* aube et *vos* ornements m'ont servi à offrir le sang de Notre Seigneur Jésus-Christ dans le calice que m'a donné le Saint-Père à Rome.

» Priez pour moi, et dites à la Sainte Vierge qu'elle m'obtienne tout ce qu'il me faut de Notre Seigneur Jésus-Christ. Je la prie aussi pour tout ce qu'il vous faut. *Ave Maria.*

» Le père qu'on appelle

» VICTOR-AUGUSTE DECHAMPS,
, Évêque de Namur.

» Je compte sur les prières de Mme Louisa et sur celles de vos enfants. »

Les ornements sacerdotaux auxquels Monseigneur fait allusion dans cette lettre, avaient été confectionnés par Mlle Kestre et ses associées en vue de les lui offrir lors de son élévation à l'épiscopat, et longtemps avant qu'il en fût question.

Le 30 novembre, jour de la fête de saint André, Mgr Dechamps voulut célébrer encore la sainte messe aux intentions de sa fille en Jésus-Christ et « afin de mieux remplir, dit-il, les conditions du contrat échangé entre eux ». La sachant très souffrante, il lui recommande d'offrir ses croix pour attirer de grandes bénédictions sur son œuvre.

La maladie de Mlle Kestre s'était en effet aggravée, et le Dr Morel conseilla de lui faire donner les derniers sacrements. Voici ce que nous apprend à cette occasion une lettre de M. De Mayer : « J'obéis au docteur, comme je l'avais fait en 1863 ; lorsque je voulus lui administrer l'Extrême-Onction, elle me dit avec un calme et une sérénité angéliques : « M. le Vicaire, faites ce que le
» médecin a jugé nécessaire, et que la sainte volonté de
» Dieu s'accomplisse ! Mais je ne pense pas que ce soit
» pour cette fois-ci. L'œuvre que Dieu m'a imposée n'est
» pas encore consolidée ; voilà pourquoi je ne crois pas
» qu'il me rappelle à lui et que cette maladie soit la der-
» nière pour moi. »

L'année 1866 venait de s'ouvrir ; le 14 janvier, en la fête du saint Nom de Jésus, l'Évêque de Namur adresse ces lignes à la malade : « Nous mourons tous les jours, et la vie, selon saint Grégoire le Grand, n'est qu'une longue mort. La vraie vie est celle qui ne s'en va pas ; et cette vie est en Jésus-Christ. Ce qui importe n'est pas d'être ici ou là, de faire ceci ou cela, mais d'être où Dieu veut et de faire ce que Dieu veut ; ou encore, de souffrir ce qu'il veut sans rien faire. Ne vous demandez pas à vous-même : Est-ce moi qui dois achever l'œuvre, ou Dieu veut-il l'achever par d'autres mains, et par quelles mains ? Non, ne vous demandez pas cela, mais exercez-vous à la confiance que Dieu achèvera *son* œuvre ou par vous ou par d'autres. C'est la confiance qui doit être votre vertu de l'année, avec la fidélité à pardonner et à offrir vos souffrances pour ceux qui vous ont fait de la peine. Tout est dans le saint Nom de Jésus : la confiance, l'amour, le pardon, la prière. »

Un mois plus tard, le 14 février, la paternelle bonté de Mgr Dechamps lui inspire encore ces paroles encourageantes :

« C'est moins par sa vie que par sa mort que Jésus-Christ a fondé son Église : *Quam acquisivit sanguine suo* (1).

» Offrons-nous donc à Dieu pour accomplir sa volonté, soit par notre vie, soit par notre mort ; mais toujours en Jésus-Christ. Dites : Mon Dieu, c'est vous qui m'avez inspiré l'œuvre que vous savez ; ce que vous avez fait pour elle, en elle et par elle, malgré les hommes, m'est un gage que vous l'achèverez. Si vous voulez l'achever par mes travaux, que votre volonté se fasse ! Vous pouvez me guérir. Si vous voulez l'achever par mes souffrances

(1) Qu'il a acquise au prix de son sang.

et par ma mort, que votre volonté soit faite ! Je m'abandonne à vous, pour que vous ne l'abandonniez pas. Voilà, ma fille, une prière qui sera certainement exaucée. Ce n'est pas par lui-même que Notre Seigneur a établi son Église chez toutes les nations, mais par ses Apôtres ; et c'est en mourant qu'il leur a obtenu la vie, et qu'il l'a répandue par eux sur les peuples et sur les siècles. Laissons donc faire Dieu en nous et de nous ce qu'il lui plaira et comme il lui plaira. Soyez fidèle à dire souvent : Jésus, Marie, Joseph, saint Michel. *Amen. Ave Maria.* — N'omettez jamais aucune communion dans la crainte de déranger. Lui, il descend du sein de son Père pour être reçu. »

La malade suivait avec une docilité d'enfant toutes les recommandations de son père vénéré, et s'unissait toujours plus intimement au Cœur sacré de son adorable Sauveur. Sa résignation, sa patience, sa douceur édifiaient ses visiteurs ; mais à mesure que son âme s'élevait dans les hauteurs de l'amour divin, ses forces physiques diminuaient graduellement, et son état inspirait les plus poignantes inquiétudes à sa bonne mère, à ses sœurs et à ses amies. Dans son anxieuse perplexité, Mme Louisa partit pour Namur, afin de faire connaître à Mgr Dechamps l'état de sa fille spirituelle, et lui demander pour elle ses prières et sa dernière bénédiction.

Sa Grandeur répondit par ces seules paroles : « Quand même je la verrais dans son cercueil, je dirais qu'elle ressuscitera... » Monseigneur voulut que l'on commençât immédiatement avec elle une neuvaine à la bienheureuse Marguerite-Marie ; et comme Mme Louisa lui objecta que la malade était trop faible pour prier : « Vous prierez auprès d'elle, dit-il ; vous direz : Bienheureuse Marguerite-Marie de la Visitation, dites à Marie de parler pour moi au Cœur de Jésus. » Il écrivit cette prière de sa main et y joignit une relique de la Bienheureuse. La neuvaine fut faite, — on devine avec quelle ferveur, — et à son issue une guérison instantanée récompensa la confiance et la foi.

M. le Dr Morel prodiguait toujours les soins les plus dévoués à Mlle Kestre qu'il estimait beaucoup. Dans le cours de sa maladie, il avait déclaré à un ami qu'elle était perdue, qu'il n'y avait plus de remède à opposer aux progrès de son mal, et qu'il la visitait bien plus pour soutenir son moral que pour essayer une médication désormais inutile. Quand il la trouva levée et pleine de santé, il ne put s'empêcher de dire avec un élan sincère : « Ce n'est pas moi qui la fais vivre, c'est plus grand que moi. » — Le Dr Morel, après une jeunesse chrétienne, avait perdu la foi. Sa pieuse cliente priait beaucoup pour lui, et quand l'occasion s'en présentait, elle ne manquait jamais de lui dire de ces paroles qui, tôt ou tard, portent la lumière de la vérité dans une âme droite. Cédant aux sollicitations de la grâce, il finit par lui promettre qu'il ne refuserait pas les sacrements avant de mourir, et exprima le désir de se confesser alors à son parent, M. Winnen, Doyen d'Uccle. Quelques années plus tard, le bon docteur touchait à ses derniers moments ; voulant se confesser, il pria son gendre d'aller demander un prêtre au couvent de Sainte-Julienne. M. Winnen s'y trouvait précisément ; il s'empressa de voler au chevet du mourant, qui reçut en pleine connaissance, avec grande dévotion et comme il l'avait désiré, les secours suprêmes de notre sainte religion. Cette fin chrétienne fut une grande consolation pour la digne fondatrice, heureuse de voir récompenser par la plus précieuse de toutes les grâces, le dévouement que lui avait témoigné cet homme de bien.

Mlle Fanny jouit donc d'une nouvelle vigueur : l'apôtre du Sacré-Cœur a obtenu la guérison de la future Apostoline du Très Saint-Sacrement. La reconnaissance de tous ceux qui l'aimaient fut immense ; quant à elle, sa profonde gratitude envers Dieu l'affermit dans la conviction intime, que la santé lui était rendue uniquement pour accomplir sa mission.

L'Évêque de Namur, instrument si providentiel des volontés divines sur cette âme prédestinée, ne fut pas le moins heureux du prodige opéré en sa faveur. Il lui écrivit de remercier la bienheureuse Marguerite-Marie, la Sainte Vierge et le Sacré-Cœur ; puis, comme on était arrivé au Vendredi-Saint, il ajouta : « C'est à pareil jour que les Juifs aveugles criaient : *Si tu es le Fils de Dieu, descends de la croix.* Et c'est parce qu'il est le Fils de Dieu qu'il demeure sur la croix jusqu'à la mort, afin de nous donner la vie qui dure autant que Dieu. La croix sera toujours, pour vous et pour les vôtres, l'arbre de vie. *Amen.* »

Mlle Kestre, en revenant des portes du tombeau, ne se dissimulait pas qu'elle touchait à une phase importante de sa vie. L'élévation de son père spirituel à l'épiscopat, et sa propre guérison miraculeuse, étaient pour elle des signes manifestes de l'intervention divine; elle aimait à y voir le présage de la fondation prochaine de sa communauté religieuse. En se reportant aux années de sa jeunesse, à ces jours où Dieu avait commencé à parler à son âme, elle sentait que telle était bien la première inspiration d'en-Haut et la plus chère de toutes. Jusqu'ici, comme Abraham, le père des croyants, elle avait immolé sur l'autel du sacrifice, son espérance la plus intime; et maintenant, une voix intérieure lui disait que son obéissance avait été agréable au Seigneur, et qu'elle allait voir bientôt la réalisation du saint projet différé depuis vingt ans.

Les choses, en effet, semblaient s'arranger plus vite qu'on n'eût osé l'espérer. Le 24 mai 1866, Mgr Dechamps lui mandait que tout le portait à croire que Dieu voulait l'établissement de la communauté dans son diocèse, et que, une fois approuvée là, elle le serait plus tard à Malines et enfin à Rome. Deux curés très influents à Namur avaient exprimé à Sa Grandeur le désir d'avoir des catéchismes pour les enfants pauvres, mais des catéchismes faits par une communauté spécialement vouée à cette fin. L'un d'eux avait même songé à créer une semblable institution; mais il y renonça en apprenant que cette œuvre existait à Bruxelles (1). L'Évêque, voyant dans ce désir simultané, un appel de Dieu, communiqua à sa fille spirituelle ses pensées sur le grand sujet qui les occupait tous deux, et insista sur la pressante nécessité de prier avec un redoublement de ferveur, afin que Dieu daignât manifester clairement sa très sainte volonté.

Mais il entrait dans les desseins de la Providence que la vie de Mlle Kestre fût constamment traversée. Au moment où le divin Maître l'appelait à concentrer toutes les forces vives de son âme sur le but tant désiré, auquel elle touchait enfin, une nouvelle amertume vint se mêler à ses consolations, comme nous le dira le chapitre suivant.

---

(1) M. le Chanoine Cousot, alors Curé de Saint-Joseph, depuis Archiprêtre de la cathédrale et Vicaire général. Il avait déjà obtenu l'adhésion de la personne qu'il désirait initier à sa pensée. Cette jeune fille fut admise plus tard dans la communauté des Dames de Sainte-Julienne.

CHAPITRE IX

1866-1867

A cette époque, Mlle Félicie Kestre, un peu languissante depuis quelque temps, tomba sérieusement malade et l'on désespéra bientôt de la sauver. Malgré les soins qui lui étaient prodigués par sa famille, rien ne put conjurer l'imminence du danger. La malade, sentant la gravité de son état, demanda elle-même les derniers sacrements, et les reçut avec une édifiante piété. Après de touchants adieux à tous les siens, elle expira dans les bras de sa mère éplorée, le 10 juin 1866. Cette perte fut bien douloureuse au cœur de Fanny; elle chérissait tendrement sa sœur aînée, et Félicie le méritait, autant par son dévouement sans bornes envers sa digne mère, que par son attachement constant à une sœur qui ne l'avait quittée que pour répondre à l'appel de Dieu. Nous trouvons les lignes suivantes écrites de la main de Fanny sur la première page d'un livre ayant appartenu à la défunte : « Nous n'oublierons jamais dans nos prières ma chère sœur Félicie, elle qui a tant fait pour notre œuvre, et dont le cœur a tant souffert des peines que cette œuvre m'occasionnait, et de celles que je lui causais à elle-même en ne voulant pas rentrer dans ma famille, malgré toutes mes épreuves dont elle faisait les siennes. »

Dans le courant de ce même été, le choléra fit invasion en Belgique, et la ville de Bruxelles ne fut pas épargnée. A Saint-Josse-ten-Noode il y eut des cas assez nombreux dans toutes les classes de la société, et principalement dans la classe ouvrière. L'œuvre eut la consolation de distribuer aux pauvres pendant cette calamité publique, trois mille bons de soupe et de viande, quantité de bons de pain et de secours en argent.

Quelques élèves du catéchisme étant malades, la charitable Directrice voulut aller les voir. Un jour qu'elle avait pénétré dans une habitation où se mouraient plusieurs cholériques, elle se sentit atteinte et fut obligée de rentrer chez elle au plus tôt. Mme de Ramaix, amie dévouée qui lui portait un vif intérêt, se hâta d'accourir à son chevet et aurait désiré ne pas la quitter dans ce danger. Cette grande chrétienne voulait-elle apprendre comment savent souffrir les âmes qui ne connaissent que Jésus, et Jésus crucifié?... Mais Mlle Kestre insista avec tant d'énergie sur l'obligation pour une mère de famille de ne pas s'exposer à la contagion, que Mme de Ramaix, craignant de la contrister, consentit à s'éloigner. Le nom de cette fidèle et insigne bienfaitrice figurait déjà, on se le rappelle, parmi les signataires de la requête adressée à Mgr Sterckx. En toute occasion, elle montra à l'Institut de Sainte-Julienne un dévouement sans réserve ; et quand il plut à Dieu de la rappeler à lui pour récompenser ses vertus, sa noble famille voulut bien considérer comme une tradition léguée par elle, la coopération constante aux œuvres du même institut. Désireuse d'en témoigner sa sincère reconnaissance, Mlle Kestre pria Mgr Dechamps de solliciter du Saint-Père, pour M. de Ramaix, le titre de Comte du Saint Empire Romain. Quand cette faveur si bien méritée arriva de Rome, celui à qui elle était destinée venait de mourir ; ce fut son fils qui hérita d'un titre désormais acquis à sa famille, et il se fait gloire d'attester la double origine de cette flatteuse distinction.

Une lettre adressée à M. Burgeon, le 25 juillet, nous apprend que Mlle Kestre fut promptement rendue à la santé : « Le choléra fait des progrès dans notre quartier ; on vient d'y ouvrir un second hôpital. Le clergé constate avec satisfaction que les malades gardent leur connaissance jusqu'au dernier moment. Cependant nous avons eu la douleur de perdre une de nos enfants qui n'a pu recevoir aucun sacrement. Je me sens tout à fait débarrassée des atteintes de la maladie, dont j'avais été attaquée subitement. Des prières publiques se font partout pour obtenir la cessation du terrible fléau.

» Un peu avant son apparition, nous avions réussi à faire la distribution annuelle des prix, qui a dépassé toutes nos espérances. Trois prêtres de la paroisse y ont assisté, et nous avons pu réunir, pour une somme de quatorze cents francs au moins, des récompenses qui ont été partagées entre trois cents jeunes filles dont la conduite est exemplaire. Les dames protectrices sont toujours animées du meilleur esprit ; l'une d'elles disait après cette distribution : « Il faut vraiment que Dieu veuille quelque chose » pour l'avenir de cette œuvre, puisqu'il la fait marcher » d'une manière si providentielle. » Il y a quelques jours, j'ai prié Mlle Robbe de se rendre à Namur, la chargeant de papiers importants pour Monseigneur. Elle fut très bien reçue par Sa Grandeur, qui l'initia à ses intentions pour la fondation à établir, et me fit prévenir de sa visite pour la fin du mois. J'ai des motifs sérieux pour croire que la pensée de donner vie à l'œuvre dans le diocèse de Namur, vient de Dieu et lui est très agréable ; car il fait tout pour y disposer favorablement les esprits, tandis que le démon fait tout, d'un autre côté, pour éloigner quelques personnes, les ébranler ou leur ôter la confiance à cause du passé. Veuillez donc vous joindre à moi, Monsieur le Doyen, afin d'obtenir pour Monseigneur et pour nous, force, lumière et moyens. Je vous remercie de vos bons conseils qui m'ont fait beaucoup de bien, et je prie Notre Seigneur de me continuer votre intérêt dont je m'estime très heureuse. Nous avons été très affectées par la mort de ma chère sœur Félicie ; veuillez demander à Dieu qu'il rende supportables pour ma bonne mère, les dernières années de sa vie. »

Le 29 août, Mgr Dechamps adresse à sa fille ces lignes bien significatives : « Je ne sais ce que Notre

Seigneur fait; mais il fait si bien que nous devons mettre la main à l'œuvre tout de suite. Priez et faites prier, afin que je trouve le local. Je cherche, et je veux trouver : *qui cherche trouve.* Nous commencerons très doucement, mais pour arriver à la pleine constitution *intérieure* et *extérieure* de l'œuvre. Dès que j'aurai la maison, je vous préviendrai. N'oubliez pas que c'est en souffrant et en mourant que Jésus-Christ a tout fait; mais il a voulu aussi se servir de ses apôtres. *Ave Maria.* »

Il lui écrit le 6 octobre :

« Ma fille en Jésus-Christ,

» Le jour de saint François d'Assise, votre patron, je suis allé officier et prêcher dans l'église des Pères Franciscains Récollets de Salzinnes. Ce faubourg appartient à la paroisse de Saint Jean-Baptiste, dont le Curé, M. Descamps, est un de mes anciens condisciples et ami de l'université; nous ne faisons qu'un. C'est à Salzinnes que sainte Julienne est venue se réfugier quand elle fuyait la persécution d'un ecclésiastique, alors puissant à l'évêché de Liége. Les Récollets ont donc pris sainte Julienne pour patronne de leur église, et l'on m'a prié de chanter l'oraison de la *sainte du Saint-Sacrement.*

» En entrant dans l'église, j'ignorais qu'elle en fût la patronne; et cependant j'allais offrir le saint sacrifice pour votre œuvre, parce que, de toutes les paroisses de Namur, c'est celle où vous seriez le mieux pour commencer.

» Les Récollets cherchent pour moi une maison. Le Curé de Saint-Jean sait aussi que je veux mes catéchistes de Bruxelles, et qu'il faut les prendre telles qu'elles sont, sans vouloir en faire autre chose. Les dames dont vous m'avez parlé, les bons Franciscains et le Curé de Saint-Jean seront de notre côté ; et moi, et le bon Dieu, et Notre Seigneur Jésus-Christ dans son Saint-Sacrement, prié par Marie, par sainte Julienne et saint Alphonse, voilà ce que l'opposition ne fera pas reculer. Maintenant nous devons attendre pour voir où sainte Julienne va vous placer. *Ave Maria.*

» Lisez les lettres de sainte Thérèse, son Chemin de la Perfection et aussi sa Vie et ses Fondations. »

Connaissant la dévotion particulière de Sa Grandeur envers saint François de Sales, Mlle Kestre s'était fait un plaisir de lui envoyer, au jour anniversaire de son arrivée à Namur, une jolie statue représentant le saint Évêque de Genève. Elle reçut en retour les lignes suivantes :

« Le 12 novembre 1866.

» Ma chère fille en Jésus-Christ,

» Votre saint François de Sales est bien beau et bien bon ; je vous en remercie. Oui, il y a aujourd'hui un an que je suis ici ! et déjà quel compte à rendre ! que j'ai besoin de prières !

” Pour vous et votre œuvre, voici ce que je désire. Vous devez rester libre d'aller et de venir, afin que la maison de Bruxelles subsiste et prospère ; c'est manifestement la volonté de Dieu. Il ne faut pas ruiner ce qui est là, dans l'attente de son complément.

” Après avoir examiné et calculé ce que je puis faire de mon côté, j'ai vu que je pouvais ce qui suit : 1° vous appeler ; 2° chercher un local ; 3° bénir votre œuvre, l'aider à se développer intérieurement et extérieurement, par mes conseils et mon approbation. Je ne puis rien de plus ; car un évêque entouré de milliers de malheureux et de centaines d'œuvres, est toujours *ruiné*. Je dois donc vous dire comme saint Pierre au boiteux du temple : *Je n'ai ni or ni argent ; mais ce que j'ai, je te le donne : lève-toi et marche.*

” La prudence chrétienne veut qu'au commencement on voie votre œuvre par *le dehors :* vos catéchismes, vos retraites, vos réunions d'ouvrage, vos patronages ; et que, peu à peu, *le dedans* soit révélé aux âmes choisies que Dieu vous enverra ; quand vous en aurez un certain nombre, nous ferons connaître le tout. *Amen. Ave Maria.*

” Tous les Grands Vicaires ont trouvé vos statuts parfaits ; l'œuvre, désirable et excellente. ”

Depuis que la fondation de Namur était résolue, Mỏṫ Kestre s'était rendue plusieurs fois dans cette ville pour le choix d'un local. Elle y avait visité une propriété indiquée à Monseigneur, mais qui ne pouvait convenir ;

puis elle finit par découvrir, au faubourg de Salzinnes, deux maisons contiguës dont la construction n'était pas entièrement terminée. Ces maisons offraient de grands avantages : comme elles appartenaient au même propriétaire, il était aisé d'y établir des communications, de manière à n'en former qu'une seule habitation. Deux pièces du rez-de-chaussée pouvaient être facilement transformées en chapelle; il y avait de plus un beau jardin, et la situation n'était pas trop éloignée de la ville ; tout en un mot invitait à s'y fixer.

Monseigneur donna son adhésion; mais il fallait trouver les moyens de payer la location. La Bonté divine allait y pourvoir. Le comte de Villermont, initié un des premiers aux intentions bienveillantes de l'Evêque de Namur, partageait les espérances et la joie de Mlle Fanny ; et avec tout l'élan de son grand cœur, il lui promit d'assurer à la fondation projetée un don annuel pour le terme de trois ans. De plus, il voulut bien intéresser à la même cause, Mme la baronne de Woelmont de Brumagne. Cette dame, aussi distinguée par la vertu que par la naissance, contribuait depuis longtemps avec largesse au soutien de l'œuvre, dont la Directrice lui était très sympathique. Elle accueillit avec grande bienveillance les ouvertures du comte de Villermont, et se joignit à lui pour offrir une nouvelle demeure au Dieu de l'Eucharistie, qu'elle servait avec une édifiante piété. La coopération de ces deux nobles bienfaiteurs, gage manifeste des bénédictions divines, hâta le succès de l'entreprise. — A l'exemple de leur digne Fondatrice, les filles de Sainte-Julienne n'oublieront jamais la généreuse initiative qui leur a valu leur première fondation. — Forte de ce secours, Mlle Kestre entama les négociations avec le propriétaire, qui s'engagea à faire terminer les travaux pour le 1er août de l'année suivante, date à laquelle le bail serait signé.

Chaque fois que la Directrice se rendait à Namur pour les démarches nécessaires à l'établissement de cette maison, Monseigneur lui faisait, à elle et à sa compagne, l'accueil le plus paternel dans son palais épiscopal; il lui consacrait tout le temps dont il pouvait disposer, et la rassurait dans ses appréhensions pour l'avenir, en lui promettant d'être toujours son appui et son conseil.

Il ne l'encourageait pas moins par lettres; le 11 janvier 1867 il lui écrit : « J'offrirai le saint sacrifice en l'honneur de sainte Julienne ; elle sera pour nous ; oui, elle sera pour nous. J'offrirai donc le saint sacrifice à cette intention le 15, le 16 et le 18 de ce mois. Et puis aussi, un samedi, un jeudi et un lundi, à commencer par demain samedi. »

Pendant l'été, Mgr Dechamps, appelé par le Souverain Pontife, fit un court séjour à Rome, où il ne mit pas en oubli les intérêts de l'institut. Aussi, dès le 19 juillet, put-il transmettre à Mlle Fanny d'excellentes nouvelles. « J'ai demandé au Saint-Père sa bénédiction et certaines permissions ou grâces pour *les Dames de Sainte-Julienne, Apostolines du Très Saint-Sacrement.* Cela est écrit ; la bénédiction est donnée, et les grâces sont accordées. »

A la même époque, un Congrès catholique s'organisait à Malines pour le mois de septembre 1867. Quelques personnes influentes suggérèrent à M^llo Kestre la pensée d'adresser aux membres du Comité directeur, un rapport sur les œuvres de l'Association. Elle hésitait à suivre ce conseil, dicté cependant, elle le savait, par un véritable intérêt. Elle craignait d'attirer l'attention sur elle et sur son humble institution, si souvent incomprise, mal jugée, décriée, et qui, semblable à un frêle esquif livré à des flots changeants, ne s'était maintenue jusqu'à cette heure, que par l'assistance particulière du céleste Pilote.

Elle demanda l'avis de Mgr Dechamps sans lui rien cacher de ses appréhensions : « Je crains la publicité, lui écrivit-elle ; je sais que les conséquences en pourraient être fâcheuses, comme elles l'ont été en d'autres temps ; je crains même le zèle et l'enthousiasme des amis dévoués, mais manquant d'expérience et animés d'un esprit trop ardent que Dieu ne bénit pas.

» Dans les dispositions où je me trouve, ne voulant tendre qu'à l'accomplissement de la volonté de Dieu, manifestée par Votre Grandeur, je viens à vous avec confiance, mon Père, afin de vous soumettre l'écrit destiné au Congrès; vous y trouverez l'exposé du peu de bien que nous avons pu réaliser à l'ombre du sanctuaire.

» Bénissez votre fille, mon Père, d'une manière qui lui attire force et vertu; car elle n'a jamais été aussi faible. Bénissez aussi ma bonne mère et M^mo Louisa. »

Mgr Dechamps approuva le rapport, et M. De Mayer,

qui l'avait rédigé, en donna lecture au Congrès. On y mentionnait les œuvres principales, savoir : 1° les catéchismes préparatoires à la première communion, les catéchismes de persévérance et les réunions pour les jeunes ouvrières jusqu'à l'âge de dix-huit ans ; 2° les retraites préparatoires à la première communion, les retraites mensuelles et annuelles pour les dames, les institutrices et les jeunes ouvrières. Après un rapide exposé des origines de l'Association, on faisait connaître son but, son personnel, ses ressources, ses moyens de stimuler le zèle des associées et celui des élèves, et enfin, les faveurs dont l'avait honorée S. Ém. le Cardinal Sterckx. Puis on terminait ainsi : « Nous avons l'intime conviction que l'œuvre se développera. Oui, le jour où l'on en appréciera tous les avantages, les ressources grandiront, le cercle du bien que nous pouvons opérer autour de nous s'élargira, et nous bénirons la divine Providence de ce qu'elle a daigné jeter les yeux sur des instruments si faibles, pour accomplir ses desseins de miséricorde sur la classe pauvre et ouvrière. Déjà l'horizon s'éclaircit, et nous voyons avec bonheur un Prince de la sainte Église, un Prélat aussi recommandable par sa science que par ses vertus, faire de cette œuvre la sienne, l'appeler auprès de lui pour l'animer de son esprit, la couvrir de sa protection, la vivifier et la féconder par sa bénédiction épiscopale. »

Mlle Kestre eut la consolation d'apprendre que ce rapport très succinct avait été bien accueilli, et que des sympathies plus nombreuses lui étaient acquises. Elle en fut d'autant plus heureuse, que ses charges allaient grandir avec la fondation qui se préparait. Le moment approchait, en effet, où la résidence de Salzinnes étant prête, il faudrait faire appel à toutes les bonnes volontés. Alors on vit une sainte émulation régner parmi les vraies amies de l'œuvre ; toutes rivalisèrent de générosité afin de pourvoir à l'ameublement et à l'ornementation du nouveau sanctuaire : autel, table de communion, vases sacrés, ornements sacerdotaux, linge d'église, chandeliers et candélabres, rien ne fut oublié. Le dévouement personnel ne trouva pas moins à s'exercer. Les associées, les maîtresses de catéchisme, les dames des réunions d'ouvrage, se multiplièrent à l'envi pour soutenir la maison de Bruxelles et ses diverses œuvres ; par leur parfaite exactitude à remplir leurs fonctions habituelles et à maintenir les règlements établis, elles s'efforcèrent de suppléer au vide qu'allait laisser l'absence momentanée de leur chère Directrice. Deux d'entre elles se partagèrent le soin de la petite chapelle, dans laquelle le saint sacrifice de la messe continuait à être offert chaque matin, par un prêtre de l'institut Saint-Louis, et réunissait un groupe d'âmes fidèles.

Le Seigneur daigna également pourvoir à ce qu'il y eût dans la maison, rue de la Charité, une gardienne assidue du Très Saint-Sacrement. Ce fut Mme Kestre, la digne mère de la fondatrice. Voici les circonstances qui l'y amenèrent. L'âge avancé de Mme Kestre réclamait

un repos bien mérité ; ses filles qui le souhaitaient
vivement pour elle, n'eurent pas de peine à lui en
démontrer la nécessité après la mort de Mlle Félicie ;
elle désira se retirer, comme Dame pensionnaire,
dans une maison, rue de la Poste. Cette même habitation
devint plus tard le couvent des religieuses de la Société
de Marie Réparatrice, et l'appartement qu'avait occupé
Mme Kestre fut, pendant bien des années, le modeste
oratoire dans lequel l'Hôte divin du Tabernacle se plut à
recevoir tant de ferventes adorations. En prévision de la
fondation de Salzinnes, Mme Kestre, sur la demande de
sa fille, quitta sa paisible retraite et vint abriter ses
dernières années sous le même toit que sa chère Fanny.

Ce fut seulement au mois de septembre, que Mlle Kestre
put prendre possession de la maison de Salzinnes.
A cette époque elle n'avait à sa disposition qu'un
personnel fort restreint ; elle partit accompagnée de
Mlles Albertine Flasselaerts et Pauline Desamblancx,
toutes deux membres de l'Association de Notre-Seigneur ;
et de Justine Sterckx, ancienne élève des catéchismes,
qui, après en avoir suivi les cours dès son enfance, n'avait,
comme les premières, d'autre ambition que celle d'être
reçue dans la communauté. Mme Louisa avait dû retourner
en Angleterre auprès de son frère mourant.

La veille du départ, quelques amies des plus intimes
vinrent offrir à Mlle Fanny, leurs meilleurs souhaits pour
le succès de sa nouvelle entreprise. Elle les reçut avec
son affabilité ordinaire et parut touchée de leur attention

délicate. L'émotion contenue qui se lisait sur son visage, trahissait les sentiments divers dont son cœur était pénétré. Elle allait, saintement intrépide, affronter des difficultés encore inconnues ; mais elle était appuyée sur les promesses d'un Évêque et d'un père, et soutenue surtout par un amour de Dieu toujours plus élevé, et toujours plus abandonné à son bon plaisir.

CHAPITRE X

1867

Namur est une jolie ville, pittoresquement située au confluent de la Meuse et de la Sambre ; les collines qui l'environnent lui forment un cadre gracieux et prêtent un grand charme au paysage. Dominée par une imposante citadelle, longtemps entourée de remparts fortifiés et ne pouvant s'étendre, elle avait vu peu à peu se grouper en dehors de ses murs, des habitations nombreuses qui devinrent de populeux faubourgs. Salzinnes est l'un des plus importants. C'est là que nous allons retrouver la petite colonie appelée à y établir un nouveau centre de bonnes œuvres.

En arrivant à Namur, le 9 septembre 1867, Mlle Kestre et ses compagnes se rendirent d'abord à l'évêché, où Monseigneur leur fit l'accueil le plus cordial ; après leur avoir souhaité la bienvenue, il les conduisit dans sa chapelle et détacha de la statue de la Sainte Vierge, les clefs de la nouvelle maison. En les remettant à la fondatrice, il lui adressa quelques paroles d'édification et d'encouragement ; puis il la bénit, ainsi que ses compagnes, en leur réitérant l'assurance de son entier dévouement.

Elles se dirigèrent alors vers Salzinnes. Les meubles expédiés de Bruxelles n'étant pas arrivés, on dut se pourvoir en ville des objets les plus nécessaires pour passer la première nuit. Un jardinier venu de l'évêché, porteur d'un message, fut surpris par une pluie diluvienne et obligé de rester un certain temps au couvent ; quand il en revint, Monseigneur lui demanda ce qu'il y avait vu. « J'ai vu, répondit-il, une maison vide, et la supérieure assise sur l'escalier. » Quelques heures après, on apportait douze chaises ; chacun devine qui les avait envoyées. Le bon Évêque eut pour ses filles d'autres attentions toutes paternelles. A l'exemple de son divin Maître offrant à ses Apôtres un repas sur les bords du lac de Génésareth, il leur envoya ce jour-là, un dîner complet, et quelques jours après, il vint en personne se rendre compte de leur situation.

La résidence des Dames Apostolines était peu distante de l'évêché, dont le jardin touche à Salzinnes. C'était un bonheur pour elles ; car étrangères à la ville et n'y connaissant personne, elles avaient doublement besoin de l'assistance et des conseils de leur père vénéré. Celui-ci voyait une grande utilité à ce voisinage. « Je ferai pour vous, disait-il, ce que saint François de Sales faisait pour les Religieuses de la Visitation ; je donnerai des instructions aux novices, et je m'occuperai de la for-

mation intérieure de la communauté. » Il aplanit en effet
à ses filles, autant qu'il le put, les mille difficultés qui
accompagnent toujours une installation. Le Père
Looyaard, qui appartenait, lui aussi, à la Congrégation
du Très Saint Rédempteur et qui partageait la vie de
Monseigneur, le seconda dans cette bienveillante sollicitude. M. le Curé de Saint Jean et les bons Pères Récollets, proches voisins de la communauté naissante, lui
furent également très secourables.

Le 28 octobre, fête des saints Apôtres Simon et Jude,
la chapelle est prête pour la célébration de la première
messe. Un grand nombre de Dames associées de
Bruxelles se font un bonheur d'y assister ; celles qui
avaient chanté à l'inauguration de la chapelle rue des
Sables, tiennent à honneur de prêter de nouveau leur
concours. Le meilleur goût a présidé à la décoration du
sanctuaire, où fleurs et lumières s'harmonisent autour du
tabernacle. La cérémonie est annoncée pour 8 heures ;
mais bien avant, une foule pieuse et recueillie remplit le
nouvel oratoire. Ce que la société namuroise compte de
plus distingué s'y trouve réuni, grâce au prestige qui
s'attache au nom de Mgr Dechamps, et peut-être aussi
grâce à une certaine curiosité de connaître les Dames de
Sainte-Julienne. Monseigneur monte à l'autel et célèbre
le saint sacrifice avec l'onction pénétrante qui le caractérise ; après l'évangile, il s'adresse à ses auditeurs et leur
fait connaîre en ces termes l'institut dont il est le fondateur :

« Mesdames,

„ Je vous dois quelques mots d'explication sur cette œuvre qui commence, je veux dire qui commence *ici*; car elle a fait ses preuves ailleurs. C'est parce que j'ai été témoin de son action à Bruxelles, de la bénédiction que lui a donnée S. Ém. le Cardinal Archevêque de Malines, de la reconnaissance que lui vouent les nombreuses familles dont elle sauve les enfants, de l'estime que lui garde le clergé paroissial et du prix qu'il attache aux soins donnés par elle à un grand nombre de jeunes âmes, que je l'ai attirée à Namur, afin qu'elle prenne racine à Salzinnes, à l'ombre des souvenirs de sainte Julienne, l'ardente adoratrice du Très Saint-Sacrement, la promotrice de la Fête-Dieu. C'est à Salzinnes en effet que fut recueillie sainte Julienne pendant ses jours de douloureuses épreuves, et c'est ce qui l'a fait choisir pour patronne de Salzinnes, lors de la dédicace de l'église confiée au zèle des enfants de saint François, par mon vénéré prédécesseur.

„ Mais ce qui m'a porté surtout à doter la ville de Namur de cette œuvre, c'est le but spécial qu'elle s'efforce d'atteindre. Toutes les institutions nées de l'esprit de grâce dans le sein de l'Église ont une fin commune, et chacune d'elles a néanmoins une fin spéciale. La fin commune de toutes, c'est la sanctification de leurs membres et le bien général de l'Église et des âmes. La fin spéciale de chacune est déterminée, ou par la manière dont ses membres tendent à la perfection chrétienne, ou par le genre de travaux qu'ils entreprennent pour le salut du prochain, ou par la classe de personnes auxquelles ils se consacrent.

» L'Institut des Dames de Sainte-Julienne a une *double fin spéciale* : l'une *intérieure*, l'autre *extérieure*. J'expliquerai d'abord la seconde pour remonter à la première comme à sa source.

» La fin spéciale *extérieure* est déterminée par la catégorie de personnes dont s'occupent plus particulièrement les Apostolines, et par la manière dont elles s'en occupent. Je dis plus particulièrement, parce qu'en donnant leurs soins religieux aux enfants des diverses classes de la société, elles les prodiguent surtout aux enfants et aux jeunes filles de la classe ouvrière. Elles acceptent ces enfants dès l'âge de sept ans, et ne les perdent pas de vue jusqu'à ce que celles-ci aient atteint l'âge de dix-huit ans. Elles veillent même sur elles jusqu'à leur mariage, et savent encore les retrouver plus tard dans leurs infirmités et à leur mort.

» Mais de quelle manière commencent-elles à s'en occuper ? Est-ce en établissant des écoles ? Non, cette œuvre n'est pas une institution d'enseignement dans le sens ordinaire du mot. Comme la Congrégation Romaine de l'Oratoire, fondée par saint Philippe de Néri, l'Institut des Apostolines du Très Saint-Sacrement donne exclusivement l'instruction religieuse, la plus importante, la plus simple, la plus féconde et la plus sublime de toutes.

Il joint à l'instruction religieuse, des réunions de travail, de piété et de charité, et certaines récréations propres à réjouir les enfants en élevant leurs âmes. Enfin, il procure chaque année, et même chaque mois, aux dames de toute condition, la faculté de faire dans ses établissements les exercices de la retraite.

« L'œuvre des Apostolines du Très Saint-Sacrement ne donne l'instruction religieuse qu'aux jeunes filles qui ne la reçoivent pas dans d'autres écoles ou dans leurs familles, ou qui ne la reçoivent qu'imparfaitement. Elle ne s'occupe donc pas des enfants confiés aux congrégations religieuses enseignantes, et elle ne s'occupe même des autres qu'aux jours et aux heures qui conviennent aux écoles fréquentées par ces enfants, quand ces pauvres enfants fréquentent des écoles. Elle s'harmonise ainsi avec les autres œuvres, sans faire obstacle à aucune, et elle se borne à enseigner aux jeunes filles les deux choses les plus nécessaires, le travail chrétien et la vie chrétienne ; le travail chrétien, par des réunions d'ouvrage à des jours qui ne font pas obstacle non plus aux travaux d'atelier ou à d'autres occupations obligatoires ; la vie chrétienne, par l'instruction religieuse, par des retraites, et par des réunions de piété et de charité.

« Mais l'œuvre de Sainte-Julienne offre encore quelque chose de particulier dans son organisation. Elle comprend en effet deux sortes de personnes : celles qui vivent en communauté, et celles qui vivent en famille ou dans le monde, et qui se bornent à venir librement en aide aux

Dames de la communauté, soit en payant de leur personne dans l'œuvre de l'instruction religieuse des jeunes filles, soit en visitant celles-ci dans leurs maladies ou en d'autres circonstances qui réclament ces visites charitables, soit en travaillant dans les réunions de dames qui ont aussi lieu dans l'établissement. C'est que, outre les réunions de travail des jeunes filles, il y a aussi des réunions où les dames s'occupent à confectionner les vêtements qui doivent servir de récompenses aux enfants qu'elles patronnent, et les objets qui sont destinés à rehausser le culte du Très Saint-Sacrement dans les églises, dans les processions et dans l'administration du saint Viatique.

» Avons-nous maintenant défini la fin spéciale extérieure de l'Institut de Sainte-Julienne? Nous avons du moins indiqué les principales œuvres par lesquelles il s'efforce de l'atteindre ; mais nous la définirons mieux elle-même en disant qu'elle consiste à combattre l'ignorance et l'indifférence religieuses, à réveiller l'esprit de foi et de charité chez les personnes du monde, à ranimer la vie chrétienne dans les différentes classes de la société, par les moyens offerts aux unes de travailler au bien des autres, et à les préserver ainsi toutes de ce qui tend à éteindre chez elles l'esprit chrétien : l'oisiveté, le luxe, la vie de plaisir, les lectures dangereuses, et les usages incompatibles avec la dignité de vraies chrétiennes.

» Quant à la fin spéciale *intérieure* de l'œuvre, on la comprendra mieux si l'on sait que toute l'œuvre est sortie de la dévotion au Très Saint-Sacrement, et de l'expérience qu'on a faite, et que chacun peut faire, de la vie dont le Pain eucharistique est l'inépuisable et divin aliment. C'est parce qu'on l'a goûtée, cette vie eucharistique, qu'on a gémi de voir mourir tant d'âmes par l'ignorance ou l'oubli du Dieu vivant et présent dans nos tabernacles; c'est pour préparer les enfants à recevoir leur Sauveur, qu'on a établi l'œuvre des catéchismes; c'est pour faire *goûter combien le Seigneur est doux à ceux qui le cherchent*, qu'on a établi l'œuvre des retraites; c'est pour faire rendre à Jésus-Christ amour pour amour, que l'Institut des Apostolines du Très Saint-Sacrement se voue tout spécialement à la grande œuvre de la réparation, et s'occupe avec un zèle constant et efficace de l'œuvre des adorations; c'est pour le même motif qu'il a établi des réunions où l'on travaille à préparer tout ce qui doit rehausser le culte du Corps et du Sang glorifiés du Dieu fait homme, et tout ce qui est nécessaire pour revêtir les membres de son corps mystique, surtout les petits enfants qu'il appelle à lui pour la première fois. L'Eucharistie est le grand mystère de la foi, et en même temps la grande preuve de la vérité de la foi par ses opérations divines dans les âmes. Elle est le souvenir vivant et le fruit de la rédemption, la grande source de la grâce, le gage de la gloire. C'est le cœur du christianisme, et c'est par lui, en lui et avec lui, que la vie de la foi se réveille, se maintient et s'achève. Mais si la dévotion au Très Saint-Sacrement a donné naissance à l'Institut des Apostolines, ce sera la même dévotion qui seule le conservera et le propagera. Tout le bien extérieur qu'il fera viendra de ce bien intérieur. Le dévouement à Notre-Seigneur Jésus-Christ dans l'Eucharistie est donc la fin spéciale intérieure de cette œuvre, et le zèle pour le culte eucharistique y restera la condition du zèle pour les âmes.

» Cependant, pour que les œuvres durent, il leur faut un centre et un lien. Le centre et le lien de toutes les œuvres dont nous venons de parler se trouvent dans la *Communauté* des Dames de Sainte-Julienne. C'est en s'y rattachant, sans en faire partie, qu'une foule de dames du monde, qui désirent se vouer aux bonnes œuvres, trouveront un moyen de s'y consacrer avec plus de facilité et de persévérance.

» Certes, les œuvres qui se feront ici, se feront ailleurs ; et le zèle pour le Très Saint-Sacrement, pour l'instruction religieuse des jeunes ouvrières, pour la sanctification des personnes du monde par les œuvres de miséricorde, ce zèle n'a pas besoin de l'œuvre des Dames de Sainte-Julienne pour exister et pour agir.

» Redirons-nous pour cela les choses oiseuses qui se disent à la naissance de toutes les bonnes œuvres : Pourquoi cette œuvre nouvelle ? N'y en a-t-il pas assez ?... Non, il n'y en a pas assez ; non, il n'y a pas encore assez de zèle pour le salut des pauvres enfants ; non, il n'y a pas encore assez d'asiles pour les recevoir afin de les élever pour Dieu ; non, il n'y a pas encore assez de moyens offerts aux personnes du monde pour se vouer

aux bonnes œuvres. Visitez l'une des nombreuses institutions religieuses qui font la gloire de cette ville, vous y
verrez un nombre très considérable de jeunes filles auxquelles on enseigne les richesses de la vie chrétienne.
Eh bien ! sortez d'ici et parcourez les deux rues les plus
rapprochées de Salzinnes, et vous les trouverez cependant encore pleines d'enfants à recueillir et à élever. Il
en est ainsi presque partout.

» Mais qu'on multiplie, dira-t-on, les maisons des
instituts déjà existants, et qu'on n'en établisse plus de
nouveaux. — Celui-ci n'est pas si nouveau d'abord, puisque j'en ai lu le plan détaillé il y a nombre d'années. Il
n'a vraiment de nouveau que le nom de Sainte-Julienne,
que j'ai ajouté à celui des Apostolines du Très Saint-
Sacrement. Ce double titre est rappelé dans un rescrit
du Saint-Siège accordant des faveurs spirituelles à cet
institut. Mais devrait-il être condamné, si même il était
nouveau ? Qu'eussent dit de cette condamnation les instituts aujourd'hui florissants, si elle eût été portée contre
eux à leur naissance ?

» L'Église est le jardin de Dieu ; quand il y fait croître
des plantes nouvelles, c'est à lui de montrer que c'est
bien sa main qui les a plantées. *Omnis plantatio quam
non plantavit Pater eradicabitur* (1). Examinons donc si
ces plantes lèvent, si elles grandissent, si elles résistent
à l'épreuve du temps, et surtout si elles portent de bons
fruits. Efforçons-nous, dans ce cas, de propager ces

____

(1) Toute plante que mon Père n'a pas plantée sera arrachée.

plantes bénies de Dieu. Ne disons plus : Il y a des arbres à fruit chez moi, pourquoi en faudrait-il chez d'autres ? — Laissons tous les arbres grandir, afin qu'un plus grand nombre d'âmes puissent goûter de leurs fruits. Du reste, n'y a-t-il pas dans le monde bien des personnes qui aspirent au dévouement de la vie religieuse et qui ne peuvent y parvenir ? Et parmi ces personnes, combien sont cependant animées du véritable zèle des âmes! Il est donc désirable que ce zèle trouve des instituts où l'absence du costume religieux facilite, à *une certaine catégorie de leurs membres,* les œuvres de miséricorde dans une foule de circonstances.

» Je n'ai garde de prier des dames chrétiennes de ne pas rester indifférentes à cette œuvre : ce serait leur faire injure. Toute œuvre de charité trouve toujours sa place dans le cœur d'une femme pieuse ; et vous le montrez bien toutes par votre présence dans cet oratoire à l'ouverture de cette maison. Je vous remercie donc, Mesdames, de ce gage de l'intérêt que vous porterez à l'avenir au développement du bien qui va se faire ici.

» Pour moi je suis heureux d'avoir établi cet institut dans mon diocèse. Je suis heureux de l'avoir établi sous l'invocation et la protection de sainte Julienne. Je suis heureux de penser que, par le zèle des Apostolines, Jésus-Christ sera plus adoré dans l'auguste Sacrement de nos autels. Je suis heureux de penser que, par le zèle des Dames de Sainte-Julienne, tant de jeunes filles seront éloignées des occasions de se perdre et trouveront des occasions nouvelles de se sauver; qu'elles apprendront les joies de la vie chrétienne, et prendront ainsi en pitié ces autres joies indignes d'âmes créées à l'image de Dieu, et tout ce qui donne à un grand nombre de pauvres jeunes filles, cet air qui fait peine à voir et qu'on rencontre un peu partout. Je suis heureux de penser, qu'au lieu d'être préparées à leur propre ruine et à la ruine des autres, elles seront préparées à devenir de bonnes épouses et de bonnes mères, et à élever ainsi dans la société une digue contre le torrent du mal. Enfin, je sens qu'au moment de ma mort je serai consolé par la pensée d'avoir contribué au développement de cette œuvre, et j'ai la confiance que vous voudrez toutes partager cette consolation. C'est la grâce que je vais demander pour vous pendant le saint sacrifice. »

Nous n'avons pas hésité à reproduire cette belle allocution, parce qu'elle fait connaître dans toute sa vérité, l'essence et le but d'un institut longtemps comprimé, et parvenu enfin, par les mystérieuses dispositions de la Providence, à son organisation complète. La parole éloquente de Monseigneur ne demeura pas stérile; elle produisit un effet sensible sur son auditoire, et bientôt plusieurs personnes s'attachèrent à l'œuvre dont Sa Grandeur avait démontré la valeur et l'opportunité.

La fondatrice pratiquait avec une aménité parfaite les lois de l'hospitalité; après la cérémonie elle réunit toutes les dames dévouées à l'œuvre, et leur offrit un repas rappelant quelque peu les agapes des premiers chrétiens.

Elles allèrent ensuite visiter les ruines de l'ancienne abbaye où sainte Julienne avait séjourné, fuyant la persécution dont elle était l'objet. Une partie des bâtiments, aujourd'hui démolis, existait encore et servait de maison de campagne au séminaire diocésain. Ce fut avec un vif intérêt qu'elles parcoururent ces lieux sanctifiés autrefois par leur illustre Patronne. Après tant de siècles, elles allaient faire revivre son ardente dévotion envers la sainte Eucharistie, à cet endroit même où sainte Julienne avait souffert pour ce mystère d'amour.

Après cette journée mémorable entre toutes celles de sa vie, la Supérieure s'occupa à la fois de l'organisation intérieure de la Communauté et de l'établissement successif des œuvres.

Dans cette double tâche elle sut unir un zèle infatigable au plus filial abandon à la Providence, faisant tout ce qui était en elle, attendant tout de Dieu.

Voici un des traits relatifs à cette époque, qui nous montre bien comment Notre Seigneur se plaisait à récompenser sa confiance. Elle avait commandé une provision de charbon, sans songer qu'il faudrait, dès l'arrivée, acquitter une partie des frais. Lorsqu'il s'agit de le faire décharger, elle se trouva sans argent ; la modicité de ses ressources l'exposait souvent à semblable mésaventure. Comptant sur l'assistance divine, elle s'enquiert néanmoins des moyens de transport. A peine ces dispositions sont-elles prises, qu'elle reçoit de Mme la Baronne de Woelmont de Brumagne, un billet de cinq cents francs accompagné de ces quelques lignes : « Chère Mme Fanny, je pense que dans une fondation il y a de grands frais, et je suis heureuse de vous aider un peu. » Ajoutons que la même bienfaitrice s'ingéniait à entourer constamment la communauté de mille attentions délicates et généreuses ; sa charité en devinait les besoins et s'empressait à lui rendre service et à lui faire plaisir.

Par l'établissement de la maison de Salzinnes, l'Institut des Dames de Sainte-Julienne, Apostolines du Très Saint-Sacrement, vient donc de prendre sa place dans le *jardin de Dieu*. La communauté religieuse devient dorénavant le centre des œuvres auxquelles l'institut se consacre, et la condition essentielle de leur stabilité. Le temps et les développements qu'il amèrera sous les bénédictions de la divine Providence, produiront le progrès, ce caractère propre des œuvres de Dieu ; mais dans ses grandes lignes, la pensée entière se trouve réalisée.

Désormais nous donnerons à la pieuse fondatrice le nom de Mme Fanny de l'Eucharistie, qu'elle-même avait choisi comme étant l'expression de son amour envers le Très Saint-Sacrement de l'Autel ; ou plutôt, conformément à l'usage adopté, nous la nommerons simplement Mme Fanny. Elle avait désiré, en effet, que ses religieuses fissent l'abandon de leur nom de famille, en y substituant un nom de religion. Dans sa naïve simplicité elle aimait à dire : « Nous, Apostolines, nous devons être *Pierre, Jacques* et *Jean*. » Mme Auchard avait pris le nom de : Mme Louisa du Saint-Sacrement.

Malgré toutes les précautions prises par ses compagnes, Mme Fanny n'avait pu échapper à des fatigues qui,

jointes aux émotions profondes de son âme, ébranlèrent
une fois de plus sa santé. Cédant à de pressantes instances,
elle laissa la maison de Salzinnes à la garde d'associées
et d'amies dévouées, et retourna à Bruxelles où bientôt
elle fut de nouveau, longtemps éprouvée par la maladie.
Elle était consolée dans ses souffrances par les sentiments
que lui exprimaient les âmes que Notre Seigneur s'était
hâté de diriger vers sa communauté ; l'une d'elles lui
écrivait : « Votre silence ne me décourage pas ; je conserve l'espoir que vous ne tarderez pas à m'appeler à
Bruxelles, et que ce jour-là même, je pourrai me dire *tout
bas,* heureuse Apostoline du Très Saint-Sacrement. Mon
âme languit et se consume du désir d'entrer dans la
maison du Seigneur. Ah ! ne la faites plus longtemps
gémir. On me dit que la maison de Bruxelles n'est pas
organisée pour me recevoir : que m'importe ! Si je n'y
suis bonne à rien, je pourrai toujours y remplir les fonctions de Marie : pour aimer et prier, avec la grâce de
Dieu, il suffit d'avoir un cœur ; on peut faire cela partout. Vous trouvez peut-être, Madame la Supérieure,
que votre indisposition soit un obstacle. Je me hasarde à
vous dire qu'il me paraît que ce devrait être le contraire.
Je ne vous en donne pas les raisons car vous pourriez
croire que je vous aime trop et me punir par où je pèche.
Je vous assure que c'est Dieu, Dieu seul, qui m'attire à
l'Institut des Dames de Sainte-Julienne, par un attrait si
puissant, que si j'étais forcée de lutter encore longtemps,
j'y perdrais ma vie insensiblement. »

CHAPITRE XI

1867-1868

MORT DU CARDINAL STERCKX. — Mgr DECHAMPS LUI SUCCÈDE A L'ARCHEVÊCHÉ DE MALINES. — NOUVELLE APPROBATION ÉPISCOPALE DE LA COMMUNAUTÉ. — TRANSFERT DE NOTRE-DAME DU REMPART, A NAMUR. — LA MAISON-MÈRE ET LE NOVICIAT SONT ÉTABLIS A BRUXELLES.

Le cardinal Sterckx, Primat de Belgique, après avoir occupé pendant de longues années le siège archiépiscopal de Malines, rendit son âme à Dieu, le 4 décembre 1867.

En apprenant ce décès Mme Fanny éleva vers le ciel de ferventes prières, et recommanda aux enfants des catéchismes de s'unir à elle, pour demander au Seigneur de récompenser largement dans l'autre vie, l'éminent prélat dont l'appui lui avait été si précieux. N'était-ce pas lui qui avait encouragé l'Association à ses débuts ? Qui, le premier, l'avait bénie, approuvée, enrichie de faveurs spirituelles, et lui avait tendu une main secourable aux heures de l'épreuve ? Le cœur reconnaissant de la digne Supérieure pouvait-il l'oublier jamais ? Le Cardinal, il est vrai, avait hésité à donner à l'œuvre son plein essor ; il s'était réservé d'autoriser la formation de la communauté religieuse quand il aurait acquis à cet égard la certitude de la

volonté divine ; or, à ses yeux, le gage du bon plaisir de
Dieu devait être la bénédiction répandue d'abord sur les
œuvres extérieures, dont la communauté était destinée à
devenir ensuite l'âme et le centre durable. La fondatrice
avait accepté en esprit de foi l'épreuve de ce délai, dont
le terme devait être proche en toute hypothèse. Car déjà,
l'Archevêque avait témoigné sa satisfaction des premiers
essais tentés à Namur ; et peu de temps avant sa mort,
il exprima hautement sa confiance en l'avenir de l'Institut,
à Mgr Dechamps, un jour qu'ils dînèrent ensemble à
Malines. « Que pensez-vous de l'œuvre de Mlle Kestre ? »
demanda le Cardinal. — « Je pense, répondit l'Évêque,
que c'est l'œuvre de Dieu, et qu'elle durera. » — « Et
moi aussi, je le pense, » reprit l'Archevêque. Mme Fanny
eut-elle connaissance de ces paroles rapportées après
sa mort à une de ses filles, par Mgr Gauthier, témoin
de l'entretien ?... Nous l'ignorons. Elles eussent été
une grande consolation pour elle ; et son âme attentive
n'eût pas manqué de reconnaître un écho du ciel, dans
ce jugement porté sur son œuvre par deux princes de la
Sainte Église.

L'Évêque de Namur fut aussitôt désigné pour
succéder au Cardinal Sterckx. Cette nouvelle dignité
accordée aux rares mérites de Mgr Dechamps ne
surprit personne : rien ne semblait trop élevé pour
cet illustre prélat, qui savait rehausser toutes les gran-
deurs, par des vertus plus grandes encore.

Quelles furent les impressions de Mme Fanny quand

elle connut cette décision du Saint-Siège? D'une part, aux joies si pures de la fondation de Salzinnes, venait se mêler l'appréhension de toutes les difficultés qui pouvaient surgir pour ce modeste établissement, si tôt privé de son meilleur appui. En effet, quelques semaines seulement s'étaient écoulées, depuis que son Évêque et père avait appelé les bénédictions de Dieu sur ses humbles débuts, et déjà il devait s'éloigner, sans avoir vu l'épanouissement des œuvres, et surtout, l'affermissement de la communauté religieuse. D'autre part, la fondatrice ne pouvait assez bénir le Seigneur, qui comblait ses vœux en plaçant sur le siège de Malines, à la tête de l'épiscopat belge, le guide de son âme, le soutien et le protecteur de son institut; celui qui, après avoir fondé cet institut à Namur, allait désormais le consolider et le développer, dans le diocèse même où Dieu lui avait donné naissance. Plus l'attente avait été longue, et l'épreuve poignante dans le passé, plus la consolation et la sécurité présentes furent douces à son âme.

Dès le 4 janvier 1868, les lignes suivantes de Mgr Dechamps vinrent confirmer ses espérances : « Bonne et sainte année à vous, à Mme Louisa et à toutes. J'ai dû choisir le 28 de ce mois pour mon entrée à Malines ; j'avais déjà remarqué ce que vous me dites, que le 29, jour de ma première messe dans le diocèse, est la fête de saint François de Sales. Mais ce que vous ne savez pas, c'est que le 28 est le jour du

patron de sainte Julienne, la fête de saint Juliani, évêque
d'Espagne dans les premiers siècles. Prenez sainte
Julienne pour patronne de l'année ; l'amour des pauvres
pour vertu ; le retour sur soi-même (opposé à l'union
avec Jésus-Christ par l'amour et l'humilité), pour défaut
à combattre. Le P. Looyaard va mieux ; il espère
pouvoir me rejoindre à Malines ; il faut absolument que
vous obteniez sa guérison. Priez bien toutes pour moi.
Je vous bénis. C'est *moi* que Dieu veut bien employer
pour vous aider à établir solidement votre œuvre ; c'est
donc *chez moi* qu'il faudra l'établir. »

Avant de quitter Namur, Mgr Dechamps confia ses
filles à la sollicitude spéciale de son successeur, Mgr Gravez, qui accepta cette mission de grand cœur. Un instant
néanmoins, Mme Fanny avait songé à abandonner Salzinnes. L'Archevêque eut la même pensée ; mais il ne
voulut rien précipiter, et attendit des preuves évi-
dentes de la volonté de Dieu à cet égard. Bientôt
il informe sa fille spirituelle que certains signes de bon
augure lui font espérer qu'on pourra maintenir la maison
de Salzinnes : « J'ai écrit longuement, ajoute-t-il, à des
personnes dont j'attends secours et protection pour vous.
Prenez possession des œuvres extérieures comme des
intérieures. La Providence vient à votre aide; et puis
sainte Julienne !... Il est vrai qu'elle n'a fait que
passer à Salzinnes ; mais je compte bien qu'elle vous y
gardera. »

Dieu mit alors au cœur de la courageuse Supérieure,

une grande confiance ; dès que sa santé le lui permit, elle revint à Salzinnes et y organisa les catéchismes, les réunions d'ouvrage pour les dames, l'adoration du premier jeudi de chaque mois, ainsi que les retraites annuelles. La première s'ouvrit le 1er avril 1868, attira beaucoup de monde et produisit un grand bien. Dès lors, les retraites eurent lieu régulièrement deux fois chaque année ; l'une pendant le carême ou peu après, l'autre au mois de septembre. Elles furent données alternativement par les PP. Baudry, Dubois, Linden, Prouvost, Etienne, L'Hoir, Blérot, Fiévez, de la Congrégation du Très Saint Rédempteur ; les PP. Kuntgen, Olivier, Chaney, Vanderspeeten, De Smedt, de la Compagnie de Jésus ; les PP. Lacoste et Boudewyn, Dominicains ; le P. Raphaël, Capucin ; le P. Ignace, Récollet ; M. Cousot, Archiprêtre de la cathédrale de Namur, et M. le Chanoine de Clèves, Missionnaire apostolique. Mme Fanny établit également l'œuvre des retraites mensuelles, autrefois si prospère à Bruxelles, et qu'elle avait dû y interrompre, faute de local convenable. A Salzinnes, ces jours de récollection attiraient un grand nombre de dames. Celles qui le désiraient pouvaient passer la journée tout entière au couvent. La maison de Salzinnes se prêtait admirablement aux exercices religieux ; son éloignement des bruits de la ville, son beau et grand jardin, tout rendait faciles et agréables les heures de recueillement dont les âmes pieuses sont avides. Le haut clergé de Namur se montra toujours empressé à seconder la zélée fondatrice. Mgr Gravez voulut bien présider une distribution de prix, et venir plusieurs fois clôturer les retraites. Mgr Delogne, Vicaire Général, célébrait la sainte messe tous les dimanches dans la chapelle, et y prêchait souvent, non seulement aux solennités de la Fête-Dieu ou de sainte Julienne, mais aussi les dimanches et aux jours de retraites mensuelles. M. Cousot, Archiprêtre de la cathédrale, M. Descamps, Curé de Saint-Jean, M. le Chanoine Pirard et M. le Chanoine Charlier, secrétaire de l'évêché, témoignèrent une grande bienveillance au nouvel institut et l'encouragèrent par le concours de leur parole sympathique. Les Pères Jésuites et les Pères Franciscains lui prêtèrent également un très cordial appui. Cette maison devint rapidement un centre d'œuvres fort bien constitué. Le premier rejeton de l'institut « croissait comme le lis au milieu des épines, » selon l'expression employée par le P. Looyaard.

Malgré la difficulté exceptionnelle que présentait la combinaison de tant de travaux, dans deux maisons distantes, avec un personnel restreint et une seule direction, les œuvres ne se maintenaient pas moins bien à Bruxelles qu'à Namur. Les bénédictions divines, l'activité d'une Supérieure intelligente et douée d'un esprit d'organisation remarquable, la constante sollicitude d'un père tout dévoué, tels étaient les moyens providentiels qui produisaient des résultats vraiment étonnants. Le nouvel Archevêque en conçut une confiance toujours plus ferme

en l'avenir de l'institut, et s'empressa d'étendre au diocèse
de Malines l'approbation canonique qu'il lui avait donnée
précédemment à Namur. En voici les termes :

« L'Institut des Dames de Sainte-Julienne, que j'ai déjà
approuvé lorsque j'étais Evêque de Namur, je l'approuve
de nouveau pour mon diocèse, comme Archevêque de
Malines. Les Dames de Sainte-Julienne ou Apostolines
du Très Saint-Sacrement continueront donc à Bruxelles
et dans le diocèse de Malines, là où elles seront établies
avec l'approbation requise pour chaque fondation, à se
dévouer aux œuvres intérieures et extérieures que j'ai
expliquées dans l'allocution d'ouverture de leur maison
de Salzinnes. Je me réserve d'approuver dans la suite,
bientôt je l'espère, les règles de cet institut, quand elles
auront subi quelque temps encore l'épreuve de la pratique.

„ Malines, le 1ᵉʳ juin 1868, lundi de la Pentecôte.

„ † VICTOR AUGUSTE,
„ Archevêque de Malines. „

Monseigneur, non content de cet acte officiel, voulut y
ajouter publiquement une haute sanction, en présidant en
personne la distribution des prix aux enfants des catéchismes, rue de la Charité. La cérémonie eut lieu le
15 octobre, dans la cour de l'établissement, gracieuse-
ment décorée pour la circonstance. Reçu à son arrivée

par le clergé paroissial et par le Conseil de l'œuvre,
l'Archevêque prit place sur l'estrade disposée pour lui.
Autour de Sa Grandeur se groupèrent M. Verhoustraeten,
Doyen de Bruxelles ; M. le Chanoine de Haerne, membre
de la Chambre des représentants ; M. le Chanoine
Goossens, secrétaire de l'archevêché (aujourd'hui Cardinal Archevêque de Malines) ; M. le Doyen d'Uccle,
M. Aertssens, Curé de Saint-Josse-ten-Noode, et d'autres
membres du clergé de Bruxelles.

Monseigneur commença la séance par un discours
dont voici les traits principaux :

« Ce n'est pas l'usage de prononcer une allocution à
l'occasion d'une distribution de prix ; mais aujourd'hui, je
veux faire une exception pour féliciter ces élèves, ces
dames et le clergé qui se dévouent si généreusement à
l'Institut des Dames de Sainte-Julienne, Apostolines du
Très Saint-Sacrement.

» Je félicite les élèves, parce qu'elles sont venues
chercher ici l'instruction principale : l'instruction du
catéchisme, qui nous enseigne la première de toutes les
sciences, celle de bien vivre, dont la religion seule nous
donne le secret.

» Je félicite aussi ces dames, parce qu'elles aiment la
classe qui travaille, parce qu'elles comprennent que c'est
la classe privilégiée auprès de Dieu ; et la preuve qu'elle
l'est, c'est que Jésus-Christ, lorsqu'il se fit homme pour
opérer la grande œuvre de notre rédemption, voulut

paraître au milieu de nous dans l'humble condition de l'ouvrier. Il aime donc la classe ouvrière ; et il aime aussi que le grand se rapproche du petit, qu'il soutienne et encourage celui qui est destiné au travail. Mesdames, dévouez-vous donc aux enfants, donnez-leur l'instruction religieuse ; cette œuvre est la vôtre. Regardez toutes ces jeunes têtes ; elles sont devant vous comme un champ dont on voit blanchir les épis ; c'est signe que la moisson approche. Oui, nous assistons au triomphe de cette œuvre, que Dieu aime parce qu'elle a beaucoup souffert. Mais maintenant, elle est appelée à prendre un rapide développement. Elle ressemble au grain de froment dont parle l'Evangile ; s'il ne tombe en terre, s'il ne meurt, il ne porte pas de fruit ; mais lorsqu'il semble mourir, lorsqu'il est comme enseveli dans l'anéantissement, il lève et produit au centuple. Les fruits, vous les voyez dans la personne de ces enfants.

„ Je félicite surtout celle qui a conçu et fondé cette œuvre et qui la poursuit avec un courage au-dessus de tout éloge, malgré l'affaiblissement de sa santé, malgré les contradictions et les épreuves de toute nature qu'elle a eu à surmonter.

„ Je félicite aussi le clergé de Bruxelles et des faubourgs, de son concours zélé et généreux. Qu'il continue à favoriser cette œuvre, car je désire la voir grandir et fructifier dans le temps et dans l'éternité. Que Dieu daigne la bénir comme je la bénis moi-même ! „

Les jeunes élèves au nombre de trois à quatre cents
exécutèrent ensuite, avec beaucoup d'ensemble, plusieurs
morceaux de chant. Le prix d'honneur, consistant en
une montre d'argent, fut décerné à neuf jeunes filles
ayant fréquenté l'institution depuis le catéchisme préparatoire à la première communion jusqu'à l'âge de dix-huit
ans, et s'y étant distinguées par une conduite irrépro-
chable. Les autres prix étaient des habillements, des
livres de piété, des statues et objets divers appropriés à
l'âge et aux besoins des élèves. Cent soixante-dix enfants
méritèrent des premiers prix de sagesse, de catéchisme et
d'exactitude. Avant de se retirer, Monseigneur exprima
de nouveau aux Dames associées, ainsi qu'aux bienfaiteurs et bienfaitrices, sa vive satisfaction et sa sincère
reconnaissance pour leurs efforts persévérants, et donna
à toute l'assemblée sa bénédiction épiscopale. Cette
journée, on le comprend, fut un puissant encouragement
pour la fondatrice et imprima un nouvel essor à l'œuvre
si hautement patronnée.

Toujours vigilante, Mme Fanny partageait son temps
et ses soins entre ses deux maisons ; nous allons la voir
déployer à Salzinnes toutes les ressources de son zèle,
pour rehausser les hommages rendus à la Très Sainte
Vierge.

Il est une dévotion particulièrement chère aux habitants de Namur; c'est la dévotion à Notre-Dame du
Rempart, Vierge miraculeuse à laquelle, d'après une
pieuse légende, la ville fut plus d'une fois redevable de

sa conservation et d'autres bienfaits signalés. L'antique chapelle où reposait son image vénérée, était menacée de disparaître par suite de la démolition des fortifications. Elle était du reste beaucoup trop petite pour contenir les nombreux fidèles attirés vers ce lieu béni. Quelques âmes dévouées prirent l'initiative d'un projet qui reçut immédiatement de nombreuses adhésions. Il s'agissait de construire un nouveau sanctuaire à la Vierge bien-aimée. Pauvres et riches, tous voulurent y contribuer ; et bientôt, un monument gracieux s'éleva à peu de distance de l'ancienne chapelle. Un comité s'établit pour organiser la cérémonie du transfert de la statue miraculeuse. Afin de donner un plus grand éclat à cette pieuse démonstration, il pria Mme Fanny de former un cortège de jeunes filles ; elle y apporta toute l'ardeur de son amour envers la Très Sainte Vierge et le succès répondit à ses efforts, ainsi que nous l'apprend la lettre de remercîments qui lui fut adressée par le comité :

« Le 19 septembre 1868.

» Madame,

» Si la ville de Namur a eu le bonheur de célébrer d'une manière si édifiante la fête du transfert de la statue de Notre-Dame du Rempart dans le nouveau sanctuaire érigé par la piété des fidèles, elle le doit en grande partie au concours aussi empressé que généreux, apporté à cette imposante cérémonie, par votre institut.

» La commission organisatrice croirait manquer à son devoir, si elle ne venait, tant en son nom qu'en celui de ses concitoyens, vous prier d'agréer l'expression de sa reconnaissance la plus sincère pour l'éclat que vous avez bien voulu imprimer à la journée mémorable dont le souvenir ne s'effacera pas de notre mémoire. Nous sommes personnellement heureux, Madame, de l'honneur qui nous est dévolu de vous transmettre le témoignage des sentiments de gratitude, que chacun de nous professe à l'égard de votre communauté.

» Veuillez, Madame, être notre interprète auprès de vos chères consœurs et recevoir l'hommage de notre respectueux dévouement.

» RAYMONT.	» L. VANDRÈCHE.
» CORPELEYN-LOYENS.	» VANDER BUECKEN.
» J. BRASSEUR.	» AUG. DOUCET.
» P. DELCHAMBRE.	» WILBRANT. »
» BARON F. FALLON.	

De son côté le journal *L'Ami de l'Ordre* publiait à la date du 20 septembre l'article suivant :

« Nous considérons comme un devoir de rendre hommage au zèle intelligent et pieux avec lequel les Dames Apostolines ont contribué à rehausser l'éclat du cortège triomphal de la Sainte Vierge. L'éloge de ces vénérables Dames est dans toutes les bouches, et la reconnaissance des Namurois leur est assurée à jamais.

» On sait que cette excellente institution s'occupe spécialement de l'œuvre des processions ; à Bruxelles ses efforts persévérants, puissamment secondés par le concours des dames de la société, ont produit les résultats les plus consolants. C'est à leurs soins généreux et à leur sollicitude efficace, que la procession de dimanche dernier doit une grande partie de sa splendeur. Sans parler de l'ornementation des rues, à laquelle les Dames Apostolines du couvent de Bruxelles ont largement contribué, rappelons seulement le ravissant coup d'œil que produisaient les phalanges d'enfants et de jeunes filles, organisées par les Dames du couvent de Salzinnes. Deux cent quarante jeunes filles vêtues de blanc et portant les glorieux attributs de la Mère de Dieu, telle était l'angélique escorte qui précédait le char triomphal de Marie. C'était d'abord un groupe de petites filles, portant des bannières de velours rouge aux broderies d'or et aux banderoles de différentes couleurs, suivant les sujets figurés sur les écussons et les bannières. D'autres enfants portaient de gracieuses corbeilles de fleurs, des couronnes de feuilles d'or, des branches de lis ou des attributs de la Sainte Vierge. Venaient ensuite les trois groupes représentant les mystères du Rosaire. Les jeunes filles qui figuraient les mystères joyeux portaient des couronnes de fleurs bleues et de longs voiles de gaze bleue parsemés d'étoiles d'argent. Les écussons étaient reliés entre eux par des guirlandes de fleurs également bleu et argent. Le second groupe représentait les mystères douloureux ; les couleurs des voiles, des fleurs et des emblèmes étaient le

violet et l'argent. Enfin, les mystères glorieux étaient
représentés par des écussons d'or, portés par des jeunes
filles en blanc, avec voiles, ceintures et couronnes rouge
et or. Ce gracieux et céleste cortège produisait le meilleur effet par la fraîcheur des décorations et la bonne
tenue des jeunes filles. Nos meilleures familles avaient
été heureuses de confier leurs enfants aux bons soins de
ces vénérables Dames.

» Maintenant que l'élan est donné, le bienveillant
concours des dames de notre ville est à jamais assuré
aux religieuses de Salzinnes pour l'œuvre si utile des
processions. Leurs efforts réunis contribueront efficacement à l'édification des fidèles. »

La Mère de Dieu, qui ne se laisse jamais vaincre en
générosité, préparait à sa fidèle servante un témoignage
vivant de sa protection maternelle. Mme Fanny avait
travaillé avec une ardeur toute filiale à la faire glorifier ;
pour l'en récompenser, Marie lui envoya des âmes préparées par elle-même à devenir les premiers membres de
sa famille religieuse. Une jeune fille éprouvait depuis
longtemps le désir de se donner à Dieu, mais sans attrait
déterminé. En assistant à la première retraite qui fut
donnée à Salzinnes, elle comprit les grands avantages de
la vocation des Apostolines du Très Saint-Sacrement:
prière, et *dévouement* aux intérêts spirituels des âmes les
plus dépourvues des moyens de salut. Elle se sentit irrésistiblement portée à l'embrasser et fut fidèle à cet appel

divin, malgré les difficultés qu'elle rencontra dans sa famille dont elle était la joie et la consolation. Invitée par Mgr Dechamps, qui connaissait ses aspirations et les approuvait, elle se rendit à Malines avec un de ses parents. Sa Grandeur dissipa toutes les défiances qu'inspirait une communauté si récemment fondée, en disant à celui qui accompagnait la future Apostoline : « J'ai des preuves intérieures et extérieures que cette œuvre vient de Dieu et qu'elle vivra. » Quinze jours après cette entrevue qui eut lieu un des derniers jours de décembre 1868, la jeune fille entra au postulat à Bruxelles, en même temps qu'une autre demoiselle attachée depuis longtemps aux œuvres de l'institut. Elles y furent suivies après dix mois, par deux autres postulantes appelées, elles aussi, à partager, non seulement les renoncements ordinaires de la vie religieuse, mais encore, les difficultés particulières qui marquent les débuts de toute œuvre divine.

Mme Louisa ne tarda pas à rentrer d'un nouveau voyage en Angleterre ; la première petite famille des Apostolines du Très Saint-Sacrement fut donc définitivement réunie ; il est vrai qu'elle ne se composait encore que de deux religieuses, Mme Fanny et Mme Louisa, et des deux premières postulantes dont nous venons de parler ; mais si le nombre était restreint, les cœurs étaient dévoués et, surtout, étroitement unis dans l'amour de Notre Seigneur et dans la charité mutuelle la plus intime.

CHAPITRE XII

1869

L'année venait de se renouveler, et dès le 1ᵉʳ janvier, M.ᵍʳ Dechamps écrivait à Mᵐᵉ Fanny : « 1869 doit être une grande année pour toute l'Église et pour votre institut aussi. N'oublions pas que lorsque Dieu permet que tout nous fasse souffrir, c'est qu'il veut que tout nous soit une source de grâces. Votre patronne de l'année doit être sainte Julienne avec sa sœur la bienheureuse Marguerite-Marie ; le défaut à écarter : la défiance, là où Dieu ne la veut pas ; la vertu : la confiance en Dieu. J'ai lu et relu toutes vos notes anciennes et modernes ; j'ai revu toute la législation de la sainte Église sur les communautés de vœux perpétuels simples ; j'ai rédigé cinq chapitres de la règle, et chacun des chapitres a eu l'offrande du saint sacrifice pour base. J'appelle ces chapitres les premières règles ou plutôt la première partie des règles, la seule qui puisse être écrite maintenant, mais qui *doit* l'être, je vous dirai pourquoi. » Puis s'adressant à Mᵐᵉ Fanny et à Mᵐᵉ Louisa, l'Archevêque les nomme « les deux inséparables », et ajoute : « Je souhaite la fidélité des commencements aux postulantes. *En vous engageant au service de Dieu,* dit la sainte Écriture, *préparez votre âme à la tentation;* car, pour tenter, le démon se sert des bons et des méchants, et il ne se fait pas faute de s'y mettre lui-même; sainte Julienne les mettra tous en déroute. »

Le grand événement signalé par l'Archevêque était le Concile œcuménique du Vatican, auquel S. S. Pie IX venait de convoquer tous les évêques de la chrétienté. Avant de s'y rendre, Mgr Dechamps avait voulu accomplir, pour l'institut dont il était (selon son expression ordinaire) le *cofondateur,* un travail des plus importants, en rédigeant les constitutions destinées à donner à cet institut sa vie propre et distincte; on vient de voir quel soin pieux il y apportait. Dans leur essence, ces constitutions étaient observées depuis bien des années déjà par la digne fondatrice et sa première compagne; et si elles n'avaient pas encore été écrites, comme le demandent les prescriptions de la sainte Église, la circonstance suivante nous fera connaître l'esprit qui, néanmoins, animait déjà la jeune communauté, et qui devait s'affermir et se caractériser encore dans la suite.

En cette même année une épidémie fit de nombreuses victimes dans la ville de Bruxelles, surtout au Quartier Léopold; l'émotion douloureuse de la Supérieure se traduit dans ces lignes, datées du 5 février :

« Monseigneur et mon Père,

» Nous souffrons plus que nous ne saurions l'exprimer de ne pouvoir agir en ce moment, conformément à l'esprit de notre institut, en faisant des visites aux malades pour imiter en cela la vie eucharistique de Notre Seigneur. Si, pour des raisons indépendantes de notre volonté, nous sommes privées de cette consolation, ne nous reste-t-il pas la prière, moyen efficace de satisfaire le besoin de nos cœurs, en nous offrant à Dieu comme victimes par une adoration continuelle, afin d'obtenir pour le pays l'éloignement de la maladie, et pour les personnes atteintes, la grâce de recevoir les sacrements en pleine connaissance ? Nous venons donc, Monseigneur, vous prier de nous accorder trois jours d'exposition du Très Saint-Sacrement dans notre chapelle, le 14, le 15 et le 16 de ce mois. Les dames de l'œuvre, ainsi que les âmes pieuses qui nous entourent, nous promettent des adorations suivies ; nos jeunes filles pourront également se joindre à nous le dimanche et le lundi. Nous espérons, Monseigneur, que notre demande consolera votre cœur de père affligé des malheurs qui frappent tant de familles. Oh ! que cette rude leçon fasse ouvrir les yeux à ceux pour qui Dieu la donne !

» Il m'est défendu de sortir, et cependant j'éprouve un besoin impérieux de rendre visite à deux chères malades : l'une est Mme ***, qui nous est si dévouée ; l'autre est Mlle Anna de Hennin. Celle-ci, avant de se mettre au lit,

il y a huit jours, m'a écrit une lettre si édifiante que je
n'ai pu m'empêcher de la lire à la réunion des maîtresses.
J'ai appris hier que son état s'est aggravé... et je n'y tiens
plus du désir de revoir, une dernière fois peut-être, cette
bien chère amie. C'est une âme d'élite; hors de Dieu
tout est trop petit pour elle. Si elle mourait que ferais-je
pour mes pauvres honteux qu'elle assiste avec tant de
générosité? Que ferions-nous nous-mêmes en mille circonstances où son dévouement nous est si précieux ? Je
voudrais y aller seule, sans dire où je vais, car ici tout le
monde s'y opposerait ; mais faut-il toujours écouter la
prudence humaine? J'aurai confiance si vous, mon Père,
me dites *oui;* de moi-même, je ne l'ose pas.

   » Dans les instants que je passe auprès de Notre
Seigneur, je ne puis m'empêcher de penser que cette
maladie est une leçon, une expiation et une préservation.
Jamais on n'a autant travaillé à éteindre la foi dans les
cœurs et à arrêter la connaissance de la religion. L'épidémie enlève généralement plus d'enfants et de jeunes
filles pieuses que de personnes âgées. Dieu ne semble-
t-il pas dire en les frappant : Ce seront là des anges
d'expiation, qui seront préservés d'un avenir funeste ?

   » Mon âme a le plus grand besoin d'un mot qui la
relève ; elle est triste jusqu'à la mort... »

Monseigneur accorda les jours d'exposition demandés,
et permit aussi à Mme Fanny d'aller voir ses chères
malades, lui promettant de les bénir et de prier tous les
jours pour elles.

Il y eut un grand élan de ferveur parmi les dames de
l'œuvre pendant le triduum d'adoration du Très Saint-
Sacrement; il attira de visibles bénédictions sur plusieurs
familles éprouvées qui vinrent en témoigner leur reconnaissance. La supérieure eut la douleur de voir mourir
une des deux malades qu'elle avait visitées avec une si
compatissante charité. Mlle Anna de Hennin, aujourd'hui
Mme Ernest de Hennin, se rétablit à la grande joie de
Mme Fanny dont elle resta toujours l'amie aussi dévouée
qu'aimée et appréciée. L'Institut la compte encore au
nombre de ses plus fidèles auxiliaires.

Dans sa sollicitude, Monseigneur avait voulu que le
noviciat fût transféré à Salzinnes, loin du foyer de la
contagion. Cette séparation était douloureuse au cœur de
la fondatrice, ce qui explique en partie la tristesse qui
se traduit dans sa lettre à l'Archevêque. Elle était vraiment mère pour ses chères novices, c'est-à-dire dévouement et tendresse; et ses filles la payaient bien de retour;
leur mutuelle correspondance nous en fournit des preuves
continuelles; nous nous bornerons à citer quelques frag-
ments des lettres de cette époque:

« Ma chère et bonne mère, je vous écrirais volontiers
pour vous appeler ainsi, quand même je n'aurais rien à
vous dire. Je regrette bien de vous avoir causé de l'embarras en emportant la clef de la sacristie; j'en ai même
eu tant de peine que Mme Louisa a dû me consoler. Pour
le reste, je crois pouvoir vous dire que je ne suis pas aussi
triste que je l'aurais cru, étant loin de vous; cela me

prouve que Dieu peut me suffire et que je puis me livrer sans crainte à la grande affection que j'ai pour vous. Comment vous portez-vous? Je suis sûre que vous pensez bien à nous. Je désire bien vous revoir, ma chère mère ; car je ne serai jamais aussi heureuse qu'à Bruxelles avec vous et Mme Louisa ; mais j'accepte d'avance tout ce que le bon Dieu me réserve. Je vous embrasse de tout mon cœur. Nous donnez-vous tous les soirs votre bénédiction ? Je la réclame tout particulièrement. Si vous saviez combien je pense à vous ! »

Nous lisons dans une autre lettre : « Vous êtes donc malade, ma bien chère mère, et je ne suis pas près de vous... Je ne vous suis nullement nécessaire ; mais laissez-moi vous dire que mon cœur en souffre cruellement. Ce m'est une consolation de penser que demain vous aurez quelques mots de votre fille ; je vous embrasse, ma bien chère mère, je vous aime tant ! Il me faudrait une grande vertu pour vivre loin de vous ; mais Dieu me la donnerait si l'obéissance me l'imposait. Le bon Dieu est si bon pour moi : il est ma force, il est tout en moi ; il sera aussi, je l'espère, à mon retour à Bruxelles, mon obéissance, ma patience, et mon humilité. »

Le printemps ramena le noviciat à la maison-mère ; plusieurs postulantes se présentèrent. Cet accroissement de la communauté, joint au développement des œuvres, acheva de rendre l'habitation insuffisante. A point nommé, deux maisons contiguës, rue de la Charité, devinrent vacantes, ainsi qu'un ancien atelier, rue du

Marteau, touchant la propriété de Mlle Helsen et pouvant aisément se transformer en chapelle ; de généreux bienfaiteurs voulurent bien faire l'acquisition de ces immeubles pour les Dames de Sainte-Julienne. Grâce à ces libéralités vraiment extraordinaires, les religieuses purent s'établir plus largement et trouver pour leurs œuvres, des facilités que, jusqu'à ce jour, elles n'avaient pas connues.

Pendant ce triste hiver où tant de misères appelaient des soulagements, Mme Fanny, n'écoutant que son cœur, avait multiplié ses aumônes aux malheureux avec une libéralité tout évangélique, se reposant pour elle-même sur la divine Providence. Voici encore un fait qui justifie pleinement sa confiance. Un jour, se trouvant avec deux de ses filles, elle leur dit : « Il me faut absolument trois cents francs, j'en ai un besoin extrême; prions ensemble la Sainte Vierge de nous les obtenir. » Elles se mirent à genoux et récitèrent trois *Ave Maria*. Le lendemain matin on apportait, de la part de M. Van Praet, ministre de la Maison du Roi, une somme de trois cents francs donnés par la Liste Civile de Sa Majesté, à laquelle l'œuvre avait fait une demande de couvertures pour les pauvres. Précédemment on avait répondu que les secours alloués par le Souverain étaient distribués ; mais en compensation, on envoyait ces trois cents francs. Témoignage sensible de la protection de Dieu, ils arrivaient au moment précis d'une nécessité urgente.

Depuis plusieurs années, Mme Maus, amie d'enfance

de Mme Kestre, première Associée et protectrice dévouée de l'institut, demandait aux douceurs d'un climat méridional, le soutien d'une santé ébranlée. Au cours de l'été 1869, elle éprouva un grand désir de revoir les membres de sa famille demeurés en Belgique, et sa chère Fanny à laquelle elle était restée fort attachée. Elle fit exprimer à cette dernière, combien elle aimerait à descendre chez elle, pour y passer quelques mois. Ce fut avec une véritable joie, que la reconnaissante fondatrice reçut cette amie vénérée ; elle mit tout en œuvre pour lui rendre agréable son séjour au couvent et y réussit ; car, lorsque Mme Maus dut songer à retourner à Nice, lieu de sa résidence habituelle, elle eut peine à se séparer de son amie et de la communauté, et ne trouva pas d'expressions assez affectueuses pour les remercier du bonheur qu'elles lui avaient procuré. Quelques années plus tard, Mme Maus se dirigeant de nouveau vers Bruxelles, mourut subitement à Paris. Mme Fanny en éprouva une sensible peine. Elle disait à ce propos : « Quelle consolation cette chère Associée n'eût-elle pas ressentie de mourir chez nous, elle qui a connu toutes les aspirations de mon âme depuis mes jeunes années ! Elle est la première personne qui me seconda pour l'œuvre ; elle était là le jour de l'ouverture des catéchismes en 1855 ; elle a bien des droits à nos prières reconnaissantes. »

La fête de saint François d'Assise valut à Mme Fanny la lettre suivante de Mgr Dechamps :

« Le 4 octobre, Saint François.

» Ma fille en Jésus-Christ,

» Je vous souhaite la bonne fête. Les trois fleurs de votre bouquet sont une rose blanche, une rose rouge et une rose rose, c'est-à-dire, la pureté, la charité et l'oraison. Sainte Julienne, l'amante du Très Saint-Sacrement, et saint François, l'amant de Jésus crucifié, vous obtiendront à toutes de ne jamais séparer ce que Jésus-Christ a uni : sa mort de sa vie, sa croix de son sang, sa passion de son sacrement d'amour. La dévotion à la passion et la dévotion au Saint-Sacrement n'en font qu'une.

» Je vous bénis toutes comme les racines d'un grand arbre. Ne vous étonnez pas si Dieu vous marque du signe de la croix, source de toutes bénédictions.

» Priez bien pour moi.

» † V. A. Arch. de Malines,

» Père des filles de Sainte Julienne, Apostolines du Très Saint-Sacrement. »

A cette lettre était jointe une prière à sainte Julienne, que le prélat avait composée pour l'usage quotidien de la communauté :

PRIÈRE A SAINTE JULIENNE.

Sainte Julienne, notre chère patronne, fidèle amante du Dieu caché dans le Sacrement d'amour, Jésus vous aime parce que vous l'avez fait aimer et adorer de toute la terre dans l'auguste Sacrement de nos autels. Mais combien vous en a-t-il coûté pour obtenir ce qu'il voulait de vous! Votre humilité, votre patience dans vos peines intérieures et extérieures, votre invincible confiance en Dieu, votre oraison persévérante, votre charité envers vos persécuteurs, ont ravi le cœur de votre divin Maître et vous ont fait triompher de tout. Nous ne méritons pas de porter votre nom, mais vous nous obtiendrez cependant par les mérites de Jésus-Christ, par le Cœur immaculé de Marie, et par tout ce que vous avez fait et souffert vous-même pour le Très Saint-Sacrement, vous nous obtiendrez la fidélité à marcher à votre suite, dans les voies de l'humilité, de la patience, de la charité, et d'une constante dévotion au grand mystère du Dieu vivant dans l'Eucharistie. Vous nous obtiendrez aussi, ô notre chère patronne, d'amener une foule d'âmes à Jésus-Christ, et de les retrouver avec vous dans le ciel, auprès de Jésus et de Marie.

Amen. Ainsi soit-il.

On touchait à la mi-octobre, et la nouvelle chapelle, rue du Marteau, allait être prête. Monseigneur comptait la bénir lui-même, lorsqu'une mission du Saint-Siège l'appela précipitamment en Allemagne, d'où il n'eut que le temps de se rendre à Rome pour l'ouverture du Concile. Avant de partir il écrivit :

« Mes chères filles en Jésus-Christ,

» Je vous bénis toutes : Mme Fanny, Mme Louisa ; Mmes Albertine, Alix et Adèle, les premières fleurs de votre jardin, afin qu'elles répandent, comme le veut saint Paul, le parfum de Jésus-Christ, la Très Sainte Vierge aidant.

„ Quand vous lirez cette lettre, je serai déjà en route
pour Rome. Le Saint-Père, vous le savez, y appelle tous
les évêques de l'univers, pour s'y consacrer aux grandes
questions soumises à leurs délibérations. Dieu veut donc
que pendant mon absence vous ayez confiance en ceux
qui tiendront ma place : M. le Chanoine Demolder à
Malines, le Père Looyaard à Anvers, le Père Blérot à
Bruxelles. N'oubliez pas que ce dernier veut vous faire
du bien à toutes. Le Père Provincial consent à ce qu'il
aille vous donner des conférences de temps en temps;
vos novices le méritent par la générosité de leurs sacrifices. Dites-le de ma part au Père Blérot. Il est Recteur
et peut disposer de quelques heures, *ad majorem Dei
gloriam*. Ainsi, bien entourée, ma fille, et assurée de
mes prières et saints sacrifices de tous les jours, il faudra
attendre mon retour pour résoudre d'autres questions.
Soyez confiante, c'est la volonté de Dieu.

„ Au revoir donc, et soyez toutes trois fois bénies.

„ ✝✝✝ V. A. Archevêque de Malines. „

Le 28 octobre, deux ans, jour pour jour, après l'inauguration de la chapelle de Salzinnes, eut lieu la bénédiction du nouveau sanctuaire, rue du Marteau, dédié au
Très Saint-Sacrement et placé sous le vocable de sainte
Julienne. En l'absence de Mgr Dechamps, M. Aertssens,
curé de Saint-Josse, le bénit, y transféra solennellement
le Saint-Sacrement, et y célébra la première messe. Une

seconde messe fut chantée par M. Winnen, curé doyen d'Uccle ; à l'évangile M. Lauwers, vicaire de Sainte-Gudule, fit une belle allocution. Un auditoire nombreux et recueilli se pressait dans le nouvel oratoire, lequel, grâce à de pieuses libéralités, avait pu prendre un joyeux air de fête. Pendant le salut chanté par M. Van Caulaert, curé de Saint-Nicolas, il y eut un sermon par M. De Mayer, vicaire de Saint-Josse. Ces dignes ecclésiastiques n'avaient pas cessé de témoigner à la fondatrice et à ses œuvres leur estime et leur dévouement. Le *Te Deum* suivit la dernière bénédiction, à laquelle assistaient tout le clergé de la paroisse et plusieurs religieux ; un certain nombre de dames étaient même venues de Namur, pour prendre part à la pieuse cérémonie. Toutes les voix de l'assistance s'unirent spontanément, dans ce chant triomphal que l'Église place sur les lèvres de ses enfants, aux jours d'allégresse et d'action de grâces. La paternelle prévoyance de l'archevêque avait assuré d'avance à la modeste chapelle, toutes les prérogatives des sanctuaires publics. La sainte messe et le salut y attirèrent chaque jour un concours empressé de fidèles.

Il serait difficile d'exprimer le bonheur et la gratitude qui débordaient du cœur de la fondatrice, quand, humble et recueillie, elle venait dans ce cher oratoire remercier le Seigneur des bénédictions répandues sur son institut. Ces sentiments remuaient les fibres les plus intimes de son âme ; tout le passé se représentait à son esprit ; mais le souvenir de ses souffrances s'effaçait devant les conso-

lantes réalités qui en étaient le fruit. Plus que toute
autre, peut-être, elle avait semé dans les larmes. Le
moment était venu de récolter dans la joie quelques
gerbes, en attendant la moisson éternelle.

Mme Fanny s'était empressée de rendre compte à l'Archevêque des touchantes cérémonies dont nous venons de
parler ; à peine installé à Rome, il lui répondit :

« Ma fille en Jésus-Christ,

» Bien avant de recevoir votre lettre j'ai voulu vous
écrire, et même j'eusse voulu écrire à toutes, pour vous
encourager toutes, vous bénir toutes, l'une après l'autre,
et vous dire que chaque jour à la messe vous avez mes
prières ; mais Dieu ne m'en a pas laissé le temps. Vous
me croyez peut-être seul et tranquille? seul, avec six à
sept cents évêques ! chaque jour obligé de recevoir et
de rendre des visites, occupé à écrire des choses qui vont
être publiées dans toutes les langues, obligé d'étudier et
de prier comme un pauvre. Enfin, occupé par la volonté
du Vicaire de Jésus-Christ, des affaires générales de
l'Église. Elles ne m'empêchent pas de penser aux vôtres
qui sont les miennes, et de les recommander à Notre
Seigneur Jésus-Christ, par le Cœur immaculé de Marie.

» Je vous bénis donc, vous, Mme Louisa, Mme Albertine, Mme Alix, Mme Adèle et les nouvelles arrivées et à
arriver. Je bénis tout particulièrement les malades et les
âmes en croix. Rien ne sera perdu, ni pour le ciel, ni

pour l'œuvre. Je suis heureux d'apprendre que le Père Blérot vous aide et vous a parlé franchement. Ayez toute confiance en lui ; il est homme de Dieu, et homme de cœur.

„ Vous voyez à mon écriture que je vous écris en plein champ de bataille, ou plutôt de travail pacifique, mais accablant. Priez bien pour moi, et dans l'impossibilité où je me trouve de résoudre d'ici certaines choses dont vous me parlez, croyez que Dieu vous aidera vous-même comme Supérieure, et aussi par ceux que j'ai désignés au besoin.

„ Encore une fois, je vous bénis l'une après l'autre, au nom du Père, et du Fils, et du Saint-Esprit, en union des Sacrés-Cœurs de Jésus et de Marie, priant sainte Julienne de vous obtenir des grâces proportionnées à vos besoins et au dessein que vous avez toutes de glorifier Jésus-Christ dans l'auguste Sacrement de l'autel et de sauver les âmes.

„ † V. A. D. Arch. de Malines. „

CHAPITRE XIII

1870

Mgr DECHAMPS AU CONCILE OECUMÉNIQUE. — SES LETTRES A Mme FANNY.
— DEUX NOUVELLES BRANCHES DE CATÉCHISME. — PREMIÈRES
FAVEURS OBTENUES DE ROME.

Nous sommes en 1870, année de douloureux souvenir ;
témoin d'une lutte sanglante entre deux grandes nations,
laquelle fit verser tant de larmes, causa tant de ruines,
et entraîna de si funestes conséquences. Mais à son début,
rien ne faisait soupçonner les désastres qui se préparaient, et le Concile du Vatican poursuivait en paix ses
importants travaux. De Rome Mgr Dechamps envoie les
meilleurs souhaits à la jeune communauté.

« Le 16 janvier 1870,
» Fête du Saint Nom de Jésus.

» Ma fille en Jésus-Christ et mes filles
en Jésus-Christ,

» Les fidèles et courageuses enfants de Sainte-
Julienne, les Dames Apostolines ; leurs chères alliées
représentées par les deux Marie, sont toujours les

premières que je bénis. Soyez toutes assurées que je ne prie jamais mieux pour vous, que lorsque le bon Dieu ne me laisse pas le temps d'écrire. Comment ne le ferais-je pas ? Vous êtes l'œuvre, ou vous êtes de l'œuvre, que la Providence m'a le plus spécialement confiée. J'ai la ferme confiance qu'elle la fera grandir en ferveur intérieure et en apostolat extérieur, parce que les premières pierres de l'édifice sont marquées du sceau de la croix. Jésus est toujours où il y a une croix, et Marie est toujours auprès de Jésus. Je vous bénis chacune, je vous bénis toutes au commencement de cette année, en Jésus-Christ et au nom de l'auguste Trinité, comme des âmes vouées à l'amour et à la gloire du Très Saint-Sacrement.

» Priez, priez, priez, et faites prier pour le Concile. Quel spectacle unique dans le monde des âmes : huit cents évêques de toutes les nations de la terre, unis d'esprit et de cœur par la seule force divine de la liberté dans la foi. Avant-hier un évêque de Chaldée, au teint cuivré, commença ainsi son discours : « Je viens du pays des Mages. » En qualité d'Arabe, il parlait mal le latin ; mais son mauvais latin avait la céleste harmonie de la catholicité. Dites des *Ave Maria*, afin que l'Esprit-Saint éclaire et guérisse le monde par les fruits du Concile général. *Vos cum sponso et prole pia benedicat Virgo Maria, intercedente beata Juliana et beata Margarita Maria* (1).

» † Victor Auguste,
» Archevêque de Malines. »

(1) Que la Vierge Marie avec son divin Enfant et son saint Epoux vous

Les deux Marie auxquelles Sa Grandeur faisait allusion étaient Mme Heeren, sœur de la fondatrice, et Mlle Robbe, habituellement chargées des messages de Mme Fanny pour Monseigneur qui les appelait, les deux grands vicaires.

Une autre lettre, venant également de Rome, fut adressée à Mme Fanny, le 25 janvier, par le Père Lelouchier, ce digne religieux qui, le premier, avait intéressé le Père Dechamps à la fondatrice et à son œuvre.

« J'avais appris, lui dit-il, les épreuves par lesquelles il a plu à Dieu de vous faire passer ; j'en savais assez pour me sentir porté à vous recommander à Dieu tout spécialement dans mes faibles prières, ainsi que vos fidèles compagnes.

» Si le grain de froment jeté en terre ne se décompose et ne meurt en quelque sorte, il ne produit rien ; mais s'il est mortifié et semble mourir, il rapporte des fruits abondants. Le grain de froment par excellence, dit saint Augustin, c'est Jésus-Christ, lequel a été humilié, persécuté et mis à mort, avant d'être exalté, glorifié et multiplié par la foi des fidèles. Ainsi doit-il en être de tous les justes ; ainsi de toutes les œuvres qui sont destinées à procurer la gloire de Dieu et le salut des âmes, d'une manière durable. *L'hiver est donc passé, les frimas se sont retirés, le printemps a paru ;* et vous pouvez chanter

bénisse, par l'intercession de la bienheureuse Julienne et de la bienheureuse Marguerite Marie.

avec le roi David : *Les consolations et les joies qui inondent mon âme sont en proportion des douleurs qui l'ont affligée.* Je me joins à vous dans ce concert de reconnaissance, et je fais des vœux pour la prospérité croissante de votre pieux institut.

» Je conçois votre grand désir de revoir Mᵍʳ Dechamps, votre père par excellence et votre premier bienfaiteur ; mais dans votre intérêt, je crois devoir vous avertir que votre attente sera longue ; afin que vous en souffriez moins, et que vous en ayez plus de mérite. Il me disait dernièrement : « Le saint Concile ne pourra se clore à Pâques ni même peut-être à la Saint-Pierre. » Or, une grande partie de la besogne retombe sur lui, c'est pourquoi il demande beaucoup de prières. Votre reconnaissance vous fera remplir ce devoir avec plaisir, et votre amour pour l'Église vous fera supporter généreusement la privation causée par une longue absence. Il faut toujours joindre la myrrhe de la mortification à l'or de l'amour et à l'encens de la prière. J'ose réclamer pour moi un petit grain de celle-ci, et je reste invariablement dans les Sacrés-Cœurs de Jésus et de Marie,

> » Votre tout dévoué père,
> » M. Lelouchier. »

Quelques semaines après la réception de ces lettres si bien faites pour soutenir son courage, la zélée fondatrice reçut une nouvelle preuve de la protection marquée dont le bon Dieu entourait visiblement son œuvre. A la fin du mois de février, M. l'abbé Boucquéau, très avantageusement connu pour ses qualités éminentes de catéchiste, vint trouver Mme Fanny et lui demanda s'il ne pourrait pas disposer d'une salle de son établissement pour y continuer un cours de religion qu'il faisait aux enfants de la classe élevée. D'après le règlement de l'œuvre des catéchismes, déposé dès 1856 à l'archevêché de Malines, ce genre d'enfants devait précisément former une des trois catégories distinctes mentionnées par la Fondatrice.

Presque au même temps, M. le Curé de Saint-Josse lui envoya M. le Vicaire De Mayer, pour la prier de réunir chez elle les enfants de la classe aisée, auxquels le clergé de la paroisse donnait des cours particuliers d'instruction religieuse ; il désirait que, surtout à l'époque de la retraite préparatoire à la première communion, les Dames de Sainte-Julienne voulussent bien s'occuper tout spécialement de ces enfants, fréquentant presque tous, des externats payants. Cette catégorie, comme la précédente, était comprise dans le plan général de 1856.

La Supérieure se hâta de faire connaître ces deux propositions à Mgr Dechamps, encore à Rome ; elle terminait ainsi sa lettre : « Je ne puis m'empêcher, Monseigneur, de vous rappeler une de vos bonnes paroles : « Il y a des moments de Dieu pour tout. » Car, n'est-il pas étonnant que M. l'Abbé Boucquéau vienne à nous, et M. le Curé également, au moment où nous pensions sérieusement à former ces catéchismes? Malgré toutes ces circonstances, nous attendrons votre décision ; car, vous le savez, Monseigneur, nous n'avançons qu'appuyées sur la confiance en vos conseils. » L'Archevêque, absorbé par les grands intérêts de l'Église, se contenta de retourner la lettre en y ajoutant ces mots : « Ma fille, vous connaissez le principe qui me sert de règle en pareille circonstance. — Oui et oui. — Courage! Je vous bénis, vous, votre compagne, vos chères novices et les postulantes, et tous les enfants. Faites bien prier et priez bien toutes pour le Pape, pour le Concile et un peu pour moi. »

Ce fut ainsi que deux nouvelles branches s'ajoutèrent providentiellement aux catéchismes de Sainte-Julienne.

Le mois suivant, une lettre de Rome vint encore réjouir la petite communauté.

« Ma fille en Jésus-Christ,

» J'ai vu avec bonheur la bénédiction que Dieu continue à répandre sur l'œuvre, par le nombre même des enfants et des jeunes filles de vos catéchismes. Je vous bénis, vous d'abord, et Mme Louisa, et vos chères filles et compagnes Albertine, Alix, Adèle et Justine. J'aurai soin de vos demandes. Patience et prière! Je joindrai aussi mes prières pour votre bonne mère. Après le mois de Marie vient le mois du Sacré-Cœur; allez toutes au Cœur de Jésus par Marie, afin qu'il répande avec abondance son esprit sur l'Église assemblée.

» Vos novices ont-elles bien tous les secours spirituels nécessaires? Ont-elles quelquefois des instructions sur la vie religieuse, faites par qui de droit, c'est-à-dire, par des hommes qui savent ce que c'est par expérience? Mieux vous prierez et ferez prier, plus vite je pourrai revenir. Encore une fois, je vous bénis six fois.

» † VICTOR AUGUSTE,
» Archevêque de Malines. »

« Voilà une lettre bien exceptionnelle, ma fille ; car je ne réponds pas à ceux qui m'écrivent et je ne rends pas les visites que je reçois, parce que Dieu ne m'en laisse pas la possibilité. Si vous saviez ce que c'est qu'un Concile, surtout pour celui qui fait partie de plusieurs députations et congrégations spéciales ! J'arrive très difficilement à dire mes heures avant minuit. Ainsi, ma fille, des prières... Quant à votre âme, il est certain que Jésus-Christ ne lui refusera pas le secours spirituel nécessaire ; mais il faut avoir soin de le chercher avec confiance. »

Nous touchons aux grands événements religieux et politiques qui marquèrent la seconde moitié de l'année 1870. Le 29 juin, d'immortel souvenir, la définition de l'infaillibilité pontificale est proclamée. La guerre franco-allemande tourne au désavantage de nos voisins du Sud. L'empereur des Français, sous prétexte de réunir toutes ses forces pour combattre des ennemis puissants, retire de Rome les troupes qui maintenaient la sécurité du Souverain Pontife. Les travaux du Concile sont interrompus ; cette magnifique assemblée, une des plus imposantes qui se soient jamais vues dans l'Église, se sépare, laissant avec une amère douleur, le Vicaire de Jésus-Christ, l'immortel Pie IX, en face de toutes les menaces de la révolution.

Le retour de Mgr Dechamps en Belgique eut lieu au mois d'août. Les Apostolines du Très Saint-Sacrement en furent averties le 30 juillet par le bon Père Looyaard : « Monseigneur m'écrit ces lignes qui vous concernent » : « Je rapporte à Mme Kestre deux brefs pour elle, et ses filles, et ses enfants, et ses dames du dehors. Si elles savaient ce que le second m'a coûté de démarches, elles prieraient doublement pour moi ; dites-le leur. Le premier est relatif au Saint-Sacrement dans la chapelle intérieure ; le second, aux indulgences. J'ai dû retourner chez le Pape pour le faire modifier et compléter ; elles auront ainsi la signature du Saint-Père lui-même. »

Peu de jours après, l'Archevêque se rendit à Bruxelles où sa première visite fut pour les religieuses de Sainte-Julienne. Il les bénit au nom du Souverain Pontife, et remit les deux brefs à la Supérieure. Il parla avec abandon de son séjour dans la Ville Éternelle, des souffrances de l'Église ; et, faisant allusion à des oppositions récentes auxquelles l'œuvre avait encore été en butte pendant son absence, il ajouta : « J'ai célébré cent quarante-cinq fois la messe pour vous. » Il apprit à la

communauté qu'il avait adressé au Saint-Père, une supplique ayant pour objet l'extension de la fête de Sainte-
Julienne à l'Église universelle, et que la Reine des Belges,
S. M. Marie-Henriette, guidée par ses sentiments de
haute piété et de patriotisme, avait écrit personnellement
à Pie IX pour unir ses instances aux siennes. Il l'entretint à ce sujet de sa réconciliation avec Mgr Dupanloup :
Mgr Dechamps, dont l'influence fut prépondérante au
Concile, avait appuyé de toute son autorité la définition
de l'infaillibilité du Pape. Sur ce point capital, le célèbre
évêque d'Orléans s'était trouvé, malheureusement, en
divergence d'opinion avec lui, et il en était résulté entre
eux un certain froissement. Mais si l'Archevêque de
Malines était inflexible à maintenir les droits de la vérité,
les intérêts de la charité ne lui étaient pas moins chers,
et il savait les sauvegarder avec une parfaite urbanité.
Lorsque, avant de remettre au Saint-Père sa requête
concernant la fête de Sainte-Julienne, il voulut la faire
appuyer de la signature d'un grand nombre de ses frères
dans l'épiscopat, lui-même alla la présenter tout d'abord
à Mgr Dupanloup, en lui exprimant le désir qu'il la signât
le premier, ce à quoi l'évêque d'Orléans accéda gracieu-
sement.

En fille dévouée de la Sainte-Église, Mme Fanny souf-
frait de tous les maux qui l'accablaient. Le 5 octobre,
elle s'en exprima en ces termes à Monseigneur : « Pénétrées d'une peine profonde en voyant Notre Saint-Père
le Pape prisonnier, l'Église en souffrance, la paix trou-

blée entre les princes chrétiens, nous éprouvons toutes ici le désir de faire trois jours de prières publiques, avec exposition du Très Saint-Sacrement dans notre chapelle, pour apaiser la justice de Dieu et obtenir miséricorde pour le monde catholique. Nous répondrons ainsi au besoin des cœurs chrétiens, et nous nous conformerons à l'esprit et aux règles de notre institut. Nous choisissons le 17 octobre, fête de la bienheureuse Marguerite-Marie, pour l'ouverture de ce triduum, que nous terminerons par une communion générale pour le Saint-Père. Persuadées que cette demande sera agréable à votre cœur si contristé par les grands malheurs de l'Église, nous avons la confiance que Votre Grandeur sera favorable à ce désir. » Monseigneur accorda bien volontiers la grâce sollicitée.

Le chapitre suivant nous montrera les dignes fondateurs employant laborieusement la fin de cette année 1870, aux plus sérieux intérêts de l'Institut, et donnant à celui-ci son organisation définitive, par l'achèvement des constitutions et la profession religieuse de ses premiers membres.

CHAPITRE XIV

1870

Déjà Mgr Dechamps s'était occupé, de concert avec la
fondatrice, de la rédaction des constitutions de l'institut.
Malgré tous ses efforts, l'œuvre n'avait pu être terminée
avant son départ pour le Concile. De retour en Belgique,
il y consacra ses premiers moments de liberté. Accablé
des soins multiples que réclame le gouvernement d'un
grand diocèse, souvent consulté sur des matières graves
par ses suffragants et par des prélats étrangers, il sut
cependant trouver le temps de mener à bonne fin cet
important travail. Il s'entendait sur chaque matière avec
la fondatrice, qui lui soumettait filialement ses idées,
et savait humblement y renoncer quand elles n'étaient
pas conformes aux lumières de l'éminent théologien que
Dieu lui avait donné pour guide. Un jour néanmoins,
leur avis diffère sensiblement; Monseigneur ne saisit
pas tout d'abord la pensée de Mme Fanny, et un instant
l'entente paraît difficile. Mais peu de jours après, le
vénérable Archevêque, venant rue de la Charité, se hâte

de dire à sa fille que sa pensée est juste ; et, en signe du parfait accord rétabli, il a même la délicate attention de lui apporter la Vie de sainte Thérèse, pour lui faire lire le passage où l'illustre réformatrice du Carmel prie pour son directeur. Touchante humilité de la part du grand prélat, qui sait allier à tant de science et à de si hautes dignités, tous les charmes de la simplicité chrétienne !

C'est dans la même entente qu'avait été fixé le choix du costume très simple adopté par la communauté. En 1866, peu avant la fondation de Salzinnes, Monseigneur conférait sur ce sujet avec Mme Fanny et Mme Louisa ; la première portait une robe et une pèlerine noires ; la seconde, un bonnet blanc rappelant celui des veuves anglaises. L'Évêque les regarde un moment, puis il dit : « Votre costume doit être à peu près celui d'une dame en deuil ; par exemple la robe de Mme Fanny et le bonnet de Mme Louisa. » Plus tard, quand il fut question d'émettre des vœux, il se rappela la parole de saint Paul : *que les vierges soient voilées*, et souhaita qu'un voile noir fût ajouté au bonnet blanc. Il exprima ce désir à la petite communauté réunie, pendant une de ses visites au couvent ; et les novices l'accueillirent avec une joie si naïve, que le bon Archevêque s'en amusa beaucoup. Il voulut offrir à ses filles leurs premiers voiles, et à l'exemple de saint François de Sales, il poussa son aimable condescendance jusqu'à entrer dans les moindres détails, désignant lui-même l'étoffe et la forme qu'il croyait convenir à cette partie importante du costume religieux.

A cette époque, la santé de la digne Supérieure était de nouveau chancelante ; sa faiblesse lui rendait toute application d'esprit fort pénible ; à peine osait-on lui permettre d'assister à la sainte messe. « Cependant, écrivait-elle à Sa Grandeur, le 7 novembre, je fais l'impossible pour arriver à la fin de mon travail des règles ; hier je m'en suis occupée toute la journée, et aujourd'hui je vais m'y remettre, bien que deux fois déjà je me sois trouvée mal. » Elle se fortifia pourtant, grâce aux soins affectueux dont l'entourait sa famille religieuse, et bientôt elle se sentit en état de répondre à l'appel de Monseigneur, et de se rendre à Malines afin d'arrêter avec lui les derniers points des constitutions.

On décida alors que les trois premières novices seraient admises à prononcer, le 21 novembre, les vœux temporaires. Une retraite de huit jours devait les préparer à cet acte important, auquel Monseigneur tenait à présider lui-même.

Mme Fanny et Mme Louisa se trouvaient dans une situation exceptionnelle par rapport à leurs vœux. Au pied du Tabernacle, toutes deux les avaient prononcés depuis longtemps d'une manière privée ; les années, en s'écoulant, n'avaient fait que resserrer les liens qui unissaient ces âmes d'élite au cœur du divin Époux ; mais ils n'avaient jamais reçu de sanction officielle. Il fut convenu avec Monseigneur, que Mme Fanny et Mme Louisa se rendraient ensemble dans sa chapelle privée à Laeken, pour y renouveler leurs saints engagements dans toutes les formes voulues par la sainte Église. Cette cérémonie fut fixée au dimanche 20 novembre ; Mme Heeren et Mlle Robbe obtinrent la permission d'y assister.

Quelques appréhensions d'avenir préoccupaient au dernier moment la pieuse fondatrice. Elle avait tant souffert qu'il lui était difficile de se livrer à une pleine sécurité. Aussi, le matin même, l'Archevêque lui envoya-t-il ces mots encourageants : « Quand vous rencontrerez des difficultés, ce sera moi qui les résoudrai. Personne ici ne fera ni ne résoudra quelque chose par rapport à votre institut, sans moi. Je ne refuserai jamais non plus de venir à votre aide pour la direction personnelle, soit que vous m'écriviez, ou que vous veniez me parler. Je sais que les difficultés se présentent souvent dans les commencements ; mais je serai là.

» Maintenant priez bien sainte Julienne et sainte Thérèse d'éloigner de vous tout ce qui pourrait vous troubler ou vous décourager, et confiez-vous entièrement en la toute-puissance et bonté de Dieu. »

Vers 5 heures du soir, Mme Fanny et Mme Louisa, avec leurs deux amies, sont introduites dans la chapelle où Monseigneur les attend. Après quelques instants de prière et de recueillement, Sa Grandeur, dans une courte exhortation, les anime à la reconnaissance des grands bienfaits reçus et à la foi aux bénédictions nouvelles dont

ils sont le gage. Les deux Apostolines, tenant un cierge à
la main, s'agenouillent au pied de l'autel. Elles répondent
aux questions habituelles du cérémonial de la profession
religieuse et prononcent d'une voix émue la formule des
vœux perpétuels. Le prélat bénit les anneaux des deux
épouses du Christ et les leur met au doigt en signe
d'union indissoluble; il leur adresse encore quelques
paroles de félicitation et les bénit une dernière fois.
Cette pieuse cérémonie, si touchante dans sa simplicité,
produisit dans les cœurs une profonde impression.

Le lendemain, fête de la Présentation de la Sainte
Vierge, la petite chapelle de sainte Julienne a reçu sa
plus belle ornementation, pour la profession religieuse
des trois premières novices et la vêture de deux postulantes. A 8 heures, l'Archevêque fait son entrée solennelle, précédé d'un cortège de quatorze ecclésiastiques
distingués qui veulent bien, par leur présence, donner un
témoignage de sympathie au jeune Institut. Avant de
célébrer la sainte messe, Monseigneur développe, dans
une émouvante allocution, la beauté, le mérite et la
fécondité de la vie religieuse; il compare les vœux à des
ailes qui, dégageant l'âme de tous les intérêts terrestres,
l'élèvent jusqu'au cœur de Dieu même, où elle retrouve
au centuple, et dès ce monde, tout ce qu'elle a quitté
pour lui. Au moment de la communion, le pontife reçoit
les vœux des premières élues de la communauté de
sainte Julienne. Il place sur leurs têtes inclinées devant
lui, ces voiles, dons de sa paternelle sollicitude, et fait

descendre sur ses heureuses filles, ainsi que sur l'assistance profondément impressionnée, la bénédiction du Très-Haut.

Cette journée fut radieuse entre toutes. L'Archevêque en partageait en père les pieuses et douces joies. Il se faisait tout à tous, recevant et encourageant les dames attachées à l'œuvre, consolant et fortifiant les parents des jeunes religieuses, auxquels il savait adresser les paroles de foi qui aident au sacrifice. Pour ses filles, il n'avait qu'un mot qui disait tout son cœur : « Êtes-vous heureuses ? — Êtes-vous bien heureuses ? — Vous êtes donc très heureuses ? »

Oui, le bonheur rayonnait au dedans de la communauté ; rien n'était capable d'assombrir cet intérieur religieux dont l'amour de Notre Seigneur était le doux lien, et dans lequel les labeurs mêmes de l'apostolat entretenaient une joie qui étonnait avec raison quiconque était au fait des difficultés de la situation extérieure. Ces difficultés allaient se compliquer encore. Fuyant les redoutables éventualités du siège de Paris, trois nièces de Mlle Helsen vinrent avec leurs enfants chercher un refuge à Bruxelles ; leur tante exigea que les Dames de Sainte-Julienne leur cédassent sa maison, berceau de l'œuvre, rue de la Charité. Elles l'habitèrent pendant de longs mois. On comprend quels sacrifices et quelle gêne la communauté dut s'imposer pour maintenir les œuvres. M. l'abbé Boucquéau fut obligé de donner dans la chapelle, les cours de religion suivis par un nombre croissant d'élèves. Les autres catéchismes furent installés, tant bien que mal, partout où il y avait place pour réunir quelques enfants. On sut néanmoins conserver les meilleurs rapports avec les nièces de Mlle Helsen ; et lorsque les événements leur permirent de rentrer en France, elles-mêmes insistèrent auprès de leur tante, pour qu'elle laissât indéfiniment aux religieuses de Sainte-Julienne la jouissance de sa maison.

CHAPITRE XV

1871

Avant d'aller plus loin dans l'exposé de la vie et des œuvres de la fondatrice des Dames de Sainte-Julienne, il nous semble utile de faire connaître, dans leurs données fondamentales, les constitutions de l'institut.

Nous lisons à la première page : « La Congrégation des Dames de Sainte-Julienne, Apostolines du Très Saint-Sacrement, est un institut de vie mixte, c'est-à-dire, de vie tout à la fois active et contemplative ; mais où la vie contemplative produit, soutient et domine la vie active. Comme tout institut de vie mixte, elle a pour fin générale la sanctification de ses membres et le salut des âmes. Elle a pour fin spéciale, comme institut contemplatif, l'union intime avec Notre Seigneur Jésus-Christ dans la sainte Eucharistie ; la participation à sa vie cachée mais divinement féconde dans ce mystère de foi et d'amour ; l'adoration du Très Saint-Sacrement en esprit de réparation pour les outrages et pour l'indifférence dont il est l'objet, et en esprit de prière pour l'Église, pour le Saint-Père, pour les évêques, pour tous les ouvriers apostoliques et pour les membres actifs de l'institut. Comme

institut de vie active, elle a pour fin spéciale le dévouement à des œuvres de zèle destinées, soit à glorifier
directement Jésus-Christ dans le Très Saint-Sacrement,
soit à préparer les âmes à participer avec fruit à la sainte
communion, le céleste aliment de la vie chrétienne. »

Tout est, pour ainsi dire, résumé dans ces lignes.
Avant tout, la religieuse de Sainte-Julienne, l'Apostoline
du Très Saint-Sacrement, doit être contemplative ; elle
doit vivre de la vie intérieure dans l'union intime avec
Notre Seigneur ; dans l'étude constante des vertus et
surtout des vertus cachées de Jésus-Christ au Très Saint-
Sacrement ; là est son foyer lumineux, le but de ses pensées et de ses aspirations, le soleil qui l'éclaire et la
guide ; là est son amour et son tout. Pour alimenter et
augmenter sans cesse la ferveur qui doit consumer son
âme, elle a des prières, des méditations, des adorations,
la récitation de l'office du Très Saint-Sacrement, d'autres
saints exercices, et surtout la fréquente communion.

Mais ce n'est pas pour elle seule qu'elle amasse tant
de richesses spirituelles ; elle aime les âmes du même
amour dont elle aime son Dieu, et à l'imitation de son
divin Modèle s'immolant sur la croix pour sauver l'huma-
nité, elle déverse sur le prochain, les trésors de grâces
qui lui ont été si généreusement départis ; elle répare les
fautes de ses frères coupables ; elle implore pour tous la
grâce et le pardon.

A cet esprit de réparation et de supplication, que l'on
pourrait nommer l'apostolat intérieur, elle joint l'apos-

tolat extérieur, qui s'exerce dans les différentes œuvres de zèle et forme la vie active de l'institut; vie qui se dépense pour le culte du Très Saint-Sacrement, pour les retraites spirituelles et surtout pour les catéchismes. La plus large part de son dévouement revient, en effet, à l'instruction religieuse des enfants appartenant aux diverses classes de la société, et spécialement aux classes laborieuses et indigentes.

Comme toutes les âmes consacrées à Dieu, la religieuse de Sainte-Julienne s'unit à lui par les trois vœux. Ils sont temporaires d'abord, pour devenir ensuite perpétuels. Le vœu d'obéissance lui est particulièrement cher. « Connaître le prix de l'obéissance, dit la règle, et y vouer sa vie, c'est le paradis sur la terre. » Cette soumission constante pratiquée avec joie, même au milieu des difficultés que fait naître la diversité des œuvres, constitue pour elle la plus méritoire des pénitences : l'immolation d'elle-même.

Elle est secondée dans ces œuvres par des dames du monde, dont elle dirige et soutient le dévouement. Ensemble elles s'efforcent d'étendre le règne de Jésus-Christ; de pieuses relations, basées sur la conformité de vues et d'intentions, les unissent dans le zèle des âmes. et l'Apostoline est ainsi appelée à exercer une action bienfaisante, non seulement sur les élèves des catéchismes et sur leurs familles, mais encore sur les auxiliaires de sa charité. Par son bon esprit, son désintéressement, sa cordialité, elle doit s'efforcer de répandre constamment autour d'elle, le parfum d'un christianisme élevé, noble et pur. A l'exemple des Apôtres, s'oubliant toujours elle-même, elle doit n'avoir qu'un but : faire connaître et aimer le divin Sauveur.

Tel est, dans ses grandes lignes, le type à réaliser par la religieuse de Sainte-Julienne ; tel est l'idéal qui lui est proposé, et auquel elle devra tendre tous les jours de sa vie, sans jamais se laisser décourager, ni par sa propre infirmité, ni par les difficultés de l'apostolat.

A côté de l'esprit religieux et apostolique, qui transforme et sanctifie les âmes, Mme Fanny s'efforçait de développer dans son institut, l'esprit de famille qui dilate les cœurs. Elle-même gouvernait en bonne mère sa petite communauté, et rien ne peut rendre les charmes de cet intérieur religieux, aux premiers temps de son existence. Groupées autour de leur Supérieure, confondant avec les siennes leurs aspirations et leurs espérances, les religieuses de Sainte-Julienne goûtaient les douceurs de la parfaite union des cœurs ; leur bonheur n'était diminué que par les séparations fréquentes que nécessitait le maintien de la maison de Salzinnes. Mme Fanny entretenait une correspondance active avec celles de ses filles dont elle était éloignée ; elle les consolait et les encourageait par des paroles pleines d'une tendresse vraiment maternelle. Une de ses filles lui ayant fait part d'une peine qui la troublait, elle s'empresse de lui répondre : « Ouvrez-moi votre cœur et votre âme ; dites-moi tout sans crainte ; croyez que mon affection pour vous a été cimentée par Notre Seigneur lui-même; elle est forte comme le roc et tendre comme celle que vous portait votre propre mère. Vos souffrances sont les miennes, et j'ai versé des larmes en en prenant connaissance. Croyez-moi, ma chère fille, votre foi vous soutiendra; et moi, je dirai à Notre Seigneur, votre droiture, votre zèle, votre générosité, votre désintéressement. Il ne pourra pas vous refuser cette paix lumineuse qui vous fera courir avec une force nouvelle dans la voie de l'amour et du sacrifice; comptez sur son assistance; fallût-il un miracle, il vous aidera; mais n'en fixons pas l'heure, et laissez-vous conduire... »

A une autre elle écrit : « Je reçois votre lettre qui me fait bien plaisir; car j'ai peine à me sentir séparée des premières et généreuses sœurs que Notre Seigneur a appelées à son œuvre. Ce m'est toujours une occasion de sacrifice pour le cœur; puisse notre divin Maître leur donner en retour, l'augmentation des grâces dont elles ont besoin pour elles-mêmes, et pour le succès du bien qu'elles ont à accomplir dans leur sainte mission! Je prie Notre Seigneur de fortifier les sentiments religieux que vous manifestez, surtout l'humilité vraie qui ne s'étonne pas de ses faiblesses et qui ne se décourage pas, parce qu'elle se confie en celui qui peut tout en elle. Allez au devant des circonstances qui vous fourniront l'occasion d'offrir des sacrifices d'amour-propre à Notre Seigneur. »

Le Jeudi-Saint, elle envoie à une autre les lignes suivantes : « Vos dispositions pour le recueillement intérieur et extérieur me font un si grand bien, que je ne puis que prier Notre Seigneur de les affermir et de les faire fructifier, pour votre sanctification et pour l'influence religieuse que nous sommes appelées à exercer, sur notre petite communauté d'abord, et ensuite sur les âmes, par la prière, la réparation et l'apostolat. Oh! oui, ma chère fille, c'est demain, quand Notre Seigneur sera au tombeau, qu'il faut lui demander de vous former à ces trois marques distinctives de notre institut. Il a mené la vie cachée, la vie souffrante jusqu'à la mort, jusqu'au silence du tombeau, avant d'entrer définitivement dans la vie eucharistique. Quelle leçon pour nous! Anéantissons-nous, souffrons et mourons à nous-mêmes, pour obtenir de vivre de cette vie eucharistique qui doit être le modèle de la nôtre. »

Mme Fanny avait une sollicitude toute spéciale pour les malades, et elle inspirait le même sentiment à ses filles, leur recommandant de satisfaire les moindres désirs de celles qui souffraient. « Dans la maladie, disait-elle, on ne s'appartient pas ; on est parfois le jouet de son imagination, sans pouvoir y porter remède ; on est sujet à des tentations, à des regrets peut-être... C'est pourquoi il faut user d'une charité compatissante et douce envers celles que la maladie atteint; il faut leur témoigner beaucoup d'affection et les entourer de prévenances et d'attentions. » Ayant appris qu'une religieuse, alors à Salzinnes, était très souffrante, elle s'empressa d'écrire à sa compagne, afin de lui faire les recommandations les plus minutieuses sur les soins à donner à la malade ; en terminant, elle lui dit : « Ayez l'œil à tout ce qui peut lui être agréable et la soulager ; mais ne le lui dites pas, car elle ne consentirait pas à ce qu'on s'occupât autant d'elle. »

Son extrême bonté ne dégénérait cependant pas en faiblesse. Voici un trait de la fermeté qu'elle savait apporter au maintien de l'esprit religieux. Une sœur avait trouvé moyen de tirer parti d'un vêtement à demi usé ; elle s'y était taillé un tablier et le portait sans permission. Pendant la retraite annuelle, elle se rappela cet acte d'indépendance, en eut du remords, et vint avouer sa faute à sa Supérieure. Celle-ci lui dit : « Allez me chercher ce tablier. » Et quand la sœur, toute confuse, le lui remit : « Maintenant allez le brûler, afin qu'il ne reste rien, d'un objet pour lequel les saintes lois de l'obéissance et de la pauvreté religieuses ont été violées. » Puis elle ajouta : « Pourquoi, ma fille, avez-vous fait cela ? » — « Ma mère, répondit la sœur, c'est parce que nos tabliers sont si roux ; celui-là était bien noir. » Quelques mois après, pour éviter aux sœurs ce petit sujet de tentation, la digne Supérieure fit remplacer l'étoffe de leurs tabliers par une autre d'un beau noir.

On comprendra aisément, quels sentiments de reconnaissance, de vénération et d'affectueuse confiance, inspirait à sa famille religieuse, la direction sage et ferme d'une mère aussi accomplie.

De son coté, l'Archevêque avait l'œil à tout et veillait en père, non seulement au développement des œuvres extérieures, mais plus encore à la formation intérieure de la communauté. Dans ce but, il demanda et obtint qu'un Père Carme vînt donner fréquemment des conférences religieuses, rue de la Charité. Mme Fanny s'en réjouit; elle tenait en haute estime l'esprit de sainte Thérèse, et trouvait des points de contact entre la vocation éminemment contemplative et réparatrice du Carmel, et la mission de son propre institut. La vie d'oraison et de renoncement était un des caractères qu'elle désirait lui imprimer fortement. Elle avait bien compris, à la lumière d'en-Haut, que l'apostolat de la parole, pour n'être point frappé de stérilité, doit être basé solidement sur l'apostolat de la prière et du sacrifice.

La bonté et la condescendance si paternelles de Mgr Dechamps établissaient entre lui et la petite famille de Sainte-Julienne, des relations touchantes dans leur simplicité. Qu'on nous permette d'en citer quelques traits. L'illustre Archevêque, le vaillant champion de l'Église, dont la vie publique offre des pages si brillantes, avait conservé un grand esprit de pauvreté, et continuait dans son palais épiscopal, l'existence d'un religieux. Comme il donnait largement et sans compter, il manquait souvent du nécessaire pour lui-même. Alors son serviteur, le fidèle François, venait à l'insu de son maître, exposer sa détresse au couvent de Sainte-Julienne; et la bonne Supérieure s'empressait de lui venir en aide. Un jour, de

grandes solennités appellent Monseigneur à Louvain ;
François en prend occasion pour lui insinuer que sa
soutane et son manteau sont fort usés ; l'Archevêque fait
la sourde oreille, ne voulant pas consentir à les renouveler. Le bon vieux domestique va confier son chagrin à
Mme Fanny. Ce qu'il désire est plus considérable que
de coutume ; néanmoins, elle le console aussitôt en lui
disant : « Eh bien ! François, faites faire la soutane, je
trouverai bien quelqu'un qui la payera ; et apportez-moi
un vieux manteau de Monseigneur ; nos religieuses sau-
ront en confectionner un neuf, du même modèle. » Tout
s'exécute, grâce à l'intervention d'une bienfaitrice qui se
montre heureuse de prendre part à cet acte tout filial.

Le 16 mai, Monseigneur écrit de Laeken :

« Aux enfants de Sainte-Julienne,

» L'Écriture sainte dit que *les pauvres, en donnant
aux pauvres, réjouissent le bon Dieu*. Voilà ce que vous
avez fait, et j'ai oublié de vous en remercier. Non, je ne
l'ai pas oublié, car j'ai voulu le faire deux fois ; mais je
l'ai oublié en vous parlant et en vous écrivant. La Providence l'aura permis pour augmenter votre mérite. Vous
aurez des *Ave*, des *Memento* et des saints sacrifices. »

Maintenant que nous avons jeté un regard discret dans
l'intérieur de la petite communauté, nous allons la suivre
avec un nouvel intérêt dans ses œuvres d'actif dévouement.

En cette année 1871, une société internationale se forma
en vue de procurer des secours aux blessés et aux prison-
niers de guerre, victimes de la lutte entre la France et
l'Allemagne. Le P. Adolphe Perraud, aujourd'hui évêque
d'Autun et Cardinal. se trouvait alors à Bruxelles, à la
tête de cette œuvre dont il s'occupait avec le plus grand
zèle. Pendant son séjour dans la capitale, il aimait à
célébrer fréquemment la sainte messe dans la chapelle de
Sainte-Julienne. Mme Fanny, de son côté, s'efforçait de le
seconder dans sa tâche bienfaisante; la lettre suivante,
datée du 15 janvier, en rend témoignage :

« Madame la Supérieure,

» Si je n'étais souffrant cette semaine, j'irais vous
remercier moi-même de l'intérêt que vous prenez à notre
œuvre, et des ressources nouvelles que vous lui avez
procurées. Veuillez, vous et Mesdames vos Sœurs, redoubler de prières pour notre pauvre France ! Les épreuves
augmentent; l'odieux bombardement a commencé, et déjà
sur plusieurs points, on a vu dans Paris les flammes des
incendies allumés par les obus prussiens. Que Dieu, en
cette heure si cruelle, daigne soutenir nos courages et
notre foi ! »

Le départ du P. Perraud n'interrompit point les
bons rapports établis entre lui et la Supérieure de
Sainte-Julienne; même après son élévation à l'épiscopat,
l'éminent Oratorien voulut garder à la fondatrice et à la
communauté des Apostolines, un bienveillant intérêt.

Le bonheur que trouvait Mme Fanny à seconder en toute occasion le bien opéré par d'autres, ne l'empêchait pas de poursuivre ses propres œuvres avec un zèle actif et intelligent. D'ordinaire, par une modestie presque excessive, elle aimait à les tenir dans l'ombre ; mais, selon la parole de Notre Seigneur : *Il ne faut pas cacher la lumière sous le boisseau*, elle savait aussi, en certaines circonstances, donner du relief à sa mission, dont l'opportunité s'accentuait chaque jour davantage, en face de la funeste influence exercée par l'ignorance et l'indifférence religieuses. Ce fut ainsi qu'elle pria Mgr Cattani, Nonce Apostolique, de vouloir bien présider la distribution des prix aux jeunes ouvrières. A défaut d'une salle assez vaste pour contenir élèves, dames catéchistes et bienfaitrices, cette cérémonie se faisait habituellement dans une cour que l'on couvrait d'une tente. Malgré cette modeste installation, une société nombreuse et choisie se groupait autour de Mgr Cattani, qui prit place sur l'estrade, accompagné de son auditeur Mgr Vannutelli, de M. Nuyts, Doyen de Sainte-Gudule, de M. Aertssens, Curé de Saint-Josse, et de plusieurs professeurs de l'Institut Saint-Louis. Un touchant incident marqua la fin de la cérémonie. Après avoir remis le prix d'honneur à la meilleure élève, Hélène Deleu, Monseigneur détacha de sa poitrine une médaille d'argent, grand module, à l'effigie du Saint-Père, avec la devise *Bene merenti*, et daigna en décorer lui-même la vertueuse ouvrière, que l'émotion et le bonheur faisaient fondre en larmes à ses pieds. Cet acte de grande bonté impressionna vivement l'assemblée. Une des jeunes filles d'atelier qui, elle aussi, venait de recevoir le prix d'honneur, adressa à Son Excellence un compliment, dans lequel elle offrait au nom de toutes ses compagnes, l'hommage de leur amour et de leur vénération pour le Souverain Pontife, Pie IX, et pour son digne représentant. Mgr Cattani y répondit de la manière la plus gracieuse ; il remercia en termes élogieux, les religieuses, les dames catéchistes et les bienfaiteurs de l'œuvre, et se retira en bénissant l'assistance. Quand la Supérieure, en lui témoignant sa vive reconnaissance, rappela la touchante bonté dont il avait usé envers la jeune fille à laquelle il avait fait tant d'honneur, Monseigneur répondit : « *J'étais si heureux que je ne savais que faire, et j'ai fait cela.* »

Vers la même époque, une autre consolation bien douce vint réjouir le cœur de Mme Fanny. Grâce à la générosité d'une dame pieuse, l'exposition du Saint-Sacrement fut établie dans la chapelle de Sainte-Julienne, le premier vendredi de chaque mois, en l'honneur du Sacré-Cœur de Jésus. Il est à propos de rappeler ici comment la Supérieure fut amenée à faire la connaissance de la fervente chrétienne qui rehaussait ainsi l'œuvre d'adoration, à laquelle était consacré le modeste sanctuaire. Remplie d'esprit de foi, Mme Fanny acceptait toujours de la main de Dieu, les peines qu'on lui causait, et ne s'aigrissait pas contre les instruments dont le Seigneur se servait pour la faire souffrir. A l'époque où elle était en butte aux plus violentes oppositions, un religieux animé d'un zèle sincère, avait cru faire acte de justice en prévenant contre elle, du haut de la chaire, « *les âmes crédules* qui portaient intérêt à ses œuvres ». Plus tard il reconnut son erreur, et pria la dame dont nous venons de parler et qui était sa pénitente, de s'attacher à l'institut, en compensation du préjudice qu'il avait pu lui occasionner. Mme Fanny, touchée jusqu'au fond de l'âme de cette noble réparation, exprima le désir de voir le digne religieux. Celui-ci s'empressa de lui rendre visite. Elle l'accueillit avec cordialité, et en témoignage de son entière confiance, elle le pria de prêcher dans la chapelle et au local des catéchismes, ce qu'il fit avec beaucoup d'édification. Elle lui demanda même d'aller bénir à l'infirmerie, une de ses filles malade. Ces procédés délicats remplirent de consolation celui qui en était l'objet, et depuis lors, il parla constamment avec éloge, de l'humble fondatrice qui savait pardonner si grandement. La généreuse chrétienne, qui avait accepté de bon cœur cette mission de paix, continua à se montrer l'amie dévouée des œuvres de Sainte-Julienne.

L'anniversaire du jour heureux auquel Mgr Dechamps avait reçu les vœux des premières religieuses, vint raviver le doux souvenir qu'en avait gardé la petite communauté. La fondatrice le rappelle dans une lettre adressée à Son Éminence, le 6 novembre Après lui avoir demandé conseil sur des affaires urgentes, elle ajoute :

« Le moment solennel du renouvellement des vœux de
nos jeunes religieuses approche; l'année dernière, le
21 novembre, Votre Grandeur les a reçus dans notre
modeste chapelle. Quand donc un jour aussi beau luira-
t-il encore pour nous? Tout parlait au cœur, à l'âme, à
l'esprit, à la volonté; votre présence paternelle donnait
le bonheur à tous, et vous saviez adoucir l'amertume des
plus durs sacrifices au cœur des parents. » Sa Grandeur
répondit peu de jours après : « Je suis heureux de tout
ce que vous m'apprenez, et ne manquerai pas de prier
le 21. Je bénis les professes, les novices et les postulantes. Qu'elles aient bien soin de se recommander
chaque jour à sainte Julienne et à la bienheureuse Marguerite-Marie! » Il joignit à sa lettre de belles images
pour les novices et les postulantes à l'occasion de la fête
de saint Stanislas. Le noviciat se trouvait alors momentanément à Salzinnes ; la Supérieure y envoya les pieux
souvenirs donnés par l'Archevêque, et reçut en retour
quelques lignes de la maîtresse des novices ; elles
témoignent du bon esprit qui animait cette petite famille:

« Ma bien chère Mère,

» Je suis bien heureuse que les galettes faites si joyeu-
sement par les novices vous aient causé tant de plaisir.
Ce fut aussi pour nous une belle partie de notre fête,
parce qu'elle nous unissait davantage à notre chère
communauté de Bruxelles.

F. K.   13

» Saint Stanislas a tenu à nous rendre sa fête complète, en nous faisant parvenir de grand matin la bonne carte de la Mère bien-aimée, qui a été lue et relue avec bonheur ; elle est restée la possession des novices.

» Les images de Monseigneur ont été acclamées et tirées au sort ; la fête, commencée la veille par la fabrication des galettes, s'est continuée sans interruption jusqu'au soir. Elle a été bonne, joyeuse et pieuse. Les postulantes, au comble du bonheur, ont mis un voile pendant toute la journée. Votre portrait, ma chère Mère, est arrivé au dîner ; et dans un moment d'élan, après le chant de votre fête, il a fait le tour de la table et chacune a voulu se dédommager de votre absence, qui se faisait bien sentir ainsi que celle de toute notre chère famille religieuse. »

La fondatrice voulait que les fêtes de communauté fussent célébrées avec entrain ; elle aimait à y voir régner une douce et franche gaîté ; souvent elle répétait comme saint François de Sales : « Un saint triste est un triste saint. » Heureuses de lui témoigner leur affection, ses filles profitaient de ces jours bénis pour ménager à leur mère d'agréables surprises ; elles s'ingéniaient à trouver mille moyens de lui faire plaisir : ouvrages pour la chapelle, objets pieux destinés aux enfants pauvres, tout était réservé pour la fête de la Mère vénérée ; on ne manquait pas de joindre aux cadeaux, un chant, expression naïve des sentiments qui remplissaient tous les cœurs. Mme Louisa était fêtée à son tour le 21 juin, jour anniversaire de son baptême. Voici un couplet d'un chant composé à cette occasion par une des religieuses, et que toutes chantèrent avec joie en l'honneur des deux Mères :

> Jésus regarde en sa pensée
> Deux grandes âmes de son choix,
> Et toutes deux prédestinées
> A planter l'arbre de la croix.
> Un même zèle les anime,
> Chaque hémisphère les convie ;
> Mais Jésus dans un lien intime
> Les unit par l'Eucharistie.

La fin de l'année 1871 fut marquée par un nouveau développement de l'institut naissant. La nécessité de ménager au noviciat une installation séparée de la communauté s'imposait. La divine Providence en avait préparé le moyen en inspirant à une demoiselle la pensée de faire à l'institut, une part d'un brillant héritage qui venait de lui échoir. Sans connaître la fondatrice autrement que par la foule d'enfants pauvres qu'elle voyait, à certains jours, sortir de son établissement, elle crut qu'une générosité y trouverait bon emploi pour le salut de tant de jeunes âmes. Elle vint, avec la franchise qui lui est propre, communiquer ses intentions à Mme Fanny, qui n'eut pas de peine à s'en faire une amie et une bienfaitrice. La somme qu'elle en reçut alors, fut exactement le prix d'une maison joignant le couvent, désirée pour l'établissement du noviciat, et mise en vente l'année suivante par suite du décès de son propriétaire.

Dès que le local fut acquis et approprié, Mgr Dechamps daigna le bénir dans une de ses paternelles visites qui ont laissé au cœur des plus anciennes, d'ineffaçables souvenirs.

CHAPITRE XVI

1872

Les catéchismes ayant pris du développement à Salzinnes, Mme Fanny désira faire appel en leur faveur à la
charité des catholiques de Namur, par un sermon qui
serait prêché à la cathédrale. Elle pria le P. Adolphe
Perraud de lui rendre ce service. Étant retenu à Paris
par ses cours de Sorbonne, le P. Perraud obtint que
son Supérieur général, le T. R. P. Pététot, voulût bien
le remplacer. Le nom du P. Pététot n'était guère moins
connu en Belgique qu'en France. Après avoir été pendant
quelques années curé de Saint-Roch, il avait relevé à
Paris, sous le titre de l'*Immaculée Conception,* l'Oratoire
de France fondé autrefois par le Cardinal de Bérulle, et
cette entreprise avait été couronnée de succès. Précédé
par son grand renom de vertu et d'éloquence, le célèbre
Oratorien attira dans la cathédrale de Namur un nombreux auditoire. La parole pénétrante et pleine d'autorité du P. Pététot sut captiver les esprits et entraîner
les cœurs ; les offrandes, recueillies par les dames les
plus distinguées de la ville, furent abondantes.

De Namur, le P. Pététot se rendit à Bruxelles où il
prêcha dans la collégiale de Sainte-Gudule, un second
sermon de charité en faveur des catéchismes de cette
ville. Ce fut à cette occasion que le vénérable Supérieur
conçut pour la famille de Sainte-Julienne, un paternel
intérêt auquel il fut fidèle jusqu'aux derniers jours de sa
sainte vieillesse ; et une pieuse intimité, dont nous rencontrerons dans ce récit plus d'un témoignage, s'établit dès
lors entre lui et la fondatrice, pour laquelle il avait conçu
une profonde estime.

Dans son zèle ardent, Mme Fanny nourrissait depuis
longtemps le projet de faire donner, rue de la Charité,
des conférences spécialement destinées aux institutrices.
N'était-il pas souverainement utile d'ouvrir aux personnes
chargées de l'éducation de la jeunesse, des horizons religieux larges et élevés ; de les former à une piété sérieuse
et vraie, qui les préparerait à baser leur enseignement
sur l'esprit et les principes chrétiens ? Mme Fanny le
comprenait ; elle désirait aussi encourager par les consolations de la foi, dans leur mission souvent ingrate et
difficile, les jeunes filles consacrées à l'enseignement.
Dieu qui lui inspirait ce généreux dessein lui ménagea
bientôt les moyens de l'exécuter. Il lui fit connaître un
prêtre distingué qui avait fait sur l'éducation des études
approfondies, et les avait résumées dans un ouvrage fort
apprécié ; c'était M. le Chanoine de Clèves. Il inaugura
dans la chapelle de Sainte-Julienne, l'œuvre nouvelle,
bien féconde en fruits de bénédiction, et aujourd'hui

encore très florissante. Ces conférences se donnent tous
les mois, et s'adressent, non seulement aux institutrices,
mais aussi aux mères chrétiennes qui s'occupent de
l'éducation de leurs enfants, ainsi qu'aux religieuses de
la communauté et aux dames qui les secondent pour
les catéchismes. A M. le Chanoine de Clèves succé-
dèrent les PP. François de Sales et Étienne, Carmes
déchaussés; puis en 1880, le P. Castelein de la Compagnie de Jésus, lequel, dès 1883, joignit à ce ministère,
des conférences aux dames du monde, sur l'accord de la
science et de la foi. Ces dernières conférences, placées
sous le haut patronage de S. A. R. Mme la Comtesse de
Flandre et régulièrement honorées de sa présence, sont
suivies par un grand nombre de dames appartenant aux
classes les plus élevées de la société (1).

Mgr Dechamps, très heureux de l'établissement de
l'œuvre des conférences, en témoigne toute sa satisfaction
à la Supérieure de Sainte-Julienne: « Dieu est content de
votre zèle pour le Très Saint-Sacrement et pour les âmes.
Il vous envoie de puissants secours : le T. R. P. Pététot,
M. le Chanoine de Clèves, MM. Boucqueau, Maricq et
Rayée. » Puis, parlant de deux postulantes qui se dispo-
saient à prendre le voile, il ajoute : « Je les bénis; je
prierai pour elles, et qu'elles prient pour moi Notre-
Dame de la Providence. A cette occasion je voudrais,
ma fille, que la chapelle de ce temps-ci, la petite cha-

(1) Actuellement les conférences sur l'éducation sont données avec un
égal succès par le R. P. Lahousse de la même Congrégation.

pelle, fût photographiée, afin que les Apostolines de l'avenir connaissent leur berceau. » Le désir exprimé par Monseigneur fut réalisé, mais non de la manière indiquée. La disposition de la chapelle rendant impossible la photographie, les religieuses exécutèrent en cartonnage, avec la plus minutieuse précision, jusque dans les moindres détails, une réduction du modeste sanctuaire.

Si les joies étaient communes entre le père et les filles, les peines l'étaient aussi : le bon Archevêque se plaisait à initier la petite communauté à ses préoccupations et à ses épreuves, avec un abandon tout paternel. Nous lisons dans une lettre du 20 février 1872 : « Demain, tous nos Évêques seront chez moi, et me laisseront encore une grande besogne après leur départ : priez bien pour moi et à mes intentions, car je vous le répète, ce ne sont pas seulement des travaux qui m'accablent, ce sont des angoisses et des douleurs. Le P. Looyaard est toujours bien malade ; il est allé à Anvers, craignant de mourir hors de sa cellule. J'espère qu'il en reviendra mieux portant, avec l'aide de vos bonnes prières sur lesquelles il compte. »

La fête de sainte Julienne inspirait toujours à l'Archevêque un souvenir affectueux. La digne Supérieure étant malade, cette coïncidence lui valut les lignes suivantes : « C'était hier le grand jour de sainte Julienne. Dites-lui bien qu'elle vous obtienne votre guérison, avec la force et le temps de cultiver l'arbre qui porte son nom. Je vous bénis trois fois, vous et toutes les vôtres.

Sainte Julienne doit vous donner tout ce qu'il vous faut pour affermir et développer Salzinnes et Bruxelles ; dites-le lui avec confiance. » Quelques jours après, Sa Grandeur écrivait encore : « Soyez tranquille, ma fille ; vous souffrez, mais pas encore pour mourir ; la souffrance vous laisse des forces. Dieu vous soutiendra, comme je le lui demande au nom de Jésus, de Marie et de sainte Julienne. Je vous bénis, vous et vos intentions de zèle et de piété, et avec vous, toutes vos premières filles qui doivent, par la prière, vous en amener une foule d'autres. Que Jésus vous donne la paix et la confiance dans sa miséricordieuse bonté ! Dites quelquefois un *Ave Maria* pour le vieux père. Je suis souffrant, moi aussi ; j'ai même été plus mal depuis la visite de vos deux compagnes ; j'ai eu deux crises à faire peur. Ce n'est pas fini, me semble-t-il, et pourtant j'ai encore quelque chose à faire pour sainte Julienne... Prions... » Les filles prièrent si bien que la santé fut rendue à leur mère et au digne prélat. Bientôt la vaillante Supérieure put reprendre la direction des œuvres de l'institut, et donner des soins à sa vénérable mère, sérieusement malade.

En ces temps de douloureuse épreuve pour la Sainte Église, alors que l'impiété enlevait au Souverain Pontife son pouvoir temporel et abreuvait son cœur de toutes les amertumes, les voix suppliantes de ses fidèles enfants s'élevaient de toute la terre, pour obtenir de la divine Bonté, la délivrance du Vicaire de Jésus-Christ. De grands pèlerinages s'organisaient à cette intention. Le 22 septembre 1872, de pieuses phalanges se rendent au

tombeau de sainte Julienne, caché sous les ruines de
l'abbaye de Villers, et de là, au sanctuaire de Notre-
Dame des Affligés, situé à peu de distance. Un groupe
de jeunes ouvrières appartenant à l'œuvre des catéchismes, conduites par quelques religieuses et plusieurs
Dames associées, prennent part à cette manifestation de
foi. Un autel rustique, que domine la statue de Marie,
est dressé dans le vaste préau ; mais une pluie per-
sistante ne permet pas d'y célébrer la sainte messe ;
on se réfugie dans l'église en ruines, dont la nef droite
seule, offre encore quelque garantie de solidité. Le
Révérendissime Abbé de Saint-Bernard, de Bornhem,
monte à l'autel ; il offre le saint sacrifice avec le calice
même de saint Bernard, et sur le sol foulé autrefois
par ce glorieux Patriarche de la famille de Clairvaux.
Plus de six mille pèlerins sont réunis ; M. l'Abbé
Charles, curé de Tourinnes, prononce un éloquent
discours, et le termine par la récitation du *Memorare*,
dont chaque phrase est répétée à haute voix par tous les
assistants vivement émus. L'office achevé, le Révérendissime Abbé bénit solennellement la pieuse assemblée ;
puis, la crosse de saint Bernard à la main, il parcourt
l'église, suivi de l'immense cortège des pèlerins. C'est
un spectacle grandiose que cette foule enthousiaste
marchant à la suite du clergé, au cri répété de : Vive
Pie IX, Pontife Roi ! Pour la première fois depuis la
révolution française, ces voûtes antiques retentissent de
chants religieux et d'ardentes prières, échos lointains

des premières splendeurs de l'abbaye de Villers. La
bannière de sainte Julienne est portée en tête du cortège ;
les jeunes filles de l'œuvre placée sous le patronage
de cette grande sainte font entendre leurs plus beaux
cantiques, alternant avec les hymnes de la liturgie
sacrée, chantées par le clergé.

Peut-être nos lecteurs ne connaissent-ils pas tous, les
gloires de sainte Julienne, l'illustre promotrice de la
Fête-Dieu. Née sur le sol de la Belgique, à Retinne, et
entrée toute jeune au monastère des Cisterciennes du
Mont Cornillon à Liége, elle mérita, par la sainteté de
sa vie et par son ardent amour pour la divine Eucharistie, la grâce insigne d'une des plus hautes missions
qui furent jamais confiées à une simple femme. Dans une
vision surnaturelle, Notre Seigneur Jésus-Christ lui fit
comprendre qu'il manquait dans l'Église une fête spéciale
pour honorer sa présence réelle dans le Très Saint-
Sacrement, et qu'elle, humble religieuse, était chargée
de faire connaître au Souverain Pontife les volontés du
Ciel. Après un long combat entre sa profonde humilité et
le désir d'obéir aux ordres de son divin Maître, Julienne
fit part de cette vision à plusieurs théologiens, au nombre
desquels se trouva l'Archidiacre de Liége, Jacques Panta-
léon de Troyes. Par une disposition admirable de la
Providence, ce dernier devint plus tard pape, sous le nom
d'Urbain IV, et étendit à l'univers entier la fête triom-
phale du Très Saint-Sacrement. Ce fut le point de départ
de l'expansion du culte eucharistique, qui allait s'épanouir

dans l'exposition et la bénédiction du Très Saint-Sacrement, dans les processions et les chants sublimes de la liturgie en l'honneur de la divine Eucharistie, dans l'office du Très Saint-Sacrement, composé d'abord sous l'inspiration de sainte Julienne elle-même, avant d'être confié à la plume immortelle du Docteur angélique. Il est donc vrai de dire que toutes ces grandes manifestations prirent naissance, en quelque sorte, dans le cœur de sainte Julienne, avant de répandre sur le monde les flots de lumière et d'amour qui allaient soutenir la foi dans les âmes, au moment où l'hérésie oserait contester l'auguste mystère de la présence réelle de Notre Seigneur Jésus-Christ dans nos tabernacles. Comme toutes les âmes prédestinées à une haute mission dans l'Église de Dieu, sainte Julienne fut éprouvée par les plus étranges tribulations. Fuyant devant la persécution, elle se réfugia à Salzinnes, puis à Fosses où elle mourut. Ce fut de là que, selon son désir, on transporta son corps à l'abbaye de Villers (1).

En parlant du pèlerinage au tombeau de sainte Julienne, cette rapide esquisse de sa vie ne nous a pas paru déplacée ; elle explique la part privilégiée faite dans cette solennité, aux dames et aux jeunes filles de l'œuvre qui porte son nom.

Profondément pénétrée, elle aussi, de la dévotion eucharistique qui devait être le caractère propre de son

______

(1) Les peintures murales de la Chapelle de Sainte-Julienne, à Bruxelles, représentent les principaux événements de la vie de l'illustre promotrice de la Fête-Dieu.

institut, Mme Fanny voulait que tout fût organisé de manière à en favoriser le développement dans sa famille religieuse. Pour ce motif, elle déplorait depuis longtemps que la chapelle de la maison-mère fût séparée de l'habitation, par une cour qu'il fallait traverser chaque fois qu'on se rendait à la prière ; c'était un inconvénient réel auquel sa sollicitude désirait porter remède en établissant un oratoire dans l'intérieur du couvent. Elle y voyait un autre avantage, celui de procurer à ses novices, dans l'oratoire projeté, plus de recueillement qu'on n'en pouvait espérer dans la chapelle, vu sa disposition défectueuse. Connaissant ce désir et voulant le seconder, Monseigneur avait obtenu de Rome, l'autorisation nécessaire pour posséder deux fois le Saint-Sacrement dans un même établissement. Déjà, l'emplacement du nouveau sanctuaire était désigné et approuvé par Sa Grandeur ; mais l'état de souffrance de Mme Fanny et ses occupations accablantes, avaient retardé l'exécution de ce projet bien cher à son cœur. Ses filles résolurent de lui faire une surprise. L'occasion était favorable : la fête de leur chère Supérieure approchait, et on la célébrait toujours avec beaucoup d'élan, dans la jeune communauté si étroitement unie. Ce fut avec une pieuse allégresse, qu'à son insu les religieuses s'ingénièrent à préparer l'oratoire et à l'orner de leur mieux. Quelques Dames associées les aidèrent de leurs dons ; et l'Archevêque lui-même, qui était dans le secret, fit remettre discrètement au couvent, un joli petit ciboire qu'il avait consacré. Enfin, le 4 octobre amène la fête impatiemment attendue. Les religieuses, réunies autour de leur Mère dans l'appartement contigu à l'oratoire, lui offrent leurs souhaits, quand, tout à coup, la porte de communication s'ouvre, et Mme Fanny se trouve, étonnée et ravie, en présence du sanctuaire tant désiré. Comme elle s'avance et contemple avec bonheur ce délicieux bouquet de fête, les voix émues des religieuses chantent :

> Où peut-on être mieux qu'au sein de ta famille,
> Mère bénie de Dieu et chérie de tes filles ?

. . . .

Le lendemain, l'aumônier de la chapelle, M. l'Abbé Maricq, inaugure le nouvel oratoire en y célébrant la sainte messe ; il adresse à la communauté une touchante allocution dans laquelle il l'encourage vivement, et lui montre l'arbre planté par l'humble fondatrice, prêt à étendre au loin, dans un avenir prochain, ses rameaux chargés de fruits abondants.

La joie ressentie en ce beau jour par Mme Fanny, devait trop tôt être suivie d'une grande peine ; Dieu allait appeler à lui sa respectable mère. Cette digne femme touchait au terme d'une longue carrière traversée par bien des épreuves, mais toujours exemplairement chrétienne. Epouse dévouée, excellente mère, Mme Kestre avait vaillamment rempli sa tâche ici-bas. Dieu lui réservait à la fin de sa vie, ces souffrances prolongées qui donnent à la couronne des élus, son dernier éclat. Atteinte de paralysie depuis longtemps, elle réclamait des soins de tous les instants ; la piété filiale les lui prodiguait. Mme Fanny et Mme Heeren, secondées par les membres de la communauté, s'empressaient auprès de la vénérable malade, qui donnait de beaux exemples de piété et de résignation. Elle priait constamment, s'adressant surtout à la Sainte Vierge ; et jamais ses infirmités ne parvinrent à lui arracher la moindre plainte. Elle eut la consolation de recevoir la visite de Mgr Dechamps qui voulut lui apporter une dernière bénédiction, l'exhortant avec une touchante bonté à se conformer entièrement à la sainte volonté de Dieu et à se confier en son amour.

Mme Kestre reçut les derniers sacrements en présence de ses deux filles et de quelques religieuses. Un émouvant incident se produisit alors. La mourante n'étant pas en état d'avaler la sainte hostie, le prêtre en avait détaché une parcelle et l'avait déposée dans une cuillerée d'eau ; mais comme il ne parvenait pas à la lui faire prendre, il pria Mme Fanny de présenter elle-même la cuillère à sa mère, ce qu'elle fit avec succès. Ce fut ainsi que, par la main d'une fille bien-aimée, le Dieu d'amour daigna se donner pour la dernière fois ici-bas, à celle qui lui avait offert cette fille avec tant de générosité. Il voulut ménager à toutes deux cette suprême consolation, avant d'ouvrir les cieux à la meilleure des mères. Malgré son entière résignation au bon plaisir de Dieu, Mme Fanny pleura longtemps la perte de sa vénérable mère. Parmi les preuves de sympathie qui la touchèrent davantage, nous plaçons en première ligne la lettre suivante de Mme Gouvion, religieuse du Sacré-Cœur ; car elle renferme l'hommage le plus consolant aux vertus de tous ses chers défunts :

« Le 30 octobre 1872.

» Ma chère et bonne Fanny,

» Notre digne Mère, malade depuis quelques jours, me charge de vous assurer de la part qu'elle prend à la perte douloureuse que vous venez d'essuyer. Elle veut aussi que je vous promette qu'en union avec toute la communauté, elle continuera à appliquer des suffrages à l'âme de votre chère défunte. Ai-je besoin d'ajouter, ma bonne Fanny, que je prierai tout spécialement, moi qui ai si bien connu et apprécié votre excellente mère, et qui lui ai conservé souvenir et affection, dans ces dernières années où il ne m'était plus possible d'avoir le plaisir de la voir, tandis que vous et Marie, vous aviez la consolation d'entourer sa vieillesse des soins les plus dévoués ?

» Maintenant, n'avez-vous pas un grand allégement à votre douleur et à vos regrets dans le souvenir des vertus et de la piété de votre chère défunte? Dieu, sans doute, l'aura bien reçue, et vous avez l'espoir fondé qu'elle vous devance au ciel auprès d'un père et de deux sœurs qui, eux aussi, avaient été marqués du sceau des élus.

» Veuillez, ma chère Fanny, agréer, avec l'expression des sentiments religieusement affectueux de notre digne Mère, celle de ma vieille et inaltérable amitié pour vous et pour Marie, à qui je vous prie de vouloir bien en communiquer l'assurance.

» Votre dévouée et affectionnée amie,

» A. GOUVION, Relig. du S.-C. »

Les Dames de Sainte-Julienne gardent pieusement la mémoire de Mme Kestre, qui se montra vraiment mère pour les premières religieuses dont elle partagea la vie dans une gracieuse intimité. Elle joignait à beaucoup d'esprit, une très grande bonté et toutes les délicatesses d'une belle éducation. Malgré son âge avancé, elle rendait à la communauté tous les services dont elle était capable, et ne cessa, jusqu'à son dernier jour, de l'édifier par ses vertus.

CHAPITRE XVII

1873-1874

AFFERMISSEMENT DE LA MAISON DE SALZINNES. — LES AMIS DE L'INSTITUT. — SERMON DE Mgr DECHAMPS A SAINTE-GUDULE. — Mgr MERMILLOD.

La main libérale du Seigneur versait d'abondantes bénédictions sur les œuvres des Apostolines du Très Saint-Sacrement; leur chapelle toujours plus fréquentée devenait insuffisante, surtout à l'époque des retraites et des solennités; il fallut songer à l'agrandir. Tandis que la Supérieure dirigeait ses soins vers ce but, que son zèle, hélas! ne devait pas atteindre, des bienfaiteurs dévoués lui préparaient ailleurs une agréable surprise. Les six premières années de bail étant écoulées, les maisons de Salzinnes furent achetées pour les Dames de Sainte-Julienne, par une noble famille, la même qui, en 1869, donna à l'institut son premier immeuble à Bruxelles. L'heureuse nouvelle de cette acquisition, faite à l'insu de la Supérieure, lui fut communiquée de la manière la plus délicate. Lorsqu'elle se rendit à Salzinnes, les pieux donateurs l'y reçurent et s'empressèrent de lui offrir ce généreux présent.

On comprend aisément le bonheur et la reconnaissance

de Mme Fanny. Cependant elle ne se trouvait pas dans une sécurité complète, cette donation n'étant pas faite selon les règles de la prudence humaine. Elle croyait qu'il fallait en tenir compte dans les affaires de ce genre ; Mgr Dechamps était d'un avis contraire, et son opinion devait prévaloir. Cette difficulté donna lieu à une correspondance où brille l'humilité des deux fondateurs. Mme Fanny écrit à l'Archevêque le 16 avril 1873 :

« Monseigneur et mon Père,

» Je reçois votre bonne lettre qui m'apprend ce que vous avez eu la bonté de faire en notre faveur. Si mes forces me l'avaient permis, je vous aurais écrit hier soir ; mon cœur, mon âme, avaient besoin de vous exprimer tous mes regrets de la peine dont je suis la cause pour vous, mon Père. Croyez que devant Dieu, j'épanche mes sentiments pour obtenir qu'il vous dédommage des sollicitudes que je vous occasionne. Aussi est-ce de toute l'importunité humble et confiante de mon âme, que je supplie Notre Seigneur de vous récompenser, mon Père, en vous comblant de ses grâces, et en m'aidant à acquérir les vertus que je n'ai pas.

» C'est dans les sentiments de la gratitude la plus vive et la plus respectueuse que je m'agenouille, Monseigneur, pour recevoir votre bénédiction paternelle, me disant la plus soumise et la plus humble de vos filles,

» Fanny de l'Eucharistie. »

Sa Grandeur répondit le jour même :

« Ma fille en Jésus-Christ,

» Voilà bien la meilleure de vos lettres. Je vous bénis trois fois, vous et Mme Louisa. Je ne voulais pas vous dire ma peine d'une manière aussi vive et aussi forte ; mais Dieu l'aura permis, afin que vous ne l'ignoriez pas. J'aime bien de tout entendre ; mais sur des choses décidées il n'y a qu'à obéir. Faisons cela et nous vivrons ! Tout ira bien, n'en doutez pas. »

Nous sommes arrivés à l'époque où l'élan d'un religieux enthousiasme portait les âmes vers le sanctuaire béni de Paray-le-Monial, centre de la dévotion au Sacré-Cœur de Jésus. De grands pèlerinages furent organisés en France et en Belgique, et l'on vit des foules de pèlerins se rendre au tombeau de la bienheureuse Marguerite-Marie. L'Archevêque de Malines, voulant faire participer ses ouailles aux grâces spirituelles abondamment répandues en ces jours de salut, fit célébrer dans toutes les églises de son diocèse, un triduum en union avec les prières des pèlerins belges. Les Dames de Sainte-Julienne saisirent avec empressement cette occasion de manifester leur dévotion au Sacré-Cœur de Jésus dans la divine Eucharistie et de rendre hommage à la bienheureuse Marguerite-Marie, à laquelle elles étaient redevables de la guérison de leur Mère bien-aimée. En leur témoignant sa satisfaction, Monseigneur leur recommanda de prier instamment à une intention qui lui tenait au cœur, l'extension de l'office de Sainte-Julienne à l'Église universelle.

On sait qu'autrefois, pendant un séjour qu'elle fit à Nancy, le P. Godefroy avait soutenu fortement la fondatrice par ses conseils. Lorsqu'en 1866, il vint à Bruxelles pour donner une retraite aux Enfants de Marie du Sacré-Cœur, il alla rendre visite à Mme Fanny qu'il trouva fort malade, paralysée sur un lit de douleur. C'est de cette crise qu'elle sortit miraculeusement guérie par l'intercession de la bienheureuse Marguerite-Marie. En 1873, elle écrivit au P. Godefroy pour l'instruire des événements inattendus qui, à la suite de cette guérison, avaient amené l'établissement de la communauté; et pour lui demander pour celle-ci la faveur d'une retraite. « J'hésiterais, dit-elle, à solliciter ce grand acte de charité, si je ne savais qu'il y a des moments de grâces où il faut tout oser. Votre zèle et votre piété apprécieront combien il importe de mettre en œuvre les moyens les plus efficaces pour former, éclairer et affermir les premières religieuses d'une communauté naissante; la nôtre ne compte encore que douze membres... » Le P. Godefroy, qui résidait alors à Troyes, se rendit avec empressement à cet appel; et dans son intérêt tout particulier pour l'institut, il voulut bien revenir dès l'année suivante à Sainte-Julienne, pour y prêcher la retraite aux dames du monde.

Pendant ce même été, Mme Fanny crut devoir

accorder à une de ses filles, avec l'autorisation de
l'Archevêque, la faveur d'accompagner à Lourdes une
parente malade qui lui avait servi de mère, et qui espérait
obtenir sa guérison à la grotte miraculeuse. Voici
comment la jeune religieuse rend compte à sa Supérieure
des derniers jours de son voyage :

« Ma bien chère Mère,

» Consolez-vous de mon absence prolongée ; mon
pèlerinage à Lourdes est aussi heureux que je pouvais
l'espérer. Jamais, non jamais, je ne saurais rendre les
douces et fortes impressions que j'y ai reçues. Pèlerinage
doublement heureux et favorisé d'une double apparition,
si je puis m'exprimer ainsi.

» Mardi soir nous arrivions à la grotte, après avoir
passé la journée à Bigorre. Tout semblait avoir contrarié
nos projets, pour nous amener là, à cette minute même.
J'aperçois un évêque et me dis, mais comme une chose
impossible, comme un rêve agréable loin du pays : Si
c'était Mgr Dechamps !... Je m'avance... c'était lui,
accompagné de son frère, d'un Père Rédemptoriste et
des Pères de la Mission de Lourdes. Je me jette à ses
pieds, les genoux dans la poussière, si émue qu'il ne
m'était pas possible de proférer une parole. Monseigneur
l'était aussi, et comme dernièrement à Laeken, il étendait
les mains sur ma tête, en disant : « La voilà, mais la
voilà ; c'est une rencontre providentielle. » Il nous dit

encore de bonnes choses et fut très aimable pour ma
tante; M. Dechamps lui prenait les mains et me disait à
moi : « Vous êtes donc une religieuse de mon frère. » —
Le mercredi matin nous assistâmes à la messe de Monseigneur, après laquelle il prêcha pour un nombreux
pèlerinage, et dit à la France les choses les plus cordiales
et les plus encourageantes. Dans la matinée, nous fûmes
reçues par Monseigneur au couvent des Pères, où il
passait la journée. Il se montra d'une bonté parfaite. Je
lui exprimai deux désirs auxquels il accéda, je le vis,
avec un vrai bonheur. Le premier, ma chère Mère, était
d'offrir à Notre-Dame de Lourdes ma médaille de Sainte-
Julienne et de présumer votre autorisation. Monseigneur
le permit et ajouta : « Votre Mère vous en donnera une
autre à votre retour. » Ma seconde demande parut lui
plaire davantage encore; c'était de suspendre à la grotte
de Massabielle notre image de Sainte-Julienne. Je la
présentai toute préparée à Monseigneur, qui me répondit
d'un air bien satisfait : « Mais certainement; c'est une
idée excellente; et comme mon nom s'y trouve, j'en suis
heureux aussi. » Nous restâmes assez longtemps avec
Monseigneur qui se montra très bon; il nous raconta les
principaux miracles qu'il avait appris, et nous dit qu'il
avait été assisté à la messe par trois prêtres flamands,
dont l'un était le curé de Melle, son village natal. A
Lourdes on rend de grands honneurs à Monseigneur;
un missionnaire me disait ce matin qu'il y produit une
profonde impression.

» Mais, ma chère Mère, notre père vénéré ne borna point là sa bonté pour votre fille et la sienne. Tout mon désir était de prier avec Monseigneur à la grotte même de l'apparition. Ce matin il ne m'avait pas encore été possible de l'y rencontrer ; nous avions eu cependant le bonheur d'assister à sa messe pour la seconde fois. L'heure du départ approchait, sans que la Sainte Vierge parût favoriser mes vœux ; je commençais à perdre courage, quand j'aperçois à la fontaine, le Père Rédemptoriste qui accompagne Monseigneur. Je vais lui exposer mon chagrin, et j'ajoute que ma tante ne peut plus prolonger son séjour, et que je pars désolée de n'avoir pas prié avec Monseigneur devant la Vierge de Lourdes. Le Père me répond : « Je vais de suite en informer Sa Grandeur. » Il part, monte en voiture, presse le cocher, et peu après il revient avec Monseigneur, qui s'avance vers nous et nous bénit. La grille de la grotte lui est ouverte ; Monseigneur me fait signe de le suivre, et nous récitons ensemble le chapelet aux pieds de la Vierge qui a dit : « Je suis l'Immaculée Conception. » Je m'étais effacée ; mais, en partant, Monseigneur fit le tour de la grotte et daigna venir me donner une bénédiction spéciale et me dire : « Sainte Julienne est parfaitement placée. » Ma tante avait remarqué que, pendant qu'il priait, un léger coup de vent avait retourné l'image, juste en face de lui. Je n'eus que le temps de lui exprimer mon bonheur et ma vive reconnaissance ; Sa Grandeur nous donna une dernière bénédiction, et quelques minutes plus tard nous avions quitté Lourdes. Monseigneur part demain pour Paray-le-Monial.

» Ma chère Mère, je vous ai beaucoup écrit de Notre-Dame de Lourdes; laissez-moi redire encore combien je l'aime, comme elle est douce au cœur! C'est aussi ce que m'exprimait Sa Grandeur. Il me semble que je ne présume pas de la sollicitude paternelle de Monseigneur en vous disant que lui aussi était heureux de notre rencontre. C'est sainte Julienne qui nous a réunis, répétait-il. Quand je lui demandai de vous bénir, vous, ma Mère, et toute la communauté, il répondit : Oui, c'est pour toutes que je vous bénis. »

Au mois de novembre suivant, Mgr Dechamps eut la douleur de perdre un de ses frères; aussitôt il en fait part à ses filles : « Mon frère vient d'expirer, leur écrit-il; c'est mon second frère, ce n'est pas le ministre. Je remercie Dieu de toutes les grâces qu'il lui a accordées; mais je viens vous prier de faire le chemin de la croix pour lui, demandant instamment à Notre Seigneur Jésus-Christ, au nom de Marie Immaculée, de saint Joseph, de sainte Julienne et de la bienheureuse Marguerite-Marie, de lui en appliquer miséricordieusement les indulgences. Je vous bénis toutes, surtout la Mère de toutes. » Les religieuses s'empressèrent d'unir leurs prières à celles des Dames associées et des enfants des catéchismes, pour hâter le repos éternel de l'âme chère à celui qui avait tant de droits à leur reconnaissance.

Notre Seigneur se plaisait à ménager aux œuvres de sainte Julienne, le concours de prêtres et de religieux distingués. Le P. Pététot leur restait fort dévoué. Pendant sa première retraite prêchée à Bruxelles, il avait fait une série de conférences très remarquables sur l'humilité chrétienne, son sujet favori ; il en avait démontré les caractères avec une rare élévation de sentiments et de langage. Sur la demande de Mme Fanny, il lui en avait promis le résumé. En août 1873, elle lui rappela sa promesse, et le pria de vouloir bien donner encore une retraite pour les dames du monde. Le vénérable supérieur lui répondit :

« C'est toujours avec un très grand intérêt que je reçois des nouvelles de votre jeune congrégation. Notre Seigneur la conduit par la bonne voie : épreuves, maladies, peines, tout cela est bien bon et rempli d'avenir. J'apprends aussi avec une grande joie que vous pouvez songer à construire une nouvelle chapelle dans de bonnes conditions. Le mieux ne serait-il pas de l'attendre avant de reparaître à Bruxelles ? Je n'oublie pas vos méditations ; j'y travaille, mais à bâtons rompus ; j'espère vous les envoyer bientôt. »

La supérieure insista ; le P. Pététot se rendit à ses vœux et vint au carême suivant prêcher une seconde retraite. Un auditoire d'élite, aussi nombreux que pouvaient le comporter les modestes proportions de la petite chapelle, vint entendre l'éloquent orateur et consulter ce guide si expérimenté dans la conduite des âmes.

En 1874, la fête de sainte Julienne tombait le même jour que la fête de Pâques. A cette occasion M⁰ʳ Dechamps fit ce pieux rapprochement qui dut charmer le cœur de ses filles : « Avez-vous quelquefois pensé que les chants magnifiques de la Fête-Dieu, chants inspirés au docteur angélique, saint Thomas d'Aquin; et que le grand mouvement de piété qui emporte ce jour-là les chrétiens de tous les peuples à la suite de Jésus-Christ immolé, ressuscité, devenu le Pain des âmes; avez-vous jamais pensé que tout cela est sorti du cœur de sainte Julienne, parce qu'il ne faisait qu'un avec le Sacré-Cœur de Jésus? Les filles de sainte Julienne doivent aussi amener les âmes à la suite de Jésus, le faire connaître, aimer, glorifier partout et toujours. Bonne fête de Pâques donc et bonne fête de sainte Julienne à toutes! Mais je veux avoir des nouvelles de *toutes*, à commencer par la Mère et M⁰ᵉ Louisa, les deux premières ouvrières de l'œuvre de sainte Julienne. Bénédiction! Ave Maria! » En remerciant le même jour Monseigneur de ses vœux si paternels, la fondatrice lui adressa une requête qu'elle avait depuis longtemps à cœur. Elle souhaitait que l'Archevêque de Malines parlât du haut de la chaire en faveur de son institut; car il lui semblait, avec raison, que ce serait là un moyen efficace pour achever de détruire ce qui restait encore des préjugés répandus autrefois contre son œuvre et contre elle. Sa demande trouva le meilleur accueil et reçut dès le lendemain, 6 avril, la réponse suivante : « Vous aurez vu, dans ma lettre d'hier, une préface à ma réponse. Oui, j'ai un grand désir de prêcher sainte Julienne ; mais il faudra choisir une époque qui convienne à ce sujet. Et puis, je suis malade depuis quelque temps ; priez pour que Dieu me guérisse, si c'est son bon plaisir; priez bien le Sacré-Cœur par le Cœur Immaculé de Marie, avec sainte Julienne, pour que j'aie la force voulue, car la bonne volonté ne me manquera pas. »

Ce fut le 4 juin 1874, jour de la Fête-Dieu, dans la collégiale de Sainte-Gudule, en présence de Mgr Mermillod évêque d'Hébron, et d'un immense auditoire, que Mgr Dechamps prononça ce sermon, un des plus beaux qu'il ait fait entendre. La première partie révèle une connaissance profonde des saintes Écritures, une foi ardente et l'amour le plus expansif pour le Sacrement de nos autels. La seconde démontre la grande mission de sainte Julienne dans l'établissement de la Fête-Dieu, et l'essor que prit alors le culte extérieur du Très Saint-Sacrement. Enfin, après avoir exhorté chaleureusement ses auditeurs à une dévotion tendre et éclairée envers la présence réelle de Notre Seigneur Jésus-Christ dans l'adorable Eucharistie, Sa Grandeur termine ainsi :

« Peut-être ne connaissez-vous pas assez un sanctuaire qu'il est bien juste de vous nommer aujourd'hui, puisque c'est celui des Dames de Sainte-Julienne. Ce sanctuaire est provisoire, il est vrai ; mais comme l'œuvre a grandi, il faut que son sanctuaire grandisse avec elle, et qu'il devienne digne d'être consacré à l'adoration eucharis-

Chapelle de Sainte Julienne et Oratoire de la Communauté

rue de la Charité, 33, a Bruxelles

tique, sous l'invocation de l'illustre promotrice de la Fête-Dieu. L'œuvre des Dames de Sainte-Julienne est ancienne déjà ; mais elle est récente comme institution religieuse proprement dite. Laissez-moi donc vous demander pour elle vos sympathies chrétiennement efficaces, et vous montrer en peu de mots qu'elle en est digne.

» L'Institut des Dames de Sainte-Julienne, Apostolines du Saint-Sacrement, est à la fois contemplatif et actif. Il est même deux fois actif : par ses membres d'abord, et ensuite par les personnes du monde qui s'associent à ses travaux pour Jésus-Christ et pour les âmes : pour Jésus-Christ, en propageant l'esprit de foi, de charité, de réparation, surtout au moyen des retraites offertes aux diverses classes de la société ; pour Jésus-Christ encore, en s'efforçant de rehausser partout le culte du Très Saint-Sacrement ; pour les âmes, en donnant gratuitement, dès à présent à plus de quatre cents enfants, et plus tard à des milliers, la science des sciences, la vraie science de la vie, par l'instruction religieuse. Les Dames de Sainte-Julienne ne se contentent pas d'instruire les jeunes filles avant leur première communion ; elles les affermissent dans la connaissance et la pratique de la vie chrétienne jusqu'à l'âge de dix-huit ans, et les suivent encore dans le monde avec un cœur vraiment maternel, veillant sur elles dans toutes les circonstances décisives de leur vie, sans les oublier à la mort.

» Je voudrais insister davantage, mes Frères, mais l'heure me le défend ; je vous laisserai donc entre les mains, et par écrit, ce que je ne puis vous dire de vive voix. Prenez votre part au mérite de ces âmes dévouées ; mais surtout ne négligez rien pour connaître par expérience les trésors cachés dans l'Eucharistie. »

L'Archevêque fit imprimer ce sermon, suivi d'une notice sur l'institut.

A cette occasion, le P. Pététot, qui suivait de loin tous les progrès de la petite communauté, écrit à la Supérieure :

« Ma Révérende Mère,

» Est-ce Monseigneur de Malines qui m'a envoyé son discours sur la Fête-Dieu ?... Dites-le moi tout de suite pour que je m'empresse de l'en remercier. J'avoue que, si c'est lui, j'en serai très heureux ; ce serait une preuve que je suis pour quelque chose dans le grand acte qu'il vient de poser. Si l'envoi vient de vous, je n'en bénis pas moins Dieu de ce que je regarde comme un grand acte pour votre congrégation. Je me persuade que ses effets ne tarderont pas à se produire, d'autant plus féconds qu'ils ont été attendus plus longtemps.

» Mes chères sœurs, soyez bien saintes, soyez bien humbles ; c'est l'humiliation qui vous a préparées, que l'humilité vous accompagne sans cesse ! Réjouissez-vous en Dieu de ce qu'il va faire pour vous, mais n'en triomphez pas d'une manière humaine ; laissez à d'autres les petites rivalités ; marchez toujours et uniquement dans les plus pures lumières de l'esprit de foi. Étudiez, aimez, adorez la divine humilité de Notre Seigneur au Très Saint-Sacrement ; demandez-lui de vous en remplir, tenez-vous toujours bien petites, regardez-vous comme les dernières, ne courez pas après le succès ; recevez-le quand Dieu vous l'envoie, mais avec autant d'humilité que de reconnaissance. Je voudrais en dire encore bien long là-dessus, tant je désire que Notre Seigneur fasse toute son œuvre en vous et par vous. J'espère qu'il le fera, et je le lui demande.

» Je suis, ma Très Révérende Mère, votre respectueux et dévoué serviteur en Jésus-Christ.

» Pététot, prêtre de l'Oratoire. »

Les Apostolines du Saint-Sacrement adressèrent un exemplaire de la brochure de Mgr Dechamps à S. M. la Reine des Belges, par l'intermédiaire de Mgr Van Weddingen, aumônier de la cour, lequel s'intéressait de longue date à l'œuvre de Sainte-Julienne, et entretenait avec la fondatrice les rapports les plus bienveillants. Avant le sermon de Mgr Dechamps à Sainte-Gudule, il avait fait espérer que notre aimable Souveraine daignerait l'honorer de sa présence : les circonstances y mirent obstacle ; mais Sa Majesté voulut bien en témoigner son regret, et contribuer par un don généreux à l'érection de la nouvelle chapelle.

Quelque temps après, Mgr Dechamps dînant au Palais ainsi que Mgr Van Weddingen, on vint à reparler du sermon ; et l'Archevêque, appuyé par la Reine, suggéra à l'aumônier la pensée d'écrire quelque chose en l'honneur de sainte Julienne. Ce dernier, pour se rendre à la demande qui lui avait été faite, composa un récit poétique intitulé : *Un Episode de la Fête-Dieu au Mont-Cornillon.* Cet opuscule se vendit au profit de l'œuvre des catéchismes.

Nous avons mentionné la présence de Mgr Mermillod à Sainte-Gudule ; c'est à lui que s'était adressé l'exorde de l'orateur : « Puis-je vous entretenir d'autre chose aujourd'hui, mes Frères, que du Très Saint-Sacrement ? J'avoue qu'en présence de celui de mes Frères dans l'Épiscopat qui est au milieu de vous, de l'illustre Exilé de Genève, je serais tenté de vous parler des épreuves de l'Église, de la persécution dont il est une victime choisie; mais je contenterai mieux son cœur, je le sais, en n'occupant le vôtre que de Notre Seigneur Jésus-Christ pour lequel il souffre. »

Mgr Mermillod, après avoir héroïquement lutté contre l'autorité civile de la Suisse, sa patrie, avait été contraint de céder à une persécution ouvertement dirigée contre sa personne; il était venu demander pour quelque temps à la Belgique, une sécurité que notre terre hospitalière ne refuse jamais à de nobles infortunes. Pendant un séjour qu'il fit à Namur, l'Évêque exilé, accompagné de Mgr Gravez, daigna honorer d'une visite des plus cordiales, la maison de Salzinnes, où se trouvait alors la Mère Supérieure. Au moment où les deux prélats se retiraient, Mgr Mermillod lui dit : « Ma fille, j'irai célébrer la sainte messe mercredi, chez vous, à Bruxelles. » Comme elle remerciait Mgr Gravez de la faveur dont elle croyait lui être redevable : « Oh! non, répondit Sa Grandeur, je n'y suis pour rien ; c'est Mgr Mermillod qui m'a dit : Il faut que vous me conduisiez chez les Apostolines. » Le lendemain, Mme Fanny écrivit à l'évêque d'Hébron pour le prier de vouloir bien faire une allocution, pendant la messe qu'il avait eu la bonté de promettre ; et rentrée aussitôt à Bruxelles, elle se hâta d'inviter les personnes dévouées à l'œuvre. En arrivant rue de la Charité, au jour convenu, Mgr Mermillod dit à la Supérieure : « Ma fille, je ne parlerai pas : j'ai reçu un grand nombre de demandes semblables ; et comme il me serait impossible de satisfaire à toutes, je ne puis faire d'exception. » Mme Fanny répondit avec la simplicité et la dignité qui la caractérisaient : « Votre Grandeur fera ce que sainte Julienne lui inspirera. » Monseigneur n'en dit pas davantage. Mais quelle ne fut pas l'agréable surprise des assistants, quand, après l'évangile, l'évêque se départit du silence qu'il avait cru devoir s'imposer, et fit une charmante allocution sur la vie de sainte Julienne. L'éloquent orateur se plut à faire les rapprochements les plus encourageants entre la mission de sainte Julienne et l'humble activité de l'institut qui l'a choisie pour patronne.

F. K.   15

Mme Fanny voulait qu'en toute circonstance de grands honneurs fussent rendus aux Évêques, comme étant, disait-elle, les princes de la sainte Église ; elle avait donc organisé pour Sa Grandeur une réception aussi solennelle que le permettaient les proportions restreintes de l'oratoire. Le prélat daigna le remarquer, et après le déjeuner, auquel avaient pris part plusieurs notabilités ecclésiastiques, il dit à la Supérieure : « Ma fille, vous avez fait une cathédrale de votre petite chapelle. » Il voulut ensuite bénir la communauté, à laquelle il adressa d'excellentes paroles sur la beauté de sa vocation et sur l'extension que présageait à ses œuvres leur utilité même.

C'est ainsi que le divin Maître ménageait des moments de bonheur à sa fidèle servante. Il répandait sur sa vie, où la douleur avait tant de part, des consolations dont cette âme bénie jouissait avec abandon, comme un enfant jouit des caresses d'une mère bien-aimée.

Ce chapitre nous a montré la divine Providence se plaisant à entourer le jeune institut d'hommes éminents, afin de le former aux pensées élevées et à l'esprit apostolique qui conviennent au but de sa fondation. Nous verrons maintenant s'épanouir, sous la sanction officielle de l'Église, cet institut *venu à son heure*, ainsi que le dira plus tard Mgr Cartuyvels, lors de la célébration du vingt-cinquième anniversaire de son établissement : « L'Église fait naître à l'heure voulue des œuvres nouvelles, et leur imprime, avec le cachet des circonstances, son caractère propre de fécondité et de stabilité. »

CHAPITRE XVIII

1874-1875

Les intérêts de l'Église universelle allaient, une fois
encore, éloigner le pasteur de son troupeau ; Mgr Dechamps dut repartir pour Rome. En son absence, il confia
sa petite famille religieuse au P. de Buggenoms, qui
avait remplacé à l'archevêché, le P. Looyaard toujours
très souffrant à Anvers. Voici le portrait de ce saint religieux, tracé par l'Archevêque lui-même, dans une de ses
lettres à Mme Fanny : « Le P. de Buggenoms est un
homme de Dieu dont le zèle a été béni partout ; en
Angleterre, en Irlande et en Amérique, ses peines et ses
travaux ont été couronnés de succès. C'est vraiment un
père de bon conseil, Dieu l'a fait voir tel partout. Il
vous est tout dévoué, ayez confiance en lui ; il est du reste
bien content de votre communauté et en a été très édifié ;
il a foi et confiance dans le développement des œuvres
de Sainte-Julienne. »

La présence à Rome de l'Archevêque de Malines, à ce
moment, était providentielle. Il y avait longtemps que
Mme Fanny souhaitait pour son institut la sanction offi-

cielle du Saint-Siège ; elle en parlait souvent à l'Archevêque, qui partageait ce légitime désir et promit d'agir en ce sens. Mgr Gravez, évêque de Namur, s'intéressait également à cette cause. Déjà il en avait fait mention dans une lettre toute paternelle, adressée à la fondatrice au début de l'année :

« Le 27 janvier 1874.

» Madame la Supérieure,

» Sous le poids d'une charge redoutable et dans les temps difficiles que nous traversons, je place mon appui dans le Seigneur et dans les prières que les âmes ferventes lui adressent pour moi. C'est assez vous dire combien je suis reconnaissant de ce que votre communauté veut bien faire pour moi, et combien je désire qu'elle me continue son meilleur concours.

» Je demande à Dieu qu'il répande les bénédictions les plus abondantes sur votre institut et qu'il lui accorde cette prospérité dont l'approbation et la bénédiction du Saint-Père ne peuvent manquer d'être le gage. »

Mgr Gravez voulut bien seconder les démarches de Mgr Dechamps, son vénérable collègue et ami particulier. Celui-ci traita l'affaire activement, et le 12 décembre il écrivit de Rome à Mme Fanny : « Après avoir rédigé et porté moi-même la supplique, avec les règles modifiées selon votre désir, à la Sacrée Congrégation des Évêques et Réguliers, le secrétaire, l'Archevêque de Seleucio, est venu m'apporter la note ci-incluse. Je viens d'y répondre de la meilleure manière possible. La chose est donc en train ; et si nous prions bien, elle réussira. Je serai alors à Malines depuis longtemps ; car Rome marche toujours lentement. Triple bénédiction à vous et à toutes. »

Le séjour de l'Archevêque dans la Ville Éternelle ne fut pas long ; il rentra à Malines vers la fin de décembre ; le 30, il écrivit : « Ma fille et mes filles, vous devinez bien que j'ai obtenu pour les enfants de Sainte-Julienne, professes, novices et postulantes, des faveurs spéciales du Saint-Père, qui est merveilleusement père. Je vous les apporte *ici*, en attendant que je puisse vous les porter *chez vous*. Le voyage par ce froid rigoureux, depuis Marseille surtout, a quelque peu aggravé mon état de souffrance. Mais ce froid n'est que dans le nord ; à Pise, à Nice, à Cannes, j'ai vu la semaine dernière des pois en fleurs, et j'ai vu aussi replanter de jeunes salades (ceci est pour les novices). »

Dès les premiers jours de janvier 1875, Mgr Vannutelli, Nonce apostolique, vint en personne, au nom de la Sacrée Congrégation des Évêques et Réguliers, prendre des informations détaillées sur l'institut, en vue du décret de louange récemment sollicité. C'était de bon augure pour l'issue d'une cause bien chère à toute la communauté. D'autre part, bientôt après son retour,

Mgr Dechamps dut retourner à Rome pour y recevoir de la main du Souverain Pontife, le chapeau de Cardinal. Il écrit le 20 mars :

« Ma fille et mes filles en Jésus-Christ,

» J'ai reçu votre bonne lettre ; c'est la seule à laquelle je réponds, parce que je suis le père de la famille de Sainte-Julienne. Oui, il faut beaucoup et beaucoup prier et faire prier pour les collatéraux du Saint-Père ; il semble me dire : *Pourrez-vous boire mon calice ?...* Je n'oublierai pas le décret de louange ; priez bien pour cela. Le dernier Consistoire n'aura lieu que le mercredi après Pâques. Je vous bénis toutes ; mais vous, ma fille, en particulier. »

Trois jours après, Monseigneur trace à la hâte ce peu de mots : « Remerciez Dieu ! le décret de louange est accordé. Il doit être transcrit ; mais j'espère vous le porter moi-même. Quant aux constitutions, les observations viendront plus tard, sans trop de délai. Priez toutes pour moi. *Ave Maria.* »

Quelle joie ces quelques lignes répandirent dans le cœur des religieuses de Sainte-Julienne ! avec quel pieux enthousiasme monta vers le ciel, l'expression de leur reconnaissance envers Notre Seigneur, la Très Sainte Vierge et leur sainte Patronne !

Le nouveau Cardinal fit son entrée solennelle à

Malines le 21 avril. Il y fut reçu avec tous les honneurs dus à sa haute dignité, et acclamé par les mille voix de ses ouailles, heureuses à la fois de son retour et de son élévation au cardinalat. La veille de ce beau jour, Son Éminence avait fait venir Mme Fanny à Laeken, pour lui remettre le décret de louange et la bénir au nom du Souverain Pontife. Pie IX avait bien voulu, dans sa paternelle condescendance, envoyer des médailles aux Apostolines. En les remettant au Cardinal Dechamps, il avait dit : « Portez cela à vos filles et dites-leur que c'est le don d'un père pauvre à des enfants pauvres. »

On n'ignore pas qu'à Rome, une congrégation spéciale de Cardinaux est préposée aux affaires des Évêques et Réguliers ; c'est à elle qu'il appartient d'examiner les constitutions des instituts nouveaux, en formation dans l'Église ; de cet examen, s'il est favorable, résulte le Décret de louange, qui forme comme le premier degré de l'approbation définitive. Au décret laudatif de l'Institut des Dames de Sainte-Julienne, avaient donc été jointes quelques observations sur les constitutions de cet Institut. Dans le désir de les connaître, Mme Fanny adressa de Salzinnes au Cardinal, le 18 mai, les lignes suivantes :

« Éminentissime Père,

» Permettez-moi de vous exprimer combien je serais heureuse de recevoir les observations de la Sacrée Congrégation. Notre Seigneur permet que je puisse rester ici, où je trouve le recueillement nécessaire pour les peser mûrement au pied du Très Saint-Sacrement, en dehors de toute autre préoccupation.

» Qu'il me soit aussi permis, Monseigneur, de transmettre à Votre Éminence quelques détails sur la retraite qui vient de se terminer ici. Le P. Olivier, de la Compagnie de Jésus, qui l'a prêchée, réunissait toutes les qualités désirables. Il a grandement satisfait son auditoire qui, du reste, était composé de personnes bien préparées à recevoir la parole de Dieu ; la retraite a été particulièrement bénie. Le P. Olivier ne connaissait pas notre institut avant de venir à Salzinnes ; il a bien voulu faire une conférence à la communauté. Il nous a dit qu'il était heureux de nous parler, afin de nous exprimer son admiration pour l'œuvre à laquelle nous nous consacrons ; il a ajouté qu'on ne pouvait l'étudier sans y voir le doigt de Dieu, parce qu'elle remplit une grande lacune de notre époque, à savoir le manque d'instruction religieuse. Ses dernières paroles ont été celles-ci : « Courage! Vous avez eu bien des croix ; sans doute, vous en aurez encore ; mais votre œuvre prendra un grand développement, parce qu'elle est l'œuvre de Dieu, complète dans sa conception. »

Le Cardinal accéda au désir de Mme Fanny et lui envoya les documents demandés, en ajoutant ces mots : « Faites bien tout ce que Dieu veut avant ma mort, afin que je puisse achever à Rome l'œuvre des Dames de Sainte-Julienne, Apostolines du Très Saint-Sacrement. »

Les préoccupations sérieuses des grands intérêts de
l'institut ne faisaient pas perdre de vue à la fondatrice
les plus humbles travaux de l'apostolat. C'est l'éternel
honneur de la religion catholique de ne laisser aucune
douleur sans consolation, aucune misère sans soulagement, et d'aller au-devant de tous les besoins pour les
secourir. L'œuvre des forains l'atteste une fois de plus.
Des cœurs généreux s'émurent de l'état d'abandon et
d'ignorance où gémissait cette portion délaissée du troupeau de Jésus-Christ, allant de ville en ville, sans soutien moral ni religieux. On entreprit de faire du bien à
cette tribu nomade, en commençant par les enfants.
L'œuvre s'organisa à Anvers d'abord, puis successivement à Bruxelles, à Namur et dans d'autres villes ; et
partout elle ne cesse de donner les résultats les plus
consolants. C'est un vrai travail de missionnaire, momen-
tané, mais fructueux. Voici comment on procède : quelques personnes dévouées parcourent le champ de foire
pour recueillir tous les enfants en âge de recevoir l'instruction religieuse. On les réunit chaque jour pendant
quelques heures dans un local approprié. Là, on leur
apprend les prières et on leur enseigne le catéchisme,
en s'attachant avec un soin particulier aux enfants que
l'on prépare au grand acte de la première communion.
Les leçons sont entremêlées de cantiques, et sont suivies d'un repas et de quelques joyeux délassements,
propres à attirer ce cher petit troupeau, un peu sauvage,
et à lui rendre moins ardus, les enseignements sérieux

auxquels il n'est guère habitué. Par les soins donnés aux enfants, il devient facile d'agir sur les parents, et souvent on a la consolation de les amener à la réception des sacrements. On les dispose soit au baptême, soit à la première communion et à la confirmation, soit à une bonne confession, parfois au mariage; ils reviennent aisément à des sentiments pieux, se voyant comblés des bienfaits de la religion.

Mme la Comtesse du Bois d'Aissche s'occupait avec zèle de l'œuvre des forains à Anvers. Ayant appris qu'une foire exceptionnelle allait avoir lieu dans la Plaine des Manœuvres, à Bruxelles, elle écrivit aussitôt à Mme Fanny pour l'engager à catéchiser les enfants de ce peuple ambulant. La Supérieure saisit avec empressement une si belle occasion de travailler au salut du prochain. Elle communique son ardeur aux Dames associées qui ne craignent pas d'aller chercher elles-mêmes ces petites âmes abandonnées, et elles n'en recueillent pas moins de soixante-dix. Pendant près d'un mois, une vingtaine de maîtresses, pleines de bonne volonté, se dévouent à les instruire; leur zèle est couronné du plus heureux succès. Une série d'instructions prêchées par le P. Van Roy servent de préparation à la communion générale. Le même jour, deux enfants, une jeune fille et son frère, ont le bonheur de recevoir le saint baptême et de s'approcher pour la première fois de la Table Sainte, dans les meilleures dispositions. Cette touchante cérémonie, qui se fait dans la chapelle de Sainte-

Julienne, émeut profondément tous les assistants. Un déjeuner est offert ensuite aux enfants qui ont pris part à la retraite et à la communion générale; les dames catéchistes se font un plaisir de servir elles-mêmes leurs petits protégés et leurs parents. Enfin, une distribution de prix met le comble au bonheur des jeunes forains. Le souvenir de la maison de Sainte-Julienne leur reste cher et les suit au loin. Plusieurs d'entre eux donnent assez longtemps des nouvelles de leur vie nomade. Le petit garçon baptisé à Bruxelles écrivait dans son naïf langage : « Nous sommes fidèles à nos devoirs depuis que nous sommes entrés dans la *voie ferrée* du salut. » Un peu plus tard la même œuvre inaugurée à Salzinnes y produisit également les meilleurs résultats.

Un champ nouveau allait s'ouvrir encore à l'ardente charité de Mme Fanny, dans la paroisse des Minimes, une des plus populeuses de Bruxelles, habitée en grande partie par la classe ouvrière. Pendant plusieurs années Mlle Marie Schaumans s'y était consacrée aux catéchismes des jeunes filles ; sous son habile direction ils prirent une telle importance, qu'il arriva un moment où elle n'osa plus en assumer la responsabilité. Elle en référa au vénérable curé, M. Vervloet, dont le zèle et les vertus ont laissé de si édifiants souvenirs. Ce dernier résolut de s'adresser à Mme Fanny, pour la prier d'admettre au nombre des œuvres de son institut, les catéchismes de la paroisse des Minimes. Pour des motifs particuliers, et s'inspirant de sentiments très délicats, la Supérieure refusa. M. Vervloet ne perdit cependant pas tout espoir, et quelques mois après il renouvela ses instances dans les termes les plus pressants :

> « Le 23 octobre 1875.

> » Madame la Supérieure,

> » Ne pouvant aller vous trouver en personne à cause de l'indisposition qui me force à rester chez moi, j'ose prendre la liberté de vous écrire. Bien que nous ayons déjà subi différents refus de votre part, je ne puis me faire à l'idée que vous ne pourriez pas nous venir en aide pour l'instruction religieuse des nombreux enfants pauvres de ma paroisse. Le personnel qui se dévoue à cette œuvre est devenu insuffisant, et Mlle Schaumans, qui la dirige, me déclare que, dans ces conditions, elle ne pourra plus continuer cette fonction.

> » Comme je vous l'ai déjà dit, Madame, M. le vicaire Baetens, qui s'occupe plus spécialement des catéchismes dans cette paroisse, Mlle Schaumans, plusieurs de ses aides et moi-même, nous sommes unanimes pour le choix de votre communauté. C'est donc sur votre concours que, tous ensemble, nous fondons l'espoir d'obtenir dans cette populeuse paroisse, une œuvre stable et prospère.

> » Osant espérer que ces mêmes sentiments vous animeront, j'ai l'honneur, Madame la Supérieure, de vous offrir mes respects.

> » Votre tout dévoué,
>
> » C.-J. VERVLOET,
>
> » curé des Minimes. »

Le Cardinal, mis au courant de ces divers incidents, trancha la question dans le sens des intentions exprimées par M. Vervloet. Après la distribution des prix, l'œuvre passa aux mains des Dames de Sainte-Julienne.

Mlle Schaumans connaissait de longue date Mme Fanny et l'estimait beaucoup; elle avait suivi avec un vif intérêt l'extension de l'institut dont elle n'ignorait pas les vicissitudes prolongées. Depuis son enfance, elle éprouvait le désir de la vie religieuse que des raisons de famille ne lui avaient pas permis d'embrasser plus tôt; mais, dès qu'elle fut libre de suivre son attrait, elle demanda et obtint son admission dans la communauté des Apostolines du Saint-Sacrement.

On le voit, c'est par des circonstances toutes providentielles que s'accomplit le développement de l'institut. La sage fondatrice, toujours humble et fidèle, attendait l'initiative du divin Maître; mais dès que la volonté du Ciel lui était connue, rien ne pouvait effrayer son courage ni lasser sa constance.

CHAPITRE XIX

1876

Les rigueurs de l'hiver étaient toujours funestes à la
santé de la fondatrice, dont les forces physiques ne se soutenaient que grâce à son indomptable énergie. Au commencement de l'année 1876, sa faiblesse devint extrême
et l'obligea à garder le lit pendant plusieurs mois. Cet état
de langueur se compliqua d'un abcès au bras, qui la faisait beaucoup souffrir. Ses douleurs étaient souvent très
aiguës, mais ne lui arrachaient jamais une plainte. Dans
ses moments de crise, elle se contentait de redire : « Que
Dieu est bon ! O Jésus, que vous êtes bon ! » Oui, Dieu
était bon pour elle ; et dans sa tendresse il allait ménager à la pauvre malade une sensible consolation. Un jour
une de ses religieuses, entrant précipitamment dans sa
chambre, lui dit : « Ma Mère, Monseigneur est là, il vient
vous guérir. » Un instant après le Cardinal entrait, la
bénissant en présence de ses filles agenouillées autour
d'elle. Celles-ci se retirèrent. Quel fut le sujet de l'entretien qui eut lieu entre les deux fondateurs, sous la
profonde impression de l'état si grave de la malade ? Nous

ne le savons pas; mais les circonstances permettent d'augurer, qu'après avoir parlé à son père vénéré des intérêts de son âme, Mme Fanny confia de nouveau tous ceux de l'institut au digne prélat qui, depuis douze ans, lui prodiguait une sollicitude et un dévouement à toute épreuve. Quand l'Archevêque revint vers la communauté, il lui donna les plus paternels encouragements et dit avec conviction : « Ne craignez pas, mes enfants; votre Mère est bien faible, mais elle ne mourra pas ; vous êtes encore trop jeunes pour devenir orphelines. » Dieu dans sa bonté ratifia ces paroles. Une fois encore le mal fut vaincu ; et dès que Mme Fanny se sentit la force d'écrire, elle s'empressa de remercier le Cardinal. « On me permet, lui mande-t-elle le 9 juin, de me lever deux heures chaque jour; j'en suis heureuse, car mon cœur éprouve un grand désir de témoigner à Votre Eminence combien j'ai de reconnaissance envers elle. Que Notre Seigneur a été bon pour moi en vous inspirant, à vous mon Père, la pensée de venir visiter et bénir votre fille qui se mourait silencieusement. Dieu qui m'a conduite aux portes du tombeau m'en a fait revenir. Mais laissez-moi vous redire encore que votre présence m'a fait un bien inexprimable, et a tant encouragé toute ma communauté, mes premières filles surtout. Je viens de recevoir les deux médecins qui me traitent ; ils disent que ce sera long. »

Ce fut long en effet; cependant, dès le mois de juillet, nous voyons la digne Mère s'occuper d'une œuvre nou-

velle qui lui avait été proposée depuis quelque temps, et
à laquelle sa maladie avait apporté du retard. Au temps
où le P. François de Sales donnait à Sainte-Julienne
des conférences sur l'éducation, une dame habitant la
paroisse de Saint-Gilles, le pria de solliciter l'établissement d'un catéchisme dans ce faubourg très populeux et
encore dépourvu d'institutions religieuses. Cette invitation répondait à une pensée déjà bien ancienne dans l'âme
de la fondatrice. Avant même de commencer son œuvre,
elle avait l'habitude d'aller le dimanche visiter les pauvres de Saint-Gilles, où l'association des Dames de la
Miséricorde n'était pas encore organisée. Sa charité la
portait de préférence vers ces quartiers éloignés où elle
trouvait de plus grandes misères à soulager. Une
fois entre autres, ayant pénétré dans un grenier, elle se
vit en présence d'un dénuement absolu. Une malheureuse
veuve, entourée de dix enfants à peine vêtus, essayait
péniblement de laver les quelques haillons qui devaient
les couvrir. La compatissante visiteuse n'eut pas de repos
avant qu'une telle détresse ne fût efficacement soulagée.
De pareils souvenirs étaient bien faits pour engager
la digne Supérieure à diriger le zèle de ses filles vers
cette région si privée de secours.

Après les premières ouvertures faites par le P. François de Sales, la pieuse chrétienne qui en avait pris
l'initiative vint en personne prier Mme Fanny de commencer son œuvre à Saint-Gilles. Elle hésita. Relatant
cette circonstance dans une lettre écrite à une de ses filles

à Salzinnes, elle ajoute : « Je ne sais pas encore ce que le bon Dieu veut de nous, mais je suis tout impressionnée en voyant qu'il semble nous confirmer dans la pensée et la volonté de former un catéchisme à Saint-Gilles : c'est un désir que j'éprouve depuis vingt ans. Prions et humilions-nous; importunons le bon Maître pour obtenir de lui les grâces nécessaires ; mais dans les ténèbres comme dans la lumière, crions : Que Dieu est bon ! Vive Jésus au saint tabernacle et dans nos cœurs ! »

Bientôt après, il fut décidé que des catéchismes seraient établis à Saint-Gilles. On loua une maison dans laquelle ils furent inaugurés dès le mois de septembre. M. De Saeger, curé de la paroisse, vint bénir cet humble berceau d'une œuvre qui compte aujourd'hui plus de quatorze cents jeunes filles. Le vénérable octogénaire exprima son bonheur et sa reconnaissance, et ne cessa, jusqu'en ses derniers jours, de donner des témoignages de ces sentiments aux Dames de Sainte-Julienne et à leurs ferventes collaboratrices.

A peine cette œuvre était-elle accomplie qu'une nouvelle demande fut adressée à la fondatrice. Une de ses amies d'enfance, Mlle Marie Boulvin, avait parlé en termes élogieux de l'œuvre de Sainte-Julienne à M. Heggens, curé de Gilly. Ce digne ecclésiastique, placé depuis peu à la tête de cette paroisse, y déployait un zèle ardent pour le salut de ses ouailles. Il constata bientôt avec douleur, qu'un grand nombre d'enfants de dix à quatorze ans n'allaient pas à la messe le dimanche ; que d'autres, un peu plus âgés, ne savaient plus un mot du catéchisme ; et que les jeunes gens qui se présentaient pour contracter le mariage, se rappelaient à peine l'existence de Dieu. Le nouveau pasteur comprit que pour combattre un mal si profond il lui fallait des aides, et conçut le projet d'établir à Gilly une maison d'Apostolines du Très Saint-Sacrement. Il en fit la demande à la Supérieure par l'intermédiaire de Mlle Boulvin, espérant ainsi arriver plus facilement à son but. La proposition, appuyée par Mgr l'Évêque de Tournay, était faite dans les termes les plus pressants et dans les conditions les plus avantageuses. Néanmoins, Mme Fanny se vit forcée de donner un refus ; il lui était impossible d'entreprendre une fondation nouvelle, le nombre de ses religieuses étant à peine suffisant pour maintenir les deux maisons existantes. Ce fut un sensible chagrin pour son cœur d'apôtre, qui aurait voulu porter en tout lieu le flambeau de la vérité.

Mme Fanny annonça au P. Pététot l'établissement des deux nouvelles succursales de Bruxelles ; elle lui parla également de sa grave maladie. Les conseils et les encouragements du digne oratorien lui étaient toujours très précieux et accordés avec empressement. Cette fois cependant la réponse tarda plus que de coutume ; mais il prit occasion de ce délai même pour exprimer d'une manière plus touchante, dans une lettre datée du 22 juillet 1876, son dévouement à l'Institut de Sainte-Julienne ;

« Ma Révérende Mère,

« Que de fois j'ai voulu vous écrire, mais une chose, puis une autre est venue m'en empêcher. J'aime à me persuader que vous n'avez pas supposé qu'il y eût de ma part indifférence; cette supposition me serait aussi pénible qu'elle est fausse. J'ai lu et relu votre lettre avec le plus grand intérêt et en même temps avec action de grâces, en voyant que la bénédiction de Dieu continue à se manifester sur votre œuvre. Ce qui m'a fait surtout une vive et douce impression, c'est la visite si bonne, si cordiale de Son Eminence, et je bénis presque cette maladie qui vous l'a attirée; elle a dû être pour vous une grande consolation. Au reste, ma Révérende Mère, toute votre lettre me confirme de plus en plus dans la persuasion que votre œuvre est en plein dans la phase du développement et du progrès. Sans doute elle rencontrera encore des difficultés; il faut même l'espérer pour qu'elle continue à être l'œuvre de Dieu; mais elle saura triompher. Vos nouvelles branches de catéchisme, vos novices, tout cela est considérable; on y voit avec évidence la main de Notre Seigneur. Maintenant demandons-lui encore de bonnes novices, vraiment animées de son esprit; humbles surtout. Ce qui importe n'est pas le nombre, mais le choix. Si le nombre se joint au choix, alors tout sera pour le mieux, et cela n'est pas impossible. Enfin, ma Révérende Mère, ce que je vous demande malgré tous mes retards, c'est de me tenir au courant de tout ce qui intéresse votre communauté. Soyez sûre que toutes les fois qu'il s'agira d'une affaire sur laquelle vous croirez utile de me consulter, je quitterai tout pour vous répondre immédiatement. »

Le bienveillant intérêt pour l'œuvre de Sainte-Julienne si cordialement exprimé par le P. Pététot ne se démentit jamais, même après que Dieu eut rappelé à lui la digne Fondatrice. C'est ainsi qu'en 1886, il souhaita vivement revoir une dernière fois la communauté, qu'à plusieurs reprises il avait tant édifiée par ses vertus. Très avancé en âge, il s'était démis de sa charge, et Mgr Perraud, évêque d'Autun, lui avait succédé comme Supérieur Général de l'Oratoire. Sa Grandeur, informée des désirs du saint vieillard, en prévint aussitôt la Supérieure actuelle. Celle-ci s'empressa d'inviter ce vénérable ami à donner, comme il l'avait fait autrefois, une retraite à la communauté qui lui gardait aussi le plus fidèle et reconnaissant souvenir. Le P. Pététot avait alors quatre-vingt-quatre ans; il se hâta néanmoins de répondre à cet appel; il vit avec bonheur le couvent transformé, et prêcha dans cette chapelle dont il avait tant souhaité l'érection. Le voyant accablé par l'âge et les infirmités, la Supérieure lui demanda respectueusement ce qui l'avait porté à s'imposer les fatigues d'un long voyage pour donner à la famille de Sainte-Julienne une telle preuve de bienveillance. Il répondit : « Votre fondateur était mon meilleur ami, et votre fondatrice, je la vénérais comme une sainte. »

A peine rentré à Paris, il écrivit à la Supérieure ces

lignes qui devaient être pour la communauté, un précieux encouragement : « Des souvenirs de mon long ministère, cette retraite sera l'un des plus consolants. »

L'affermissement de son œuvre portait Mme Fanny à une immense gratitude envers Dieu, en même temps qu'à une humilité de plus en plus profonde, qui lui faisait dire un jour à une amie intime : « Je suis saisie de voir tout ce que le bon Dieu permet... Et nous ne sommes rien ! Abaissons-nous toujours davantage devant lui ; c'est le seul moyen de lui rendre grâces. »

Les labeurs de cette année, si féconde pour la prospérité de l'institut, avaient de nouveau consumé les forces de la fondatrice ; elle retomba malade, et son état devint si alarmant qu'on jugea prudent de lui accorder les secours suprêmes de la Religion. Ils lui furent administrés par M. Verstraelen, Curé-Doyen de Saint-Servais, confesseur et appui dévoué de la communauté. Ce n'était pas encore l'heure de la récompense pour la fidèle épouse de Jésus-Christ ; sa mission n'était pas terminée. Elle resta longtemps clouée sur un lit de douleur, mais tout danger de mort avait disparu.

Mgr Dechamps, appelé à Rome par le Souverain Pontife, était absent pendant cette triste période. Quand il revint à Malines, il se hâta d'écrire à sa fille spirituelle : « On m'a dit que vous avez reçu l'Extrême-Onction ; j'ai répondu : Ce n'est pas encore pour le départ, au contraire. Soyez bénie ! je vous apporte une bénédiction spéciale du Saint-Père pour 1877. »

CHAPITRE XX

1877-1879

La bénédiction particulière que le Saint-Père avait daigné envoyer à Mme Fanny pour l'année nouvelle, fortifia son courage au milieu de ses continuelles infirmités. « Ma fille en Jésus-Christ, lui écrit le Cardinal le 14 avril, la fête de sainte Julienne est transférée du 5 avril au 14 à cause des fêtes de Pâques, et je veux que ma bénédiction vous arrive, à vous et à vos chères filles, à vos chères dames et à vos chers enfants, pendant que vous invoquez votre patronne et la mienne. Sainte Julienne doit vous obtenir à toutes, un grand amour pour Notre Seigneur Jésus-Christ dans son Très Saint-Sacrement et la grâce de le faire aimer par des milliers et des milliers d'âmes. Pauvre monde qui ne veut pas savoir que la vraie vie est là ! Mais les œuvres de Sainte-Julienne et les Apostolines du Très Saint-Sacrement feront connaître et goûter cette vie de plus en plus. Ayez foi et confiance ! Je vous bénis tout particulièrement sur votre lit de malade, afin que vous ayez confiance dans la croix. *Ave Maria...* Priez avec sainte Julienne pour le vieux cardinal et père. Je vous félicite du progrès des œuvres à Bruxelles; c'est le fruit de la croix. Sainte Julienne a son office célébré dès aujourd'hui dans toutes les nations du rit latin, même chez les latins de l'Orient, grâce à Dieu et à vos prières unies à celles de la Très Sainte Vierge. »

L'été rendit un peu de santé à l'héroïque fondatrice; elle en profita pour s'occuper de l'agrandissement de la maison-mère. Religieuses et novices avaient grand'peine à se caser dans les trois maisons dont se composait alors le couvent. De plus, la chapelle devenait insuffi-sante, surtout aux temps des retraites ; on s'étonne encore aujourd'hui au souvenir des réunions distinguées qui remplissaient, serrées et compactes, la chapelle, les tribunes réservées aux religieuses, et parfois même la sacristie. On pensa d'abord à remplacer le sanctuaire provisoire par une chapelle qui répondît mieux à l'exten-sion des œuvres. Malheureusement, au moment où l'on allait en venir à l'exécution, le Conseil communal de Saint-Josse-ten-Noode décréta l'élargissement de la rue du Marteau; cette mesure entraînait une emprise de trois mètres sur l'emplacement acheté en vue d'y bâtir la chapelle; l'espace, dès lors, devenait trop restreint. Toujours soumise au bon plaisir de Dieu, Mme Fanny renonça paisiblement à ce projet, ajourné depuis longtemps déjà. Parlant de ce contre-temps : « Cela se fera plus tard, dit-elle, quand le bon Dieu voudra; voilà où la chapelle sera construite. » Et elle désignait un bâtiment à l'endroit précis où s'élève aujourd'hui l'église de Sainte-Julienne. Or, ce fut seulement deux ans après sa mort que cette propriété put être acquise. En attendant, une construction qui séparait le couvent de l'emplacement désigné devenait à peu près indispensable à la communauté. Le propriétaire se décida à la vendre, et l'offrit à Mme Fanny à un prix fort élevé. Mgr Dechamps fit de justes observations sur la difficulté de se procurer les ressources nécessaires à un achat de cette importance. « Cependant, ma fille, ajoutait-il en terminant, pour vous je me contenterai de votre confiance, si vous avez foi que vos bienfaiteurs et vos bienfaitrices vous donneront ce qu'il vous faudra en plus, chaque année. » Après mûre réflexion, la fondatrice entra en négociation avec le propriétaire, et s'engagea à lui payer à une date fixée la somme de vingt mille francs, au défaut de laquelle le marché serait déclaré nul. Elle n'était pas en mesure de satisfaire à cet engagement; elle attendait avec une tranquille assurance que la Providence vînt à son secours. Le premier vendredi de novembre se trouvait être le jour de la Commémoration des Morts. La digne Supérieure prolongea sa prière auprès du Saint-Sacrement; puis, elle dit à Mme Louisa : « Ma Mère, j'ai demandé aux âmes du Purgatoire les vingt mille francs que nous devons verser pour le premier payement de la maison; demandez-les avec moi. » Un instant après, on vint lui annoncer la visite d'une

Couvent des Dames de Sainte Julienne de la Charité, 33, a Bruxelles
(Maison-Mère)

demoiselle qu'elle n'avait jamais vue. Celle-ci lui avoua
qu'étant sortie de chez elle sans nulle intention de
venir à la chapelle de Sainte-Julienne, elle y avait été
poussée comme malgré elle. Pendant son adoration, elle
se sent irrésistiblement amenée à la conviction que Dieu
lui demande de faire quelque chose pour cet institut,
lequel, une heure auparavant, lui était complètement
étranger. A première vue, l'insuffisance du local lui paraît
évidente. Supposant qu'on désire acquérir deux maisons
enclavées dans les bâtiments du couvent, elle s'offre à y
contribuer. La Supérieure la détrompe à cet égard, mais
elle lui parle des négociations entamées au sujet de
l'acquisition projetée et du premier engagement pris con-
ditionnellement. Aussitôt, la généreuse chrétienne,
devenue l'amie fidèle de la communauté, promet les
vingt mille francs et se proclame heureuse d'avoir été
choisie pour intermédiaire entre le Créateur aux richesses
inépuisables, et son humble créature dénuée des biens
de la terre, mais entièrement dévouée à la gloire de Dieu
et se reposant sur lui seul.

La protection constante du Seigneur sur sa fidèle servante ne se révélait pas moins dans les petites choses
que dans les grandes. En voici un trait charmant choisi
entre bien d'autres. Mme Fanny ne refusait jamais l'hospitalité aux religieuses étrangères qui se présentaient au couvent; elle les recevait très cordialement et les traitait en
sœurs. Un jour, vers midi, — c'était aux premiers temps
de la fondation, — deux religieuses viennent demander

à dîner ; comme toujours, on leur fait bon accueil ; mais au moment où elles vont se mettre à table, on s'aperçoit qu'il n'y a plus de bière dans la maison et pas d'argent pour en acheter. Que faire? N'offrir que de l'eau?... La Supérieure ne peut s'y résoudre. Instinctivement, ses pas se dirigent vers l'oratoire, et, se mettant à genoux devant le Tabernacle, elle dit à Notre Seigneur : « Mon Dieu, permettrez-vous que je ne puisse pas mieux rece-voir celles qui sont vos épouses ?, » Au même instant ses regards s'abaissent vers la table de communion, et elle y voit briller une pièce de deux francs. Quelle main l'y avait déposée? On ne le sut jamais.

Mme Fanny se faisait souvent accompagner au parloir par l'une ou l'autre de ses religieuses, et celles-ci purent toujours apprécier le tact parfait et l'esprit judicieux dont cette admirable Mère faisait preuve en toute circon-stance. Elle ne parlait jamais de sa personne sans y être obligée ; et malgré les besoins incessants qu'entraînaient ses œuvres, elle avait pour principe de ne pas importu-ner les personnes dont elle attendait quelque secours. Elle se contentait d'exposer discrètement les nécessités présentes, abandonnant tout à l'action divine sur les âmes. Un bienfaiteur, aussi distingué par ses vertus et ses qualités personnelles que par le haut rang qu'il occupait dans la société, étant venu lui faire visite, elle l'entretint de sujets propres à lui plaire ; selon son habitude, elle sut rendre la conversation très agréable. Quand il se retira, la Supérieure se borna à ces simples paroles :

« Je vous recommande les œuvres de notre institut; il y a de grands besoins. » Le lendemain, le noble visiteur, M. de Moreira, lui fit un don vraiment royal, et lui avoua que la veille, en passant près du couvent, il s'était dit : « Qui sait s'il n'y a pas là des besoins? » et que cette pensée l'avait engagé à venir la voir.

Il faut bien que nous parlions d'une des peines les plus sensibles par lesquelles Dieu permit que la fondatrice fût jamais éprouvée; elle la pressentait depuis un certain temps, sans pouvoir la conjurer : la maison de Salzinnes avait été principalement confiée aux soins de Mme Louisa; mais sa santé très délicate lui en rendait souvent le séjour impossible, surtout en hiver; d'autre part, de constantes difficultés résultaient de la nécessité où se trouvait la Supérieure de soutenir à la fois deux établissements, avec un nombre insuffisant de religieuses. A plusieurs reprises, les bienfaiteurs de la maison de Salzinnes exprimèrent le regret de ne pas la voir occupée par une communauté bien constituée. Mme Fanny essaya vainement de leur faire prendre patience; elle était dans l'impuissance de les satisfaire pour le moment, le grand développement des catéchismes à Bruxelles ne lui permettant pas de diminuer notablement le personnel de la maison-mère. Les œuvres, cependant, ne déclinaient pas à Salzinnes ; les catéchismes y étaient même en progrès. Pour les retraites et les cérémonies exceptionnelles, les religieuses de Bruxelles venaient prêter secours à leurs sœurs de Namur, et le bien commencé se soutenait.

C'était trop peu au gré des bienfaiteurs ; jugeant que
leurs intentions n'étaient pas réalisées et croyant que
leur générosité pourrait produire d'une autre manière,
un plus grand bien pour le salut des âmes, ils prirent la
résolution d'abandonner la fondation. Ce sacrifice fut bien
amer, après douze années d'efforts vraiment héroïques
pour maintenir cette maison, dans laquelle la communauté
avait été appelée par son vénérable fondateur lui-même.
On était au mois de mars 1879 ; le 19, fête de saint
Joseph, la dernière messe fut célébrée dans ce sanctuaire
ouvert autrefois dans les transports d'une sainte allégresse, alors que tout parlait d'espérances, maintenant
déçues. La déception n'était que temporaire, il est vrai,
mais Dieu cachait ses desseins à la digne fondatrice qui
ne devait édifier que sur la croix, et cette fois la croix
pesa lourdement sur les épaules de la servante de Dieu.
Plus que jamais souffrante et épuisée, elle ne put même
se rendre à Salzinnes pour assister au saint sacrifice qui
précéda de peu d'instants la fermeture du couvent. Sa
sœur, Mme Heeren, et plusieurs religieuses de la maison-
mère, la remplacèrent dans ces pénibles circonstances.
Les dames de Namur attachées à l'œuvre, se firent un
pieux devoir de venir une dernière fois prier et communier dans la chapelle où tant de grâces leur avaient été
accordées, et la quittèrent en pleurant, après avoir
exprimé aux Apostolines leurs profonds regrets de les
voir s'éloigner. Mgr Piérard, qui officiait, ne put lui-
même retenir ses larmes en songeant que l'auguste Vic-

time ne descendrait plus en ces lieux longtemps sanctifiés par sa divine présence.

La douleur est féconde, et les pleurs se transforment en bénédictions sous la main de Celui qui dirige toutes choses. Une étincelle de vie restait cachée sous les ruines de la fondation de Salzinnes et devait se ranimer bien des années plus tard, après la mort de Mme Fanny. Mais Dieu laissait à la généreuse fondatrice tous les mérites d'un sacrifice dont ses filles allaient un jour recueillir les fruits, à Namur même. Les conséquences de ce triste événement étaient désastreuses ; il s'en fallut de peu que la suppression de la maison de Salzinnes n'entraînât de graves préjudices pour la maison-mère de Bruxelles. Une partie essentielle de ses immeubles, provenant de la même munificence que ceux de Salzinnes, allait lui être retirée. Le Seigneur intervint en substituant une bienfaitrice à une autre : vers la même époque, une dame de haut rang se présente, rue de la Charité, pour faire une retraite particulière ; Mme Fanny la reçoit, et comme si son regard avait entrevu l'avenir, elle dit en quittant le parloir : « Qui sait pourquoi le bon Dieu nous l'envoie? » Les quelques jours de recueillement passés au couvent inspirèrent à la retraitante une vive sympathie pour la communauté de Sainte-Julienne. On s'en souvint à l'heure de la détresse, et l'on eut recours à son bon vouloir. Ce ne fut pas en vain ; car elle se hâta de conjurer la catastrophe qui était imminente. Que Dieu est bon ! purent redire une fois de plus, la digne fondatrice et ses filles.

CHAPITRE XXI

1880

Les circonstances pénibles qu'elle venait de traverser
avaient vivement affecté la digne fondatrice. Mais elle
n'était pas seule à souffrir ; à côté d'elle d'autres cœurs,
intimement unis au sien, partageaient l'amertume de son
calice. L'état de Mme Louisa, malade depuis longtemps et
atteinte d'hydropisie, devint alarmant. Elle supportait
ses douleurs avec une touchante résignation ; si chaque
jour voyait décroître ses forces, chaque jour aussi
voyait sa belle âme se détacher davantage des choses de
la terre et s'élever plus pure vers les régions célestes.
Patiente et douce, la fervente religieuse tâchait de
reconnaître les soins attentifs dont on l'entourait, par
un bienveillant sourire ou quelque bonne parole ; la sérénité de son regard révélait combien elle était unie à
Dieu : elle semblait vivre déjà dans la cité de l'éternelle
paix. Souvent elle lisait dans les yeux de sa chère
Fanny l'angoisse secrète que l'amie ne parvenait pas toujours à dominer ; elle cherchait alors à soutenir son
courage en lui parlant de confiance et de saint
abandon.

Bientôt on perdit tout espoir de conserver cette Mère vénérée, que les plus pieuses affections entouraient ici-bas. Mme Fanny, surmontant sa douleur, sut trouver dans sa profonde tendresse assez d'énergie pour préparer elle-même à la réception des derniers Sacrements et à la mort, la sœur si chère dont la vie n'en formait, pour ainsi dire, qu'une avec la sienne. M. Verstraelen, Curé-Doyen de Saint-Servais, apporta à la mourante les secours de la Religion. Avant la cérémonie, Mme Louisa entretint paisiblement de sujets élevés, la religieuse qui était auprès d'elle ; car les hauteurs plaisaient à cette âme d'élite. Puis, voyant approcher l'heure du grand acte qui allait s'accomplir, elle lui dit avec calme « Ma petite sœur, laissez-moi maintenant ; je vais me préparer bien tranquillement à la visite de Notre Seigneur. »

Au moment solennel, toutes les religieuses, un cierge à la main, font cortège à la divine Eucharistie. Le vénérable prêtre fait une touchante exhortation qui émeut profondément tous les cœurs ; et s'avançant vers la pieuse malade assise dans un fauteuil, il lui administre l'Extrême-Onction, après lui avoir donné son Sauveur adoré que bientôt elle possédera sans voile et pour toujours. Après la communion, Mme Louisa entra dans un long recueillement que personne ne voulut troubler.

Mgr Delogne, Vicaire Général de Namur, qui l'avait connue lors de sa conversion, vint lui rendre visite la veille de sa mort ; quand elle le vit entrer elle s'écria :

« Ah ! Monseigneur, j'ai le bonheur de mourir enfant de la Sainte Église ! » Pendant ses dernières heures, elle dit à celles qui l'entouraient : « Mes enfants, j'ai bien souffert dans ma vie ; mais à la mort on est si heureux d'avoir souffert. » Ce fut dans ces beaux sentiments que s'endormit dans la paix du Seigneur, le 4 août 1880, cette femme si distinguée par les qualités de l'esprit et du cœur.

Comme le révèlent les paroles prononcées par elle peu avant sa mort, elle avait beaucoup souffert ; d'amères déceptions avaient succédé aux joies de ses jeunes années ; mais la souffrance transforma sa vie. Le Dieu des miséricordes lui accorda d'amples compensations par le don d'une foi entière et agissante, par les consolations d'une fervente piété, et plus encore, par la grâce de la vocation religieuse et la faveur insigne d'avoir été le premier soutien d'un institut où son souvenir sera béni à jamais. Elle avait répondu aux bienfaits du Ciel par un amour fidèle ; et du jour où elle avait reçu la grâce de la lumière divine, sa vie était devenue une ascension continuelle vers le vrai, le bien et le surnaturel.

Il suffisait de connaître Mme Louisa pour l'estimer et l'aimer ; aussi, de toute part arrivèrent, abondants et empressés, des témoignages de sympathie et de condoléance. Ils furent un allègement à l'immense douleur de Mme Fanny. Dieu lui avait enlevé sa première compagne, celle qu'elle chérissait comme une mère et une sœur, et qui avait partagé si généreusement ses travaux et ses épreuves. Mgr Dechamps, bien que très malade, s'empressa d'écrire les lignes suivantes à sa fille spirituelle, dont il comprenait la légitime affliction :

« Le 5 août 1880.

» A ma fille en Jésus-Christ et à toute la communauté.

» Oui, le départ des saintes âmes nous laisse dans la tristesse ; mais cette tristesse est pleine d'onction ; elle n'est pas seulement unie à l'espérance, mais à la plus parfaite confiance.

» La charité veut cependant que nous priions pour elle, puisqu'on assure que des saints ont passé par le purgatoire. J'offrirai donc le saint sacrifice pour cette chère âme, et je compterai comme vous sur son souvenir et son intercession. Qu'elle nous obtienne de mourir comme elle dans la foi, le repentir, l'action de grâces, le filial abandon à Dieu en Notre Seigneur Jésus-Christ. Je vous bénis, vous et toutes, en demandant vos prières. »

A la date du 20 août, Mme Fanny répondit au Cardinal :

« Eminentissime Père,

» J'aurais voulu vous remercier plus tôt des paroles consolantes que Votre Eminence daigna nous adresser aussitôt après le décès de Mme Louisa ; mais les cérémonies, formalités et occupations de tout genre, résultant de ce triste événement, m'en ont empêchée.

» Cette vénérée Mère est la première d'entre nous que le Seigneur ait appelée à lui. Aussi, un bon Père m'écrit-il : « Pleurez-la, mais ne pleurez pas trop; vous avez » maintenant une fondation dans le ciel; Mme Louisa est » allée y choisir la place des Apostolines. »

» Les témoignages d'estime ne cessent de m'arriver en faveur de cette sœur bien-aimée; mais le vôtre, Monseigneur, prévint tous les autres et nous est le plus précieux de tous; je ne puis vous exprimer avec quelle reconnaissance nous l'avons reçu. Il aura réjoui le cœur de notre bonne Mère, qui a tant désiré vous revoir avant de mourir, comme Votre Eminence nous l'avait fait espérer. Notre Seigneur a jugé préférable de ne pas lui accorder cette consolation. Il nous a aussi refusé celle de la posséder jusqu'au 29 septembre, vingt-cinquième anniversaire de notre œuvre des catéchismes, qu'elle eût tant aimé célébrer avec nous; mais ses jours étaient accomplis.

» Nous lui avons rendu de notre mieux les derniers devoirs. Notre chapelle étant trop petite pour contenir toutes les personnes désireuses de s'unir à nous dans un dernier hommage à celle que nous pleurons, nous avons fait célébrer deux services dont l'un, corps présent et suivi de l'inhumation à Evere, où la divine Providence avait pourvu d'avance à la sépulture de la première d'entre nous pour laquelle s'ouvriraient les portes éternelles. Une bienfaitrice a acheté là, il y a sept ans, un terrain et y a fait construire un caveau pour la communauté.

» La mort de Mme Louisa est arrivée pendant une retraite donnée aux jeunes filles de nos catéchismes. Elles en furent vivement impressionnées et voulaient toujours prier auprès de sa chère dépouille. Elle fut exposée pendant trois jours dans son costume religieux ; son corps avait conservé la souplesse de la vie ; et l'expression douce et sereine de son visage portait la consolation dans le cœur de tous ceux qui venaient la voir avant la dernière séparation.

» Nous avons été heureuses, au milieu de notre peine, de voir arriver pour les obsèques de notre bien-aimée Mère Louisa, un de ses neveux d'Angleterre ; il était venu avec ses sœurs la visiter deux fois durant sa maladie. Apostoline jusqu'à son dernier jour, elle en avait profité pour les amener à nous connaître et à juger de près la religion catholique ; son désir était de voir ses nièces, non seulement catholiques, mais religieuses dans notre institut. « Puisque le bon Dieu l'a fait pour moi, » disait-elle, pourquoi ne le ferait-il pas pour elles ? »

» Deux de ses anciens amis de France, qui la vénéraient comme une sainte, nous ont écrit : l'un, qu'il était trop éloigné en ce moment pour assister au convoi funèbre ; l'autre, très âgé, qu'il n'avait pas le courage de se rendre à la triste cérémonie ; mais tous deux assurent qu'ils viendront avec leurs familles prier sur la tombe de celle dont le départ pour le ciel excite d'unanimes regrets.

» Daignez, Monseigneur, me pardonner d'entretenir aussi longuement Votre Eminence par tous ces détails : mon cœur est si plein de son souvenir! Qu'il vive à jamais parmi nous, et que nos jeunes religieuses apprennent d'elle la fidélité à Dieu, au devoir, à la mission qu'il leur a confiée, et aussi la sainte affection qui doit unir entre elles les âmes qui lui sont consacrées pour une même fin!

» C'est avec le plus profond respect que je demande instamment le secours des prières de Votre Eminence et sa sainte bénédiction pour toute ma communauté comme pour moi-même.

» Daignez agréer l'hommage de la vénération avec laquelle j'ai l'honneur d'être, Monseigneur,

> » De Votre Eminence

> » L'humble et soumise fille,

> » Fanny de l'Eucharistie. »

Tout entière aux regrets que lui causait la mort de Mme Louisa, la fondatrice eût voulu différer la célébration du jubilé des vingt-cinq années d'existence de l'œuvre des catéchismes ; mais Mgr Dechamps n'y consentit pas. Il lui fit observer qu'un jubilé doit se célébrer à date fixe. Elle s'inclina devant cette décision ; et surmontant courageusement sa profonde douleur, elle organisa la fête d'action de grâces.

En effet, quelle dette de reconnaissance l'institut
n'avait-il pas contractée depuis un quart de siècle, envers
la divine Providence, pour ses innombrables bienfaits!
Les catéchismes en pleine prospérité comprenaient plusieurs milliers d'enfants et un grand nombre de maîtresses
choisies; les réunions de travail, très bien composées,
se continuaient dans le meilleur esprit; les retraites,
données par d'excellents prédicateurs, étaient assidûment
suivies, malgré l'exiguïté de la chapelle et des locaux
dont on disposait; l'œuvre de l'adoration solidement
établie groupait des cœurs fervents et fidèles autour du
tabernacle, dans le modeste oratoire dont la simplicité
même portait à la piété. Bien des âmes redisent encore
combien elles se sentaient attirées vers le Très Saint-
Sacrement exposé dans ce dénûment, que des soins
pieux savaient dissimuler. Ne fallait-il pas aussi, et plus
encore, remercier Dieu d'avoir protégé la jeune communauté formée depuis dix ans, et qui, composée de vingt-
cinq membres, constituée régulièrement et entourée de
pieuses sympathies, venait d'obtenir la faveur de la
première sanction officielle du Saint-Siège? Quant à
l'esprit qui l'animait, un religieux éminent de la Compagnie de Jésus voulut bien, vers cette époque, en rendre
témoignage. Le P. Ch. De Smet, après avoir donné
en 1877 les retraites annuelles des dames du monde
et des religieuses, faisait depuis lors des conférences
habituelles à la communauté. Il dit un jour à la
Supérieure : « Il est très particulier de trouver dans

une aussi jeune communauté, l'esprit religieux au degré qui caractérise la vôtre. » On devine quelle consolation ce jugement apporta au cœur de la fondatrice qui avait tant travaillé et tant souffert pour atteindre ce résultat.

Elle a donc sonné l'heure de l'action de grâces ; les vingt-cinq ans sont accomplis ! Cette fête jubilaire fut célébrée par un triduum solennel dont la *Semaine Religieuse* de Bruxelles rendit compte en ces termes :

« Le 29 septembre dernier, fête de l'Archange saint Michel, et les deux jours suivants, les Dames Apostolines du Très Saint-Sacrement solennisaient dans leur oratoire placé sous l'invocation de sainte Julienne, le vingt-cinquième anniversaire de la fondation de leur institut. C'est de cette congrégation religieuse que nous a parlé notre éminent Archevêque, dans un magnifique sermon prêché à Sainte-Gudule le jour de la Fête-Dieu 1874. Auguste protecteur de cette œuvre de zèle, le Cardinal n'a pas voulu rester étranger à la célébration de son jubilé. Empêchée par les préparatifs de son voyage à Rome d'y présider en personne, Son Eminence a daigné écrire de sa main, sous la dictée de son cœur d'apôtre, la belle prière que voici :

PRIÈRE DES APOSTOLINES DU TRÈS SAINT-SACREMENT,
DES PERSONNES QUI SONT AFFILIÉES A LEUR INSTITUT ET DE TOUTES
LES AMES QUI PROFITENT DE LEURS SOINS.

C'est en esprit de reconnaissance, Seigneur, que nous célébrons ce jubilé de vingt-cinq ans de notre institut. Nous vous remercions des grâces que vous nous avez faites, lorsque vous

Vue intérieure de la Chapelle actuelle de Sainte Julienne

nous avez appelées à nous dévouer à l'auguste Sacrement de nos autels et à disposer, par l'instruction chrétienne, une foule d'autres âmes à jouir de ce mystère d'amour. Nous avons la confiance, Seigneur, que vous ferez durer cette œuvre, appuyée sur la vie religieuse, et que vous la ferez grandir et s'étendre. Nous vous le demandons par l'intercession de la Très Sainte Vierge Marie, par celle de notre bienheureuse patronne Sainte Julienne et par les prières des anges et des saints. Ainsi soit-il.

» Enfin, mettant le comble à ses paternelles sollicitudes, l'éminent Primat a bien voulu se faire représenter au *Te Deum* d'action de grâces par son pieux et sympathique auxiliaire, S. G. Mgr van den Branden de Reeth (1).

» Dès l'ouverture du triduum, la modeste chapelle de la rue du Marteau avait pris un nouvel air de fête. Flots de lumières, guirlandes de fleurs, chants sacrés formés de voix mélodieuses et conduits par des musiciennes habiles, rien n'y manquait ; on aurait dit un petit coin du paradis, avec un seul défaut, le manque d'espace. Oui, pendant trois jours le sanctuaire de Sainte-Julienne a ressemblé au filet de la pêche miraculeuse, rompant ses mailles aux pieds du Sauveur. Mais jamais ses murs n'ont demandé avec autant d'instances de pouvoir s'entr'ouvrir et élargir leur enceinte, qu'au moment où la foule pieuse, débordant des tribunes, encombrant le préau et le couloir adjacent, s'inclinait sous la béné-

---

(1) Ce digne prélat se montra constamment dévoué à l'institut, et daigne lui témoigner aujourd'hui encore l'intérêt le plus paternel.

diction du Pontife, ou se penchait pour recueillir les accents du grand orateur de la cérémonie. Car à côté d'un prince de l'Eglise il fallait un prince de l'éloquence sacrée, et il était là : c'était Mgr Cartuyvels, vice-recteur de l'université de Louvain.

» A la suite du prélat délégué par Son Éminence, le clergé, tant séculier que régulier, s'est empressé d'apporter à la fête de la reconnaissance le témoignage sympathique de sa présence, de sa prière et de sa parole. Nous avons vu successivement à l'autel Mgr Rinaldini (1), Mgr de Haerne, les Révérends Doyens de Sainte-Gudule et d'Uccle, les Révérends Curés de Saint-Gilles, de Saint-Josse, de Saint-Servais, des Minimes, de Steenockerzeel, de Saint-Jean (Namur), et les Supérieurs de plusieurs ordres religieux.

» L'orateur de la grande cérémonie du premier jour avait été l'interprète, je dirais volontiers, le chantre inspiré de la joie et de la gratitude générales; en même temps, il avait exprimé les souhaits et les vœux de tous pour l'accroissement de cet arbre béni de Dieu, qui a poussé si péniblement, si patiemment, si humblement ses racines dans l'ombre, pour élancer ensuite sa tige dans l'air et la lumière du ciel. Après lui sont venus d'autres prédicateurs qui, tour à tour, ont pris pour sujet, d'abord la sève vivifiante de l'arbre : la dévotion au Saint-Sacrement ; puis chacune de ses branches

____

(1) Internonce, gérant les affaires du Saint-Siège pendant la vacance de la nonciature.

fécondes : œuvre des catéchismes, apostolat des personnes du monde, retraites et processions.

» Pas de fête sans lendemain, dit le proverbe. Le triduum jubilaire a trouvé son complément le lundi suivant à Sainte-Gudule. La magnifique collégiale a prêté sa grande nef aux centaines de jeunes filles qui, vu leur nombre, n'auraient pu faire une communion générale dans la chapelle de Sainte-Julienne. Les communiantes appartenant au patronage des Dames Apostolines occupaient tout le milieu de l'église, depuis le banc de communion jusqu'au delà de la chaire. Tandis que le beau temple retentissait de leurs cantiques, elles sont venues à la table sainte remercier le Dieu de l'Eucharistie de tous les dévouements dont elles sont l'objet, et que lui seul peut inspirer. Et après la cérémonie religieuse, des agapes chrétiennes ont réuni ces heureuses enfants qui, servies par leurs maîtresses et entourées par elles d'ingénieuses prévenances, ont pu se convaincre une fois de plus que la douce et franche gaîté, la charité aimable et expansive de la religion des anciens jours, ne sont pas, grâce à Dieu, exilées de la terre. »

Parmi les félicitations qui furent adressées de loin à la digne fondatrice, nous aimons à citer celles du P. Prouvost, Supérieur des Rédemptoristes à Valence, missionnaire incomparable, dont le laborieux et fécond apostolat vient d'être couronné par une sainte mort. Il se montra constamment fort dévoué à l'Institut de Sainte-

Julienne, où il prêcha plusieurs retraites aux dames du monde, aux jeunes ouvrières et à la communauté :

« Marseille, le 4 octobre 1880.

» Très Révérende Mère Supérieure,

» Votre aimable invitation m'est parvenue au milieu de mes travaux de retraites dans le midi. J'eusse bien voulu me dérober pendant trois jours à ma besogne, mais l'éloignement était un obstacle insurmontable.

» Vous avez voulu donner à ce Jubilé une grande solennité, je vous en félicite ; il fallait faire briller et rendre éclatante votre reconnaissance. Que de bénédic- tions répandues sur votre œuvre depuis le jour où, la première fois, vous avez réuni quelques enfants pour le catéchisme ! Que d'obstacles vaincus et aplanis : obstacles suscités par l'enfer, obstacles suscités par la société actuelle si opposée aux œuvres de Dieu, épreuves susci- tées par des amis, par Dieu lui-même, qui veut, pour cimenter l'édifice d'une fondation, qu'elle ait une large part à la croix de son Fils ! Que de faveurs, que de grâces de tout genre, la Bonté divine qui voulait votre œuvre, n'a-t-elle pas déversées sur vous !

» La merveille qui me frappe le plus dans ces vingt- cinq premières années, ce ne sont pas tant ces retraites nombreuses implantées, ces milliers d'enfants venant

vous demander l'instruction religieuse; ce ne sont pas
tant toutes ces œuvres simultanées, soutenues comme par
miracle; cette action providentielle qui vous a établie
dans la capitale, qui a pourvu à votre installation de plus
en plus vaste au fur et à mesure que vos œuvres pros-
péraient et grandissaient; ce n'est pas tant cet essaim de
jeunes religieuses qui va s'augmentant chaque année.
Savez-vous quelle est la merveille qui me frappe le plus
pendant ces vingt-cinq années ? C'est l'esprit de force
indomptable dont Dieu vous a armée pour poursuivre
votre mission, sans vous décourager jamais, au milieu
des luttes les plus pénibles et les plus propres à ébranler
une âme qui ne s'appuie pas uniquement sur Dieu ; oui,
c'est l'esprit de constance dont il vous a revêtue, c'est
l'esprit de confiance en son secours divin dont il vous a
animée et comme trempée : voilà à mes yeux la grâce des
grâces, le bienfait des bienfaits. Otez le don de force, de
constance, de confiance, votre œuvre aurait mille fois péri.

» Éternelles actions de grâces soient donc rendues à
Dieu de tout ce qu'il a fait pour votre œuvre ! Et vous,
instrument de cette œuvre, restez toujours dans l'humilité ; confessez que Dieu a tout fait ; à lui seul la gloire,
la louange, la reconnaissance, l'amour ! Ainsi, vous con-
firmerez la grâce de Dieu sur vous, et vous attirerez sur
votre œuvre de nouvelles et plus amples faveurs.

» Je me suis associé à toutes vos prières, à toutes vos
hymnes d'action de grâces ; j'ai porté vos vœux à Marie
dans ses sanctuaires de Notre-Dame de la Salette, de

Notre-Dame de France, de Notre-Dame de Chartres, au Sacré-Cœur de Jésus à Paray; je les ai priés de vous bénir, de bénir votre œuvre et toutes vos filles.

» Veuillez agréer, ma Révérende Mère, l'assurance de mon entier dévouement.

» L. PROUVOST, C. SS. R. »

C'est ainsi que fut partagée entre la douleur et la consolation, cette année 1880. Mme Fanny avait alors cinquante-six ans. Durant les seize mois qui vont suivre, nous rencontrerons une dernière joie, prélude du cantique sacré que bientôt la Mère vénérée sera admise à chanter dans l'éternelle patrie, après une existence relativement courte quand on considère tout le bien réalisé. Puis il ne nous restera qu'à nous unir au déclin de cette vie épuisée par le travail et la souffrance, et consumée jusqu'au dernier souffle par l'amour du divin Maître.

CHAPITRE XXII

1881-1882

RAPPORT SUR LES OEUVRES DE L'INSTITUT AU CONGRÈS EUCHARISTIQUE
DE LILLE. — DERNIÈRE ANNÉE DE SOUFFRANCE DE Mme FANNY; SA
BIENHEUREUSE MORT. — TÉMOIGNAGES D'ESTIME ET DE VÉNÉRATION.

Un Congrès eucharistique s'organisait pour le mois de
juin 1881 et devait se tenir à Lille. Le P. Verbeke de
la Compagnie de Jésus, membre du Comité organisateur,
fut chargé de présenter un rapport sur le culte du Très
Saint-Sacrement en Belgique. Le docte religieux pria
Mme Fanny de lui transmettre des renseignements sur
les œuvres auxquelles se dévoue l'institut. M. l'abbé Rayée,
alors aumônier de la chapelle de Sainte-Julienne (1),
fut spécialement délégué par le Cardinal pour présenter
au Congrès le rapport détaillé de ces œuvres. Aux
vertus qui font les bons prêtres, ce digne ecclésiastique
unit les talents les plus variés; il est à la fois excellent
catéchiste, musicien distingué et poète remarquable;
et ces dons, il les mit toujours au service des œuvres de
Sainte-Julienne avec une générosité qui lui assure la
reconnaissance de l'institut. Dans une circonstance délicate, on put juger des qualités élevées de son cœur

____

(1) Plus tard curé de Rebecq.

sacerdotal. A ce sujet, une religieuse de Sainte-Julienne écrivit à la Mère Supérieure, momentanément à Salzinnes, le 28 octobre 1874 : « M. Rayée est un homme de Dieu ; en lui la conscience parle plus haut que les voix de la nature, et il nous est tout dévoué. Il a été ému quand je lui ai parlé de certaines souffrances passées, et du principe bien arrêté chez vous, de ne plus vous exposer à des peines qui atteignent tout au moins le calme intérieur de l'âme, si nécessaire pour faire le bien. Je lui ai dit aussi que vous préféreriez certainement en faire un peu moins, plutôt que de donner lieu à ce que le véritable esprit de Dieu fût tant soit peu altéré d'un côté ou de l'autre. Il a compris, et aimerait mieux renoncer à la mission honorable qu'on lui propose, que de l'accepter sans votre acquiescement. » C'est donc à lui que Son Éminence avait confié la mission de faire connaître les œuvres de Sainte-Julienne au Congrès de Lille. L'aumônier, trouvant d'abord sa tâche assez ardue, exposa ses difficultés à Mme Fanny : « M. l'Abbé, n'ayez pas peur, lui répondit-elle ; nous allons prier pour vous, et vous verrez que vous serez bien inspiré. » Le lendemain, il revient tout radieux ; il avait eu l'idée de représenter l'institut sous l'image d'un ostensoir qui formerait autour de la sainte Hostie comme un triple cercle de flammes : le premier cercle intérieur figurerait la communauté, qui puise directement au foyer divin, l'ardeur du zèle eucharistique ; le deuxième cercle figurerait les Dames associées, auxquelles ce zèle se communique ; et le troisième, les personnes affiliées, qui répandent au loin la clarté reçue ; enfin, les rayons qui émaneraient en forme de croix de ce triple centre lumineux, seraient le symbole des œuvres propres à l'institut : *l'adoration du Très Saint-Sacrement, les catéchismes et les retraites.* Tandis que le prêtre développe sa pensée, il remarque qu'elle produit une grande impression sur la fondatrice et sur la religieuse présente à l'entretien ; il en demande la cause. Mme Fanny ne répond pas, mais sa compagne sollicite la permission de parler : l'emblème, tel qu'il venait d'être décrit, était précisément celui sous lequel Dieu s'était plu à révéler à la fondatrice, trente-cinq ans auparavant, le plan complet de l'institut.

Cette coïncidence bien consolante pour elle fut une des dernières joies de sa vie.

Un mal incurable minait depuis longtemps les forces de l'héroïque religieuse. Une carie des os du bras droit avait pénétré jusque dans les moelles ; de temps à autre, des esquilles se détachaient et se frayaient un passage par de douloureux abcès au coude. On comprend le martyre continuel de la courageuse Mère ; mais elle luttait toujours contre la souffrance avec une énergie que son amour pour Dieu pouvait seul soutenir. Une amie étant venue la voir après une de ces crises aiguës que le mal amenait fréquemment : « Je ne croyais pas, lui dit la malade, qu'il fût possible de tant souffrir sans mourir. » L'amie lui répondit que, sans doute, dans ces moments pénibles la pensée du ciel devait l'encourager beaucoup.

« Oh ! non, reprit la digne Supérieure, avec une simplicité calme et souriante, je n'y pense même pas ; quand on
est uni à Dieu, cela seul suffit pour donner de la joie au
milieu de la douleur. »

Réduite à ne pouvoir plus se servir du pauvre membre
atteint, Mme Fanny s'exerça à écrire de la main gauche ;
elle y parvint assez bien, car Monseigneur lui exprime, à
la date du 10 octobre 1881, sa satisfaction de voir que sa
fille sait écrire une grande lettre et que l'écriture s'embellit. « Que Dieu vous conserve, ajoute le Cardinal, et
vous guérisse de plus en plus. Je vous bénis de grand
cœur et avec vous toutes les filles de Sainte-Julienne,
Apostolines du Très Saint-Sacrement, et je compte sur
les prières de toutes. Je garde l'image de la bonne Sœur
partie la première ; Mme Louisa prie certainement pour
nous ; prions aussi pour elle, la charité le veut. Que
Notre Seigneur Jésus-Christ vous récompense par ses
grâces, vous et toutes, de ce que vous faites pour lui
dans le Saint-Sacrement et dans les âmes. Faisons toujours la bonne intention. Tout passe, mais Dieu demeure.
Bénédiction à vous et à toutes. *Ave Maria.* »

Cette fois le souhait de guérison exprimé par l'Archevêque ne devait plus se réaliser ; l'heure des récompenses
éternelles allait sonner, pour cette âme si constamment
fidèle à la grâce qui l'avait prévenue dès ses plus jeunes
années. Mme Fanny tomba gravement malade le mercredi
12 février 1882, au sortir de la réunion de travail des
dames, qu'elle avait présidée comme de coutume. Pendant

la nuit, un point pleurétique se déclara avec une extrême violence. M. le Dʳ Rommelaere, appelé immédiatement, enraya d'abord avec un certain succès les progrès de la maladie ; mais elle reparut et s'opiniâtra ; la grande science et le dévouement du docteur ne parvinrent pas à la vaincre : l'instant suprême de la séparation était proche.

Le Seigneur n'accorda pas à la digne fondatrice la consolation de revoir son père vénéré ; le Cardinal, très souffrant lui-même, se voyait retenu à Malines par son triste état de santé. Informé du danger, il se hâta d'écrire à une de ses filles ces lignes paternelles :

« Le 22 février 1882.

» Ma fille en Jésus-Christ,

» Vous me donnez de tristes nouvelles. Je partage votre douleur et votre espérance. Faites faire à votre Mère des actes de conformité à la volonté de Dieu. Je la bénis de toute mon âme, elle et vous toutes.

» ✝ V. A., Card. Arch. de Malines,
malade.

» *Ave Maria.* »

Dès que M. De Mayer eut connaissance de la gravité du mal, il accourut au couvent. Mᵐᵉ Fanny fut heureuse de recevoir la visite du prêtre dévoué qui l'avait encouragée dans les premiers temps de l'œuvre, et l'accueillit par ces paroles : « Je crois que maintenant mon heure est venue; l'institut n'a plus besoin de moi; mais tout ce que Dieu décidera sera bien décidé; je m'abandonne entièrement à sa sainte volonté. » Le P. Baudry qui, lui aussi, l'avait soutenue naguère dans les moments les [plus difficiles, se rendit au chevet de la mourante la veille de son décès. Jetant sur le passé un paisible regard, elle lui dit : « Mon Père, tout ce que le bon Dieu fait est bien fait; si je devais recommencer ma vie, je ne voudrais pas y changer la moindre chose. » En la quittant il s'écria : « Elle meurt comme une sainte et une grande sainte! »

L'Extrême-Onction fut donnée à la digne Mère dès que sa maladie prit un caractère alarmant. Depuis lors, tous les jours où son état le permit, elle reçut dans la sainte communion l'Epoux divin en qui seul elle avait cherché sa force et son bonheur. Mais il avait été impossible de lui accorder cette consolation le matin du 3 mars, premier vendredi du mois, jour marqué par le Très-Haut pour la consommation du douloureux sacrifice. Vers midi M. Winnen, Doyen d'Uccle, la jugea en état de communier. Connaissant l'ardent amour de son âme pour l'adorable Eucharistie, il lui donna immédiatement le saint Viatique, en présence de toute la communauté. Le digne prêtre adressa quelques paroles émues, pleines de foi et d'espérance, à la vénérable mourante qui avait encore toute sa connaissance, mais ne pouvait plus parler. L'expression calme et sereine de sa physionomie disait seule son bonheur et sa gratitude. Peu après, elle entra dans une douce agonie. A 2 heures, M. le Doyen de Saint-Servais se présenta au couvent; dans sa bonté pour les religieuses dont il était le père spirituel, il venait leur apporter ses consolations, et fut bien surpris de retrouver leur Mère. « C'est sa grande énergie qui la soutient, » dit-il. Il lui demanda de bénir encore sa famille éplorée. Comme les forces lui manquaient, une de ses filles souleva sa main défaillante, qui fit descendre une dernière fois les grâces du Ciel sur les enfants si chères que sa mort allait rendre orphelines. Dès lors, elles ne la quittèrent plus. M. l'abbé Rayée récita les prières de l'Eglise. Vers 7 heures du soir, un faible soupir s'échappa des lèvres de la sainte mourante : son âme était retournée à Dieu.

Ouvrez-vous, céleste Jérusalem, recevez dans vos parvis sacrés cette humble créature qui a su mériter une impérissable couronne ! Trinité sainte, adorable Jésus, découvrez-lui pour jamais les trésors de votre amour ! Vierge Marie, Porte du Ciel, vous sa tendre Mère, introduisez-la dans l'éternelle patrie ! Saint Joseph, illustre Patriarche si souvent invoqué par elle, faites-lui éprouver en cet instant solennel, combien il est doux de mourir sous votre puissante protection ! Sainte Julienne, patronne et protectrice de l'institut auquel elle a voué sa vie, Chœur glorieux des Vierges, accueillez dans vos rangs celle qui a aimé de toutes les puissances de son âme l'Agneau que vous suivez partout où il va! C'est pour l'Epoux céleste qu'elle a travaillé et souffert jusqu'au complet épuisement de ses forces ; c'est au service de Jésus-Christ qu'elle s'est immolée tout entière ; que désormais elle vous soit unie dans l'extase d'un bonheur sans fin !

. . . .

Dans la chambre mortuaire, on n'entendit longtemps que les sanglots arrachés à la plus profonde douleur, pendant que les supplications les plus ardentes montaient vers le ciel. Puis par les mains pieuses de ses filles, les derniers devoirs furent rendus à la dépouille vénérée; et bientôt, revêtue de son costume religieux, elle sembla reposer dans un sommeil tranquille et doux.

Le soir même une lettre pleine de larmes alla porter le premier cri de douleur de la communauté éplorée, à Mgr Dechamps, qui voulut bien charger le P. Looyaard de répondre immédiatement :

« Malines, le 4 mars 1882.

» Madame,

» Son Eminence ne s'attendait pas à recevoir si vite la triste nouvelle. C'est parce qu'il est trop souffrant pour vous écrire lui-même, que le Cardinal me charge de vous dire combien ses prières sont unies à celles de vous toutes pour votre digne et chère fondatrice. Dieu veut que nous prions pour elle, mais elle priera et prie déjà pour vous et pour son œuvre. Vous verrez les fruits de ses prières de mère.

» Le Cardinal a célébré la sainte messe pour elle et le fera encore. Il m'a été impossible d'en faire autant aujourd'hui, la nouvelle étant arrivée après ma messe; mais j'ai fait le chemin de la croix pour elle, et je ne l'oublierai pas demain au Saint Sacrifice.

» Son Eminence vous bénit toutes, et nous nous recommandons tous deux aux prières de toutes.

» Votre très humble serviteur,

» J. LOOYAARD, C. SS. R. »

Dès que le décès de Mme Fanny fut connu, les marques d'affectueux regrets affluèrent de toutes parts ; non seulement les amis de la maison, mais un grand nombre d'autres personnes voulaient voir encore la sainte Mère, prier auprès d'elle, faire toucher à ses restes vénérés des images et des chapelets. Tous priaient avec une religieuse émotion devant cette couche funèbre; on aurait pu se demander si elle était vraiment morte, celle dont le visage souriant avait conservé, avec l'expression sereine d'une douce joie, toute l'apparence de la vie; on lisait sur ses traits si calmes, le repos de l'éternelle et bienheureuse vie.

Au nombre des visiteurs qui, les premiers, s'empressèrent auprès de la défunte, il faut citer Mgr Rinaldini et M. le comte de Villermont. Ce dernier, en se retirant, dit aux religieuses : « C'est à présent qu'on verra que l'œuvre de Mme Kestre lui était bien réellement inspirée par Dieu. La mort de son fondateur est l'épreuve décisive d'un institut religieux. Il y a alors un moment d'anxiété ; mais là, où l'inspiration est venue d'en-Haut, survit l'action divine. L'œuvre de Mme Kestre va grandir et se consolider, j'en ai la conviction ; car — j'en suis le témoin — elle a été établie sur la croix, qui est le cachet des œuvres de Dieu. Les prières de la fondatrice vont obtenir au ciel ce qu'elle a espéré sur la terre avec une inébranlable confiance. »

Cet ami de la première heure, fidèle appui de la courageuse Supérieure pendant sa laborieuse carrière, assista à son service funèbre, ainsi que M. le comte Ludovic d'Ursel ; ces deux nobles cœurs voulurent rendre un public hommage à celle dont la vertu avait su mériter leur estime et leur dévouement.

Ecoutons maintenant la piété filiale parler à Mgr Dechamps le lendemain des funérailles, et lui rendre compte de ces heures cruelles :

« Eminentissime Père,

» Nous nous sentons aujourd'hui bien réellement orphelines. Hier les restes vénérés de notre digne Fondatrice nous ont été enlevés au milieu d'un concours bien consolant de respectueux et sympathiques hommages.

» M. le Curé de Saint-Josse a célébré le service dans notre chapelle. Le chœur était beaucoup trop petit pour contenir le clergé et les religieux de divers ordres, venus pour rendre à la défunte une dernière marque d'estime. Dans la chapelle, l'assistance était compacte jusque contre le cercueil, et l'on nous a dit que plus de deux cents personnes n'ont pu trouver place. Nos dames et nos jeunes filles ont suivi notre Mère jusqu'au cimetière d'Evere. Son décès ayant été annoncé au prône de la paroisse, la foule s'est tellement pressée autour de la couche funèbre, que nous avons été obligées de laisser pendant toute la journée la porte de la maison ouverte. La mort n'était nullement empreinte sur ses traits ; elle reposait dans un suave sommeil ; un sourire calme et heureux l'embellissait encore ; il a tari nos larmes jusqu'au moment déchirant de la séparation.

» Nous prions instamment le Seigneur, qu'après nous avoir enlevé notre Mère bien-aimée, il nous laisse longtemps encore le Père vénéré qu'il avait daigné lui accorder pour la guider dans l'accomplissement de ses desseins sur elle.

» Nous nous tournons aujourd'hui vers Votre Eminence, comme vers l'unique appui qui nous reste pour continuer cette mission à laquelle nous voulons consacrer tout ce que le bon Dieu nous donnera de force et de lumière. »

  . . . .

Peu après les douloureuses journées qu'elle venait de traverser, la Communauté reçut la visite de Mgr Du Rousseau, évêque de Tournai. Sa Grandeur daigna venir consoler les religieuses si affligées. Ses paroles bienveillantes, toutes de foi et d'espérance, ranimèrent leur courage. Confiantes et abandonnées à la bonté de Dieu, plus unies encore dans une souffrance commune, elles s'animèrent mutuellement à honorer la mémoire de leur Mère bien-aimée en s'appliquant à suivre ses exemples et à garder fidèlement tout ce qu'elle avait établi, y maintenant l'esprit qu'elle-même s'était efforcée de leur inculquer.

CHAPITRE XXIII

Si, d'après l'Ecriture, *la louange de la femme forte
ressort de l'œuvre de ses mains,* les faits que relate cette
notice sont le meilleur éloge de Mme Fanny. Toutefois
nous ne pouvons terminer ces pages sans un aperçu
rapide des qualités et des vertus de la digne fondatrice.
Il est aisé de le constater, tous ses actes et toutes ses
paroles révèlent une pensée, un dessein unique, qui n'a
jamais varié, ni dans son fond, ni dans sa forme, ni
dans son esprit. Tel nous avons vu le plan de son œuvre
écrit en 1846, tel nous le voyons aujourd'hui, mis à
exécution ; l'organisation définitive de l'institut le réalise,
non seulement dans les grandes lignes, mais jusque dans
les moindres détails. Le règlement des catéchismes
rédigé par elle en 1849 est toujours religieusement
observé par ses filles. Dans une récente fondation, la
Supérieure générale pria le directeur de l'œuvre des
catéchismes de n'y rien changer, lui faisant remarquer
que les religieuses, y étant formées dès leur noviciat,
devaient retrouver ce même règlement dans toutes les
maisons de l'institut ; cet ecclésiastique du plus haut

mérite (1) lui répondit : « Je n'ai garde d'y toucher et pour une bonne raison, c'est que je ne saurais pas mieux faire. » Il appuya cette appréciation sur l'exposé de principes pédagogiques, auxquels n'était certainement pas initiée l'humble servante de Dieu, lorsqu'elle conçut le plan de ses catéchismes. Le règlement des retraites n'a pas varié davantage : celui que Mme Fanny a tracé pour la première retraite donnée en mai 1856, indique l'ordre qui s'observe encore aujourd'hui. On y retrouve, d'après le témoignage des personnes qui suivent ces saints exercices, le cachet de simplicité et de cordialité qui distinguait la vertueuse fondatrice.

Si l'Esprit de Dieu inspirait Mme Fanny dans l'organisation de ses œuvres, il ne la guidait pas moins dans sa conduite personnelle. Elle était, avant tout, une âme dévouée à la gloire de Notre Seigneur et embrasée de son amour. L'Eucharistie était le centre de sa vie. Au pied du Tabernacle, elle contenait avec peine les élans de l'ardeur qui la consumait. Elle était dévorée du désir d'y attirer tous les cœurs. De là, son zèle à nourrir dans l'âme de ses filles, un respect profond et un dévouement sans bornes envers la personne adorable de Jésus-Christ au Très Saint-Sacrement ; c'était lui qu'elles devaient aimer uniquement et faire aimer de tous par tous les moyens à leur portée. Elle voulait que la dévotion envers l'Eucharistie fût comme la sève de l'enseignement de la religion dans les catéchismes, et que rien ne fût négligé

(1) M. le Chanoine Fasse, Archiprêtre à la Cathédrale de Namur.

pour inspirer aux élèves une foi vive en la présence
réelle de Notre Seigneur sur nos autels. De là aussi, le
soin qu'elle prenait de porter les âmes à l'adoration du
Très Saint-Sacrement, et de procurer à cet auguste mystère
les honneurs et le culte extérieur qui lui sont dus, spécialement sur le parcours des processions. Son zèle à
cet égard se manifestait dans les moindres circonstances.
Dans les commencements, le Saint-Sacrement, exposé
maintenant tous les jours dans les chapelles de l'institut,
ne l'était que le premier jeudi de chaque mois. Ce jour-là
était pour la fervente Apostoline, heureux entre tous.
Elle eût voulu rendre le monde entier participant de son
bonheur, et désirait que ses religieuses engageassent
toutes les personnes qui venaient au couvent, à entrer
à la chapelle. La sœur portière lui apportant un jour un
message, Mme Fanny lui demanda : « Avez-vous invité
cette personne à faire quelques instants d'adoration? »
Et comme la bonne sœur avouait qu'elle n'y avait pas
pensé : « Ah! ma fille, lui dit-elle, quand donc serez-
vous Apostoline? » Lorsque les œuvres étaient plus
laborieuses que de coutume et qu'une religieuse semblait
céder à la fatigue, ces seules paroles de la Mère venaient
ranimer son courage : « Mais, ma fille, ne sommes-nous
pas Apostolines du Saint-Sacrement? » Le zèle pour
l'honneur de la divine Eucharistie et le zèle pour le salut
des âmes lui semblaient, en effet, inséparables et ne
faisaient qu'un à ses yeux. Si elle aimait Notre Seigneur
pour lui-même, elle aimait les âmes pour Notre Seigneur.

Une des qualités de ce double zèle de Mme Fanny,

c'était le désintéressement porté à ses dernières limites ;
elle savait toujours s'oublier en présence des intérêts de
Dieu et du prochain, et exposer au besoin sa réputation,
sa santé et sa vie ; l'estime et la faveur des hommes, rien
ne comptait à ses yeux quand il s'agissait d'accomplir la
volonté de Dieu. Ce désintéressement se montrait particulièrement par rapport aux vocations religieuses.
Jamais elle n'essayait de diriger vers son institut les
attraits peu prononcés ; elle laissait la grâce agir en
maîtresse absolue sur les âmes appelées à la vie parfaite.
Sans doute, elle désirait des postulantes, car le champ
d'action des Apostolines est vaste et la moisson abondante. Elle les demandait au Ciel et accueillait avec bonheur celles qui se présentaient ; mais, dès qu'elle croyait
une âme appelée à une autre communauté, loin de l'en
détourner ou de l'entretenir dans une hésitation dont
elle aurait pu profiter pour l'attirer à son institut, elle
l'affermissait au contraire dans l'accomplissement de la
volonté divine, et lui en facilitait l'exécution de tout son
pouvoir. Voici comment elle exprime sa manière de voir
à ce sujet, dans sa correspondance avec une de ses filles
qui regrettait de voir une excellente élève des catéchismes, incliner fortement vers une autre congrégation :
« Je partage votre peine, écrit-elle le 6 juillet 1875, car
Joséphine est une bien vertueuse jeune fille ; mais il
faut penser, ma chère fille, que nous formons des enfants
pour le bon Dieu et non pas pour nous ; et s'il en appelle
quelqu'une dans une autre communauté, nous devons

nous en réjouir. Elevons nos vues plus haut ; tout en témoignant à nos jeunes protégées une affection qui nous fasse désirer qu'elles partagent notre bonheur, montrons-nous tellement heureuses de leur appel à la vie religieuse, n'importe où, qu'elles ne craignent pas de nous confier leur attrait, bien assurées d'être secondées par nous. » Voulant inculquer fortement ces sentiments à ses filles, elle leur en fit une obligation sacrée, comme le prouvent ces lignes inscrites dans leurs constitutions: « Les religieuses de Sainte-Julienne ne changeront pas en rivalité, la sainte émulation dans laquelle doivent s'unir les âmes et les œuvres consacrées à procurer la gloire de Dieu. Elles penseront, parleront et agiront conformément à ces principes, et ne négligeront rien pour que les personnes qui leur sont unies en soient également pénétrées. »

Le zèle de la digne fondatrice s'alimentait à une double source : la mort à soi et l'union à Dieu. Le détachement de soi-même, tout est là en effet, surtout pour ceux que Notre Seigneur charge d'une mission providentielle. Mgr Bougaud l'affirme admirablement dans la *Vie de sainte Jeanne Françoise de Chantal* : « Comme il n'y a point d'âmes que Dieu prédestine à de plus grands travaux que les fondateurs d'ordres, il n'y en a point non plus qu'il crée avec plus d'amour et qu'il enrichisse de plus de dons naturels, de plus de vertus aimables et héroïques. Mais autant qu'on en peut juger par l'étude des personnages qui portent ce nom dans l'Eglise, le

trait le plus frappant de leur physionomie, celui qui
l'achève et la perfectionne, c'est le détachement; c'est ce
que les Livres saints appellent la mort à soi-même.
Choisis pour être des instruments entre les mains de
Dieu, il faut qu'ils n'aient ni plus de prétention ni plus
de mouvement propre qu'un instrument. Moins ils comp-
tent sur eux, plus ils valent. Dès qu'ils renoncent à eux-
mêmes, et dans la proportion où ils y renoncent, Dieu
s'en empare, et les trouvant souples, maniables, prêts à
tout, morts à tout, il fàit avec eux et en eux de grandes
choses. » Ainsi, Mme Fanny était-elle une âme de sacrifice. Nous en avons vu des traits remarquables au cours
de ce récit; c'était une immolation d'elle-même complète
et dans tout le détail de sa vie.

Le cœur vide de soi-même se remplit aisément de Dieu.
L'union divine était l'élément de la vénérable Mère ; la
prière était son appui et sa force. Si son humble réserve
à parler d'elle-même a su jeter un voile sur ses communications intimes avec Notre Seigneur, quelques données,
trop incomplètes, hélas ! nous permettent cependant d'en
augurer quelque chose. Son oraison dut être sublime, à
en juger par les faveurs qu'elle y reçut, et surtout par les
fruits qu'elle en retira. Ce fut dans son entretien habituel
avec Dieu, qu'elle puisa l'ardeur de sa foi et l'inébranlable confiance qui lui fit surmonter avec une persévérance héroïque, les obstacles qui s'opposaient à ce qu'elle
croyait fermement être la volonté de Dieu. Le souvenir
de Notre Seigneur semblait lui être toujours présent et le

nom de Jésus revenait constamment sur ses lèvres; de là
sa sérénité et sa patience dans les épreuves dont sa vie
fut semée. Dieu, on l'a vu, se plut à l'éprouver par de
longues et cruelles souffrances dans le cours de sa laborieuse mission. Et cependant elle ne se départit jamais,
pas même pendant ses maladies, de l'esprit de pénitence
et de mortification; malheureusement, elle n'y apporta
pas dans les premières années, la prudence et la modé-
ration qu'aurait exigées sa constitution délicate. Dans
les douleurs physiques, son exclamation habituelle :
« Que Dieu est bon! » ne cessait de jaillir de son cœur.
Dans les peines morales, des oraisons jaculatoires presque continuelles soutenaient en elle cette confiance en
Dieu dont nous venons de parler, et qui était certainement la vertu caractérisque de cette grande âme. Ce fut
encore à la prière et à l'étude pratique de la vie intérieure que Mme Fanny fut redevable des lumières sur-
naturelles dont témoignent ses œuvres, et qui se faisaient
jour dans ses entretiens d'une manière si remarquable,
que les personnes de toute condition en étaient frappées.
Il semblait qu'elle fût versée dans toutes les questions
amenées dans la conversation.

La présence de Dieu, que la digne Mère ne perdait pas
de vue, la tenait dans une grande paix. Le calme de son
âme se reflétait dans une aménité de caractère et une
égalité d'humeur telles, que malgré les infirmités et les
soucis qui formaient comme le tissu de son existence,
elle se montrait toujours la plus heureuse au milieu de,

sa famille religieuse. Elle animait les récréations par une douce gaîté, et une liberté d'esprit qui la rendait attentive à tout. Elle s'intéressait aux moindres choses, savait prendre part à ce qui amusait les plus jeunes, et jouissait avec elles de tout ce qui se présentait d'agréable.

Tous ceux qui étaient admis à pénétrer dans l'intimité de Mme Fanny ne tardaient pas à l'aimer et à subir le prestige de ses rares vertus. Il suffisait de la connaître pour revenir des préjugés qui, par la permission de Dieu, s'étaient répandus contre elle au début de son œuvre, et lui avaient valu les plus rudes épreuves de sa vie. Nous trouvons un exemple de l'impression favorable produite à première vue par l'humble servante de Dieu, dans l'appréciation qu'en a portée Mlle Marie d'Aoust, cet ange de charité qui a laissé un souvenir si respecté dans le monde pieux de Bruxelles. « J'avais été prévenue contre Mme Fanny, dit-elle, et j'avais toujours refusé de la voir, la tenant pour hallucinée. Mais un jour que j'étais au vestiaire de la Miséricorde établi dans un local dépendant du couvent des Dames de Sainte-Julienne, elle entra et vint dire quelques mots à une dame qui se trouvait là. Elle ne me parla pas, mais son regard suffit pour faire tomber toutes mes préventions ; je sentis que j'avais devant moi une sainte. Oui, répétait-elle avec conviction, pour moi Mme Fanny était une sainte, et je crois qu'elle avait le don de seconde vue ; j'en ai eu deux exemples. » Après cette rencontre, Mlle d'Aoust voulut connaître de plus près la fondatrice, et jusqu'à sa mort, entretint avec elle un commerce de pieuse amitié.

On ne peut donc s'étonner de l'ascendant, qu'à son insu, l'éminente religieuse exerçait sur tous ceux qui l'approchaient. Ce qui frappait en elle tout d'abord, c'était une parfaite simplicité, jointe à une dignité qui imposait le respect sans arrêter la confiance et l'abandon. On sentait que cet extérieur si bien réglé était le reflet d'une âme vivant toujours en la présence de Dieu, agissant par le mouvement de la grâce, habituée à s'observer et à se plier aux règles de la mortification. L'esprit de simplicité présidait à tout ce qu'elle organisait, et imprimait à ses œuvres l'ordre parfait qui y régnait jusque dans les moindres détails. Elle cherchait à former ses filles à cette vertu qu'elle aimait avec prédilection, et qu'en toutes circonstances elle pratiquait elle-même avec un charme qui contribuait beaucoup au bonheur de sa famille religieuse.

La reconnaissance, ce trait distinctif des âmes nobles et élevées, se montrait en elle avec une aménité toute religieuse. Il n'était pas de si petit bienfait qu'elle ne trouvât digne d'une parfaite gratitude. Il suffisait de lui rendre le plus léger service pour avoir droit à des égards particuliers; et ces égards, elle savait les témoigner avec une affabilité qui lui gagnait tous les cœurs. Le dévouement à ses œuvres constituait un titre particulier à sa pieuse et constante reconnaissance. Elle aimait à rappeler fréquemment le nom des personnes dont l'institut avait reçu des bienfaits. Elle voulait qu'elles fussent l'objet des attentions délicates et des prières de la communauté.

Quand on considère l'ensemble de cette vie si utilement dépensée à la gloire de Dieu et au salut des âmes, on est émerveillé de ce qui a été réalisé par la vaillante fondatrice. D'autant plus que sa santé était des plus frêle et que la maladie, comme une perpétuelle menace, paraissait toujours prête à s'abattre sur elle. En 1879, M. le docteur Lefebvre, de Louvain, venait fréquemment la voir. Interrogé à son sujet par le Cardinal Dechamps, il répondit : « Mme Fanny porte quatre maladies mortelles ; son état est aussi douloureux que grave, et je suis toujours étonné de la retrouver debout. » L'éminent professeur de l'Université catholique donnait ses soins à la courageuse malade autant que le lui permettaient ses nombreuses occupations. Il le faisait avec un religieux et touchant respect. Quand on s'offrit à le rémunérer après le décès de la fondatrice, il s'y refusa en disant : « Veuillez agréer la gratuité de mes visites comme un témoignage de ma vénération pour votre si digne Supérieure. »

Au physique, Mme Fanny était grande et bien faite ; elle avait le maintien à la fois gracieux et digne, la démarche ferme. Sa figure était intelligente plutôt que belle ; sa bouche, fine ; son front, haut. Elle avait les yeux et les cheveux bruns ; son beau regard profond et pénétrant semblait lire dans les cœurs, surtout quand, au début de la récréation, elle se plaisait à passer en revue ses chères filles réunies. Le dirons-nous? Ce regard, dans sa profondeur, trahissait peut-être une énergie un peu trop accentuée qui ne savait pas toujours éviter les obstacles, et les brisait parfois au risque de s'y meurtrir. Son esprit était large et simple; son caractère, viril et droit; son cœur, bon jusqu'à la tendresse.

L'exposé qui vient d'être fait trouve un précieux témoignage dans une lettre du P. Van Derker, de la Compagnie de Jésus, adressée le 11 janvier 1889, à la Supérieure générale de l'Institut. Nous reproduisons avec bonheur l'appréciation si autorisée du vénérable religieux. Elle rend hommage aux vertus de la fondatrice qui, sous la conduite constante de l'Esprit de Dieu et au mépris de tous les obstacles, sut entreprendre et mener à bonne fin l'œuvre de la Providence :

« Ma Révérende Mère,

» Je vous remercie bien cordialement des sentiments que vous avez bien voulu m'exprimer et de vos excellents vœux à l'occasion de la nouvelle année. A mon tour, je prie le Seigneur de vous accorder, pour vous et votre cher Institut, les bénédictions divines les plus précieuses et les plus étendues. N'ayant en vue que la gloire de Dieu et le salut des âmes, vous rencontrerez nécessairement les épines et la croix, fondement essentiel de toute œuvre solide. Aussi est-ce par la croix bien portée que l'on triomphe de tous les obstacles que le monde, le démon et la chair, ces trois perpétuels ennemis, peuvent opposer à l'œuvre de Dieu.

» Je me réjouis de tout cœur des nouvelles intéressantes que vous voulez bien me donner sur les progrès de votre institut, et des faveurs dont il a plu à la divine Bonté de le gratifier. Je prie le Seigneur de vous les continuer de plus en plus, en vous armant de la vertu caractéristique de votre digne fondatrice, c'est-à-dire d'une inébranlable confiance en Dieu. Par elle vous triompherez toujours; car elle a pour base un grand esprit de foi, la défiance de soi-même, et un courage intrépide que rien ne saurait ébranler lorsque la volonté divine s'est manifestée.

» J'ai très bien connu Mlle Kestre par les rapports que j'ai eus avec elle depuis 1846 jusqu'en 1854, pendant que j'habitais le collège Saint-Michel; bien des fois elle s'est adressée à moi pour sa direction spirituelle et elle m'a toujours témoigné beaucoup de confiance. J'ai constamment remarqué en elle un grand zèle pour la gloire de Dieu et le salut des âmes, un désir ardent de suivre Notre Seigneur par la fidèle imitation de ses vertus, et un grand amour pour la croix. Elle s'appliquait particulièrement à faire de sa vie une vie de foi et de sacrifice en union avec Jésus-Christ; de là sa tendre dévotion envers le Très Saint-Sacrement et envers la Sainte-Vierge, et son dévouement à procurer l'instruction religieuse des enfants pauvres. Elle avait une inébranlable confiance en

Dieu ; au milieu de toutes les épreuves qu'elle eut à subir, elle se confiait à la divine bonté et miséricorde, et faisait abstraction des personnes pour ne voir en tout ce qui lui arrivait que l'action de la Providence. Cette confiance se manifesta particulièrement dans les obstacles qu'elle rencontra et dans les contradictions qu'elle eut à endurer ; elle n'attendait que de Dieu la force et le courage pour les surmonter. Enflammée d'un ardent amour pour Dieu, elle n'avait qu'un désir, c'était de vivre unie à lui en esprit de sacrifice.

» Je me recommande instamment à vos ferventes prières, ma Révérende et bonne Mère, et je vous prie d'agréer mes sentiments les plus religieusement dévoués en Notre Seigneur.

» Van Derker, S. J. »

. Citons encore à l'éloge de la digne fondatrice quelques lignes d'une lettre de Mme Gouvion, religieuse du Sacré-Cœur, qui nous la montre à une époque plus reculée, celle de son éducation : « Depuis longtemps elle devait être bien agréable à Dieu ; pour moi qui l'ai connue dès les années de son éducation, et qui l'ai suivie dans sa famille et dans la sainte œuvre qu'elle a établie, j'ai toujours vu en elle une âme qui cherchait Dieu avec simplicité, droiture et ardeur. Très dévouée aux siens, elle ne profitait pas moins de toutes les occasions de procurer la gloire divine et le salut des âmes, même avant de connaître les desseins de Dieu sur elle, dans l'établissement de son institut religieux. Le Seigneur seul sait tout ce qu'elle a fait et souffert pour Lui dans l'œuvre qu'Il a visiblement bénie, et qui a porté déjà tant de fruits de salut. Je ne doute nullement que du haut du Ciel, elle ne veille spécialement sur ses bien-aimées filles et sur les intérêts que le Seigneur leur a confiés. »

.   .   .   .

Nous avons essayé de présenter dans le simple récit de la vie si humble et si féconde de Mme Fanny Kestre, quelques traits saillants choisis entre beaucoup d'autres ; nous osons espérer qu'ils suffiront pour faire apprécier aux lecteurs bienveillants, tout ce que la main libérale du Créateur avait déposé de grâces excellentes dans cette âme choisie. En l'appelant à fonder une œuvre apostolique, la divine Providence lui donna pour soutien l'éminent cardinal Dechamps. La part immense que ce saint prélat a prise à la formation de l'Institut, ressort principalement de sa correspondance avec la fondatrice ; les passages que nous avons mentionnés sont extraits d'une série de lettres admirables et si nombreuses qu'elles formeraient à elles seules un volume.

En terminant ces pages, nous avons donc à rendre un dernier hommage à la mémoire bénie du Cardinal Dechamps. La reconnaissance impérissable et la profonde vénération des filles de Sainte-Julienne envers leurs fondateurs, elles s'efforceront toujours, avec la grâce divine, de les traduire en actes, en travaillant avec

ferveur et humilité au but spécial de leur belle vocation :
la réparation des injures que Notre Seigneur Jésus-
Christ reçoit au Très Saint-Sacrement, la prière pour la
Sainte Église, et l'apostolat des âmes par les retraites
et les catéchismes. Elles n'oublieront jamais que, selon
la parole de leur illustre père, « une dévotion ardente
envers la divine Eucharistie sera la condition indispensable de la prospérité de leur Institut ».

APPENDICE

MORT DU CARDINAL DECHAMPS. — LA PROVIDENCE SUSCITE DE NOUVEAUX
APPUIS A L'INSTITUT. — AGRANDISSEMENT DE LA MAISON-MÈRE. —
CONSÉCRATION DE L'ÉGLISE DE SAINTE-JULIENNE. — ÉTABLISSEMENT
DU NOVICIAT A CORTIL. — FONDATIONS D'ANVERS ET DE NAMUR. —
ARTICLES NÉCROLOGIQUES SUR Mme FANNY.

A la mort de sa fondatrice, l'Institut de Sainte-Julienne
n'avait pas encore le développement nécessaire pour
procéder à l'élection d'une nouvelle Supérieure, selon les
règles fixées par les constitutions. Mgr Dechamps, après
s'être assuré des vœux unanimes de la communauté,
nomma lui-même à cette charge, Mme Alix de l'Enfant
Jésus.

Le vénéré Cardinal ne devait pas survivre longtemps
à Mme Fanny; gravement atteint dans sa santé depuis
plusieurs années, il succomba à son tour. Le 29 septembre 1883, à la même date où, vingt-huit ans auparavant,
l'institut avait pris naissance (1), les religieuses de Sainte-
Julienne se virent doublement orphelines. Le décès du

(1) L'ouverture de l'Œuvre des Catéchismes eut lieu le dimanche
30 septembre 1855, sous la protection de l'Archange Saint Michel. Mais pour
la Fondatrice, dans son âme et devant Dieu, le point de départ fut le
29 septembre, Fête de Saint Michel, et l'on a vu le jubilé célébré à cette date.

prélat fut si prompt et si imprévu, que nul adieu paternel ne put venir adoucir la douleur de ses filles.

Dès que la fatale nouvelle lui parvint, la Supérieure partit pour Malines avec une de ses sœurs. Elles eurent la consolation de prier et de pleurer pendant les premières heures, devant les restes vénérés de celui qui avait été leur protecteur le plus assidu et leur véritable père. Un neveu de Monseigneur, M. Alphonse Dechamps, les conduisit vers le prie-dieu du Cardinal, sur lequel se trouvait, avec le faire-part de sa belle-sœur récemment décédée, celui de Mme Fanny, ainsi qu'une liste des grâces spéciales qu'il sollicitait de Dieu pour l'institut de Sainte-Julienne.

Au sortir de l'archevêché elles rencontrèrent Mgr Goossens, Evêque de Namur, accouru lui aussi en toute hâte, auprès du vénérable défunt; il les bénit au passage avec une profonde émotion, leur disant : « Ah! c'est vous, pauvres enfants?... vous avez beaucoup perdu!... Et combien j'ai perdu moi-même!... » La perte était immense, en effet, car l'œuvre à laquelle le Cardinal s'était attaché dès qu'il l'avait connue, il l'aima jusqu'à la fin; quelques semaines seulement avant sa mort, il disait encore à la nouvelle Supérieure : « Je vais maintenant m'occuper à Rome de l'approbation de vos constitutions; j'espère ne pas mourir sans l'avoir obtenue. » Au cours de sa vie, il avait répété souvent à ses filles : « Quand votre Mère et moi, serons sous terre, alors seulement l'œuvre grandira. Ne faut-il pas que le grain

meure et se décompose pour produire la fécondité et la
vie ? Le grain, c'est votre Mère et moi. » Ces paroles
prophétiques allaient trouver leur accomplissement.
Auprès de ces deux tombes, qui s'étaient ouvertes, hélas !
prématurément pour le jeune institut, tant de dévouements surgirent que bientôt les premières appréhensions
firent place à des espérances bien fondées.

Le plus précieux de tous les encouragements vint de la
haute bienveillance du nouvel Archevêque de Malines,
Mgr Goossens, témoin, et souvent organe sympathique
des paternelles sollicitudes de ses deux illustres prédé-
cesseurs, pour l'œuvre de Sainte-Julienne. Mgr Gauthier,
alors Visiteur diocésain des Communautés, témoigna
également le plus grand intérêt aux religieuses alarmées.
« Comptez sur tout mon dévouement, disait-il à la Supérieure ; le Cardinal Dechamps vous a confiées spécialement à moi ; j'avais l'entière confiance de votre fondatrice ;
considérez-moi toujours comme un héritage de votre père
et de votre mère. » Les bienfaiteurs, les Dames associées, loin d'abandonner l'œuvre, privée désormais de
ses premiers appuis, prirent à cœur de la soutenir plus
que jamais par une active et généreuse coopération.
Mais ce fut par d'abondantes effusions de grâces, bien
plus encore que par tous les secours humains, que la
divine Bonté se plut à manifester le grand crédit dont
jouissaient dans le ciel, les deux âmes d'élite qui, au
prix de tant de labeurs, avaient donné à l'institut son
existence et ses premiers développements.

Dès lors, l'œuvre s'étend et se dilate. Le 8 septembre 1886, quatre ans seulement après la mort de
Mme Fanny, S. E. le Cardinal Goossens consacra solennellement l'église de Sainte-Julienne, rue de la Charité.
Cette construction, d'un style gothique élégant et pur,
est due au talent de M. l'architecte Helleputte. Grâce
à la générosité tout exceptionnelle émanant d'une main
amie qui déjà était intervenue en d'autres circonstances, la maison, transformée et agrandie, offre désormais à la communauté une demeure spacieuse et toutes
les facilités désirables pour l'épanouissement des œuvres
de zèle.

Deux ans plus tard, le 14 juillet 1888, le noviciat
quitta Bruxelles pour aller s'établir au village de Cortil
près de Gembloux, dans une solitude calme et silencieuse,
où tout invite au recueillement et à la prière. Il y fut
honoré d'une visite toute paternelle de S. E. le Cardinal
Goossens, le dimanche 4 septembre 1892 ; en voici les
détails empruntés aux Annales du noviciat :

« Le Cardinal fait son entrée en bénissant les novices
agenouillées sur son passage, et il les salue par ces
paroles : *La paix soit avec vous!* que la paix règne dans
cette maison! Puis il s'avance vers la grande salle où un
fauteuil lui est préparé ; il fait asseoir à sa droite notre
Mère générale, avec laquelle il s'entretient de la manière
la plus bienveillante. Il parle avec éloge des œuvres de
l'institut, qu'il trouve admirables et qu'il nomme *la grande
pensée de Mme Kestre.* Je l'ai parfaitement connue,

Noviciat de Sainte Julienne, à Cortil (Gembloux).

Mme Kestre, ajoute-t-il ; elle a fondé une œuvre qui répond exactement à une pensée qui m'a beaucoup préoccupé. Il daigne féliciter les novices de leur vocation, et les engage à témoigner à Dieu leur profonde reconnaissance pour cet immense bienfait. Puis s'adressant à notre Mère, il rappelle encore le souvenir de notre vénérable fondatrice : « Mme Kestre a eu beaucoup à lutter. » — « Oui, Eminence. » — « Elle a eu beaucoup à lutter, répète-t-il, mais elle a toujours été soutenue par une grande confiance et une grande persévérance. »

» Monseigneur se montre satisfait du nombre des novices, de leur bonne mine, de leur air de bonheur. Il visite la chapelle et se dispose à parcourir la propriété ; mais apercevant des cavaliers réunis pour lui former une escorte d'honneur, il revient sur ses pas en disant : « Mais je ne pars pas encore. » Il retourne vers les novices, les bénit de nouveau et ajoute : « Je vous renouvelle mon souhait de tantôt ; c'est la parole que Notre Seigneur aimait tant à répéter, surtout après sa résurrection : *Pax vobis, que la paix soit avec vous!* Savez-vous bien de quoi se compose la paix? De quatre éléments, qui sont : la sérénité d'esprit, la tranquillité d'âme, la simplicité de cœur et le lien de la charité. » Il donne quelque développement à ces pensées, daigne exprimer ses regrets de quitter si tôt le noviciat, et termine par ces excellentes paroles : « Je vous donne encore ma plus grande bénédiction. Qu'un flot de bénédictions descende sur vous et vous accompagne toujours! Au revoir, mes enfants ; je

vous retrouverai plus tard quand vous serez dans les
œuvres. »

» A la limite du jardin, Son Eminence se voit en présence de tous les habitants du village, à genoux pour
recevoir sa bénédiction. Depuis cinquante ans on n'avait
pas vu un évêque dans la paroisse. Vivement touché,
Monseigneur descend de voiture, bénit avec une affabilité toute paternelle et prend à pied le chemin de l'église.
Les bons villageois se pressent à l'envi autour de leur
premier Pasteur; sur son passage, les maisons sont
pavoisées, la route est jonchée de fleurs et de feuillages.

» Tout le cortège entre à l'église. Après une courte
prière et une touchante allocution, Son Eminence bénit
de nouveau ces braves gens, et les laisse profondément
heureux et reconnaissants. Leur émotion se trahit encore
le lendemain, quand, les larmes aux yeux, ils racontent
leur bonheur de la veille. »

L'heure d'une plus large extension a sonné pour l'institut de Sainte-Julienne. Après avoir pourvu à l'installation
du noviciat, la divine Providence va frayer les voies à
deux fondations presque simultanées. Sur la demande de
Mgr Sacré, Doyen d'Anvers, une maison est établie en
cette ville au mois de mai 1890. Le respectable Curé de
Saint-Willibrord, M. Mœus, accueille d'abord la communauté dans sa paroisse, de la manière la plus paternelle.
Mais cette première résidence n'est que provisoire, et en
1894, l'œuvre est transférée dans un quartier plus central,
avenue du Commerce; c'est là que, grâce à un don géné-

reux, les Apostolines du Très Saint-Sacrement possèdent maintenant un couvent et une spacieuse chapelle. Elles ont retrouvé dans leur nouveau pasteur un ami de l'institut, M. Lauwers, ancien Vicaire de Sainte-Gudule à Bruxelles. Nous l'avons vu dès 1860, un des premiers protecteurs de l'œuvre, connue alors sous le nom d'*Association de Notre Seigneur*. Devenu ensuite curé de Saint-Amand, à Anvers, il avait pendant plusieurs années sollicité pour son importante . et populeuse paroisse la première fondation des Dames de Sainte-Julienne. Enfin ses vœux sont comblés. Le 6 septembre, Mgr Sacré, de sainte et regrettée mémoire, procède encore à l'inauguration de la chapelle de Sainte-Julienne, comme il l'avait fait à Saint-Willibrord quatre ans auparavant. Bientôt l'œuvre des catéchismes réunit à Anvers près de deux mille enfants et jeunes filles de toute condition, tandis qu'un bon nombre de Dames affiliées prêtent aux religieuses le concours le plus empressé.

Il nous reste à parler de la fondation de Namur, qui suivit de bien près celle d'Anvers. Ce fut M. le Chanoine Fisse, Archiprêtre de la cathédrale, qui voulut bien la solliciter au nom de Mgr Bélin, Evêque de Namur. Entrant dans leurs vues, une dame pieuse de la ville conçut le généreux dessein d'élever au prix de sérieux sacrifices, un autel de plus au Dieu du Tabernacle, et de doter Namur d'une communauté dont les labeurs auraient pour but de conquérir des cœurs à Notre Seigneur Jésus-Christ dans la sainte Eucharistie. Elle offrit aux religieuses de Sainte-Julienne une maison située près de l'évêché. Les deux établissements si récents de Cortil et d'Anvers semblaient rendre impossible une troisième fondation. Néanmoins les circonstances paraissent si providentielles, que l'œil de la foi ne peut y méconnaître l'intervention de Celui qui, même après la mort de ses fidèles serviteurs, se plaît à faire jaillir une moisson abondante, là où ils ont semé dans les larmes et l'humiliation. Ces considérations l'emportent, et déterminent les Apostolines du Très Saint-Sacrement à accepter les offres si généreuses de leur bienfaitrice, à laquelle elles garderont à jamais les sentiments d'une pieuse reconnaissance. Elles sont encouragées par la haute bienveillance de Mgr Bélin, qui daigne adresser à la Supérieure générale les deux lettres si pressantes qu'on va lire :

« Très Révérende Mère,

» J'attends toujours la visite que vous m'avez annoncée le mois dernier, et dans laquelle je me réservais de vous dire la consolation que j'éprouve par avance de votre future arrivée. Elle répond à un besoin réel. On ne peut pas se faire une idée de l'ignorance religieuse dans laquelle croupissent les enfants des écoles officielles, et des conséquences qui en résultent. Grâce à votre dévouement et à vos bonnes prières, cette situation changera en peu de temps, pour la gloire de Dieu, le bonheur de nombreuses familles pauvres et la consolation des pasteurs.

» Venez donc sans tarder, et soyez persuadée que le jour de votre arrivée sera un jour de joie pour tous les catholiques de Namur.

» Recevez, ma Très Révérende Mère, l'assurance de mon paternel dévouement en Jésus-Christ.

» Le 6 décembre 1890.

» Edouard-Joseph,
„ Evêque de Namur. „

Le 11 janvier, Sa Grandeur écrit de nouveau : « Je me réjouis tous les jours de votre prochaine arrivée. Venez donc bientôt avec un grand cœur et un grand courage ; et que votre arrivée soit le signal d'un retour marqué à Dieu et à l'observation de sa sainte loi. »

Enfin, la fondation projetée est un fait accompli, et le 13 mai 1891, la première messe est célébrée par Mgr Delogne dans le nouveau sanctuaire ; une assistance nombreuse et choisie le remplit, et l'on y reconnaît avec bonheur plusieurs personnes qui avaient assisté jadis à la première et à la dernière messe de Salzinnes. Mgr Bélin lui-même veut bien chanter le salut du Très Saint-Sacrement ; M. le Chanoine Fisse prend la parole et dans une émouvante allocution, il démontre la beauté, l'incontestable utilité des ordres religieux, et retrace à grands traits l'histoire de l'institut de Sainte-Julienne ; il en fait ressortir l'opportunité en présence des besoins spéciaux de l'époque actuelle, qui ne pouvaient manquer de trouver dans le cœur maternel de l'Eglise, le correctif et les remèdes nécessaires. Il termine en adressant ses souhaits de bienvenue aux Apostolines :

« Mes chères sœurs, vous étiez désirées à Namur où, par avance, vous aviez acquis droit de cité ; votre souvenir y est resté en bénédiction et toute la population chrétienne de notre ville salue votre retour après quelques années d'absence, avec la profonde sympathie que vous y avez laissée, augmentée encore par le prestige que donne à une communauté religieuse, un grand bien déjà accompli.

» Notre Révérendissime Evêque, dont la présence ici vous est un gage de paternelle protection, vous y a luimême appelées et vous témoigne en toutes circonstances, je le sais, la grande bienveillance qu'il porte à votre institut. Tout le clergé, dont je suis l'organe en ce moment, se réjouit du concours que vous lui apportez. Les âmes pieuses sont heureuses de posséder au milieu de la ville un sanctuaire où les convie le Dieu-Hostie exposé à leurs adorations. Mes sœurs, courage donc et confiance. Soyez mille fois bénies ; venez, travaillez et vivez ! »

Notre modeste tâche semble se terminer ici ; car si, d'après la parole de Notre Seigneur, *le fruit témoigne de la bonté de l'arbre,* rien ne peut relever davantage le mérite de la fondatrice de l'institut de Sainte-Julienne, que la vitalité croissante de son œuvre sous les bénédictions de l'Eglise, dont le décret d'approbation lui fut accordé le 30 septembre 1891.

Qu'il nous soit permis, néanmoins, de retourner quelque peu en arrière, et de transcrire ici les derniers hommages rendus à sa mémoire par plusieurs journaux.

Le *Journal de Bruxelles* publia, en date du 8 mars 1882, un premier article nécrologique, dû à la plume autorisée du comte de Villermont :

« Une existence précieuse devant Dieu, humble et obscure devant les hommes, vient de s'éteindre. Dieu a rappelé à lui une de ces âmes d'élite qu'il sème de temps en temps dans la foule pour y opérer ses œuvres de miséricorde et de salut social. La vénérée fondatrice de l'Institut des religieuses de Sainte-Julienne, Apostolines du Très Saint-Sacrement, a succombé le 3 de ce mois, après une longue et douloureuse maladie, dans la cinquante-huitième année de son âge.

» Mme Fanny Kestre sentit de bonne heure s'éveiller en elle cet amour du pauvre et de la pauvreté, dont le divin Sauveur, ce Pauvre par excellence, a fait ici-bas le sceau des prédestinés. Dès sa jeunesse elle se consacra aux œuvres de charité, et comprit bien vite qu'au fond de toutes les misères qu'elle essayait de secourir, se cachait une misère, source et racine de toutes les autres, une misère qui ravage toutes les classes sociales, savoir l'ignorance et l'indifférence religieuses. Dès lors, la pensée unique de sa vie fut de lutter contre ce fléau, et de se donner tout entière à la tâche difficile de semer dans les âmes l'amour de Jésus-Christ, la science de sa morale divine et de la mission de son Eglise.

» Sans doute, comme il en est presque toujours des desseins que le Ciel inspire, la pensée que Mme Fanny Kestre avait conçue a dû d'abord être fécondée par les eaux de la tribulation, prendre racine dans les humiliations de tout genre, et germer lentement dans une laborieuse patience, avant de s'épanouir au grand soleil des bénédictions divines. Aujourd'hui les œuvres qu'elle a fait surgir sont aussi florissantes qu'il était permis de l'espérer. Les retraites sont suivies avec un empressement toujours croissant. Les catéchismes établis dans différentes paroisses moralisent une multitude d'enfants, distribuent d'innombrables secours, font une guerre heureuse à l'ignorance religieuse et ont acquis une popularité méritée. L'arbre s'est trouvé planté, enraciné, en plein rapport, au moment même où il devait être le plus nécessaire.

» L'entreprise accomplie, le but atteint, l'heure de la récompense a sonné pour la vaillante ouvrière qui avait été à la peine. Sa mort scelle définitivement dans le granit du temps, l'édifice qu'elle a élevé au prix de tous les genres de sacrifices. Les portes de la gloire éternelle se sont ouvertes devant l'humble servante de Jésus-Christ ; et son nom, hier encore inconnu, se placera désormais à côté de ceux que le pauvre bénit et que la piété vénère.

» Aux approches de la mort Mme Fanny Kestre a jeté

un regard sur son passé, elle a rendu grâces à Dieu de
ses épreuves et de leurs fruits, et son dernier soupir a
encore été une prière. Ce fut l'écho de toute sa vie : toujours elle a aimé, elle a servi Jésus-Christ dans le Saint-
Sacrement, dans les âmes, dans les pauvres; et ses
exemples sont le plus riche héritage qu'elle ait pu laisser
à celles qu'à bon droit elle nommait ses filles. »

A la date du 11 mars 1882, *Le Travailleur* à son tour
inséra dans ses colonnes l'article suivant, rédigé par
M. l'abbé Rayée :

« Vendredi, 3 mars, au couvent rue de la Charité, à
Bruxelles, s'est pieusement endormie dans le Seigneur,
après de longues souffrances, Mme Fanny Kestre, en
religion Mme Fanny de l'Eucharistie, fondatrice et première Supérieure des religieuses de Sainte-Julienne,
Apostolines du Très Saint-Sacrement.

» Tous ceux qui l'ont connue de près savent quelle
ardeur la dévorait pour le culte de la divine Eucharistie,
quelle fut sa part d'initiative première dans l'établissement de l'œuvre des catéchismes et des retraites au sein
de la capitale, et quelle dut être aussi l'énergie de sa
constance dans l'accomplissement du dessein que le Ciel
lui avait inspiré. Aujourd'hui, sous la direction de la
famille religieuse qu'elle institua et dont elle fut l'âme,
plus de quinze cents enfants appartenant aux différentes
classes de la société, notamment à la classe ouvrière,
trouvent dans l'apprentissage de la vie chrétienne, les

plus puissantes garanties de préservation morale au milieu des dangers dont les grandes villes abondent.

» La perte que la congrégation déplore est immense ; mais les Apostolines, formées à l'école d'une si digne Mère, légataires fidèles de sa pensée et de son cœur, continueront — nous en avons l'assurance — d'apporter un dévouement toujours pareil aux diverses œuvres de zèle qui sont l'apanage de leur institut.

» Parmi les enterrements plus ou moins somptueux qui parcourent si fréquemment les rues de la capitale, il est rare qu'on rencontre un cortège d'un caractère aussi émouvant que celui qui, lundi dernier, accompagnait au cimetière bénit d'Evere la dépouille mortelle de Mme Fanny de l'Eucharistie. Ce qui attirait les regards et touchait le cœur, ce n'était pas tant cette file imposante de voitures conduisant vers le champ des morts les parents, les amis de la défunte, et les dames affiliées aux œuvres de Sainte-Julienne ; c'était surtout une simple procession d'adolescentes et de jeunes filles, les aînées de la grande famille des catéchismes, qui, d'un mouvement tout spontané, bravant l'inclémence de la journée, avaient voulu suivre à pied le corbillard à une lieue de distance de la ville, et qui s'en allaient, les larmes aux yeux et la prière au cœur, déposer une couronne de fleurs blanches sur la tombe de celle qu'elles appellent avec tant de raison *leur bonne Mère*. C'est que la pieuse fondatrice les aimait ardemment, ces jeunes âmes, que d'autres, hélas ! voudraient arracher à Jésus-Christ et à l'Eglise !

» Plus d'une âme fervente, à l'approche de la mort, a vu les anges dans ses rêves et a entendu comme des frémissements d'ailes. Mme Fanny, elle, dans les intervalles d'assoupissement qui venaient de temps à autre faire trêve à ses souffrances, ne voyait, n'entendait autour de sa couche que des âmes d'enfants. Un jour, — la fin déjà se faisait pressentir, — la religieuse qui la soignait lui présente je ne sais quel breuvage ; demi-rêveuse, la malade écarte doucement la coupe, disant : « Je ne veux rien, je n'aime rien, rien que le bon Dieu et les petits enfants. » — « Eh quoi ! ma Mère, répartit la religieuse, vos grandes enfants vous ne les aimez donc pas ? » — « Oh ! oui, dit-elle avec un fin sourire ; car que ferais-je, si je n'avais pas mes grandes pour mes petites ? » — Ainsi donc, Dieu et les jeunes âmes, les jeunes âmes pour Dieu, et tout le reste pour les jeunes âmes, telle était la devise de ce grand cœur. »

TABLE DES MATIÈRES

—

PAGES

IMPRIMATUR V

AVANT-PROPOS VI

CHAPITRE Iᵉʳ (1824-1843). — Enfance et jeunesse de Fanny Kestre. 9

CHAPITRE II (1844-1854). — Appel à la vie religieuse. — Mˡˡᵉ Kestre conçoit le plan complet de son œuvre. — Obstacles et encouragements. — Œuvre des processions 13

CHAPITRE III (1855-1857). — Fondation des catéchismes, des réunions pour les dames et les jeunes ouvrières, des retraites annuelles et mensuelles. — M. Verhoustraeten, Doyen de Sainte-Gudule, protège ces œuvres — Le Cardinal Sterckx, Archevêque de Malines, les encourage, mais s'oppose à l'établissement de la communauté religieuse. — Maison de la rue du Marquis. — Première entrevue de Mˡˡᵉ Kestre avec le Père Dechamps 27

CHAPITRE IV (1858). — Mᵐᵉ Louisa Auchard. — Entraves suscitées à l'œuvre. — Établissement des catéchismes à Saint-Josse-ten-Noode dans la maison de Mˡˡᵉ Helsen. — Première messe au local, rue du Marquis. — Première approbation épiscopale de l'œuvre sous le nom d'« Association de Notre Seigneur » . . 43

PAGES

CHAPITRE V (1859). — Développement des œuvres. — Le Cardinal Sterckx approuve l'acquisition d'un nouveau local. — Pèlerinage à Notre-Dame de Hal. — Inauguration de la chapelle, rue des Sables. — Nouvelles difficultés. — Mort de Mme Sidonie Kestre . 59

CHAPITRE VI (1860-1864). — Mlle Kestre offre sa démission qui n'est pas acceptée. — Formation d'un comité pour régler le temporel de l'œuvre. — Épreuves croissantes. — Vente de la maison rue des Sables. — Mlle Kestre tombe gravement malade. — Sa guérison. — Dévouement de ses amis 72

CHAPITRE VII (1864-1865). — Le Père Dechamps, Directeur de Mlle Kestre. — L'œuvre se relève. — Concours de M. de Mayer. — Le Cardinal Sterckx accorde l'autorisation de dire la sainte Messe dans l'oratoire, rue de la Charité 87

CHAPITRE VIII (1865-1866). — Le Père Dechamps devient évêque de Namur. — Maladie de Mlle Kestre. — Sa guérison miraculeuse. — Espoir de voir s'établir la communauté religieuse 101

CHAPITRE IX (1866-1867). — Mort de Mlle Félicie Kestre — Mlle Fanny est atteinte du choléra. — Mgr Dechamps décide l'établissement de la communauté à Namur. — M. de Mayer présente au congrès de Malines un rapport sur les œuvres de l'association. — Départ pour Namur 113

CHAPITRE X (1867). — Namur. — Établissement de la communauté des Dames de Sainte-Julienne, Apostolines du Très Saint-Sacrement. — Première approbation épiscopale. — Inauguration de la chapelle de Salzinnes; allocution de Mgr Dechamps . . . 127

PAGES

CHAPITRE XI (1867-1868). — Mort du Cardinal Sterckx. — Mgr Dechamps lui succède à l'archevêché de Malines. — Nouvelle approbation épiscopale de la communauté. — Transfert de Notre-Dame du Rempart, à Namur. — La maison-mère et le noviciat sont établis à Bruxelles 142

CHAPITRE XII (1869). — Rédaction des constitutions. — Épidémie à Bruxelles. — Agrandissement de la maison-mère. — Ouverture de la chapelle, rue du Marteau. 157

CHAPITRE XIII (1870). — Mgr Dechamps au concile œcuménique. — Ses lettres à Mme Fanny. — Deux nouvelles branches de caté- chisme. — Premières faveurs obtenues de Rome 171

CHAPITRE XIV (1870). — Achèvement des constitutions. — Profes- sion perpétuelle de Mme Fanny et de Mme Louisa. — Vœux tempo- raires des premières novices 181

CHAPITRE XV (1871). — Esprit de la fondatrice et de son institut . 188

CHAPITRE XVI (1872).—Le Père Pététot.— Œuvre des conférences. —Pèlerinage au tombeau de sainte Julienne.—Mort de Mme Kestre. 205

CHAPITRE XVII (1873-1874). — Affermissement de la maison de Salzinnes. — Les amis de l'institut. — Sermon de Mgr Dechamps à Sainte-Gudule. — Mgr Mermillod 218

CHAPITRE XVIII (1874-1875). — Décret de louange de l'institut. — Œuvre des forains. — Établissement des catéchismes dans la paroisse des Minimes 235

PAGES

CHAPITRE XIX (1876). — Souffrances et maladie de Mme Fanny. — Établissement de l'œuvre des catéchismes dans la paroisse de Saint-Gilles 246

CHAPITRE XX (1877-1879). — Agrandissement de la Maison-Mère. — Traits de Providence. — Suppression de la maison de Salzinnes. 254

CHAPITRE XXI (1880). — Dernière maladie de Mme Louisa. — Sa mort très édifiante. — Jubilé de vingt-cinq ans de l'œuvre des catéchismes 262

CHAPITRE XXII (1881-1882). — Rapport sur les œuvres de l'institut au congrès eucharistique de Lille. — Dernière année de souffrance de Mme Fanny ; sa bienheureuse mort. — Témoignages d'estime et de vénération 277

CHAPITRE XXIII. — Qualités et vertus de Mme Fanny Kestre . . 289

APPENDICE. — Mort du Cardinal Dechamps. — La Providence suscite de nouveaux appuis à l'institut. — Agrandissement de la maison-mère. — Consécration de l'église de Sainte-Julienne. — Établissement du noviciat à Cortil. — Fondations d'Anvers et de Namur. — Articles nécrologiques sur Mme Fanny 305